高等职业教育产教融合系列教材　　　　　活页式

# 跨境电商平台运营

主　编　郭海礁
副主编　罗　晶　张金泽

北京理工大学出版社
BEIJING INSTITUTE OF TECHNOLOGY PRESS

## 内容提要

本书以平台为依托、工作任务驱动为导向，让学生主动地、实践地、有机联系地学习。本书的开发理论结合实际，按工作过程中所需的知识与技能挑选学习任务，按照这些知识与技能在工作过程中的排列顺序组织教材内容。本书主要包括国际贸易和跨境电子商务两个部分，其中包括国际贸易与跨国公司、贸易准备、合同条款、商定与履行、业务争议的处理、走进跨境电商、跨境电子商务调研与选品、跨境电商数据分析、跨境电商物流、跨境电商客服、跨境电商收款与结汇及跨境电商平台运营技巧等内容。

本书可作为高等院校财经商贸大类相关专业的教材，也可供跨境电商从业人员工作时参考。

**版权专有　侵权必究**

### 图书在版编目（CIP）数据

跨境电商平台运营 / 郭海礁主编. --北京：北京理工大学出版社，2024.11

ISBN 978-7-5763-1874-6

Ⅰ.①跨… Ⅱ.①郭… Ⅲ.①电子商务－经营管理－高等学校－教材 Ⅳ.①F713.365.1

中国版本图书馆CIP数据核字（2022）第227457号

---

| | |
|---|---|
| 责任编辑：徐春英 | 文案编辑：徐春英 |
| 责任校对：周瑞红 | 责任印制：施胜娟 |

出版发行 / 北京理工大学出版社有限责任公司
社　　址 / 北京市丰台区四合庄路6号
邮　　编 / 100070
电　　话 / (010) 68914026（教材售后服务热线）
　　　　　（010) 63726648（课件资源服务热线）
网　　址 / http://www.bitpress.com.cn
版 印 次 / 2024年11月第1版第1次印刷
印　　刷 / 河北鑫彩博图印刷有限公司
开　　本 / 787 mm×1092 mm　1/16
印　　张 / 16.5
字　　数 / 378千字
定　　价 / 59.80元

图书出现印装质量问题，请拨打售后服务热线，负责调换

# 前 言

我国外贸信息化应用的历史可以追溯到40多年前的改革开放初期。随着物联网、云计算、移动互联网等新一代信息技术的迅猛发展和日益普及应用，跨境电子商务得到了快速发展，这也对国际贸易提出了新的挑战。例如，传统"集装箱"式的大额进出口贸易正在逐渐被小批量、多批次的"碎片化"进出口贸易取代，跨境电子商务中的新模式不断出现。特别是在2020年，一场突如其来的新型冠状病毒感染疫情给全世界的社会经济发展带来了前所未有的冲击和挑战。在此期间，跨境电子商务为很多消费者提供了便利，呈现出逆势上扬的发展态势。

与之相适应地，"跨境电商平台运营"的课程教学也必须跟上技术和应用发展的步伐。以往电子商务类课程的教学模式侧重理论，学生的动手操作能力一般。因此，建设一门理论与实践相结合的跨境电子商务运营类课程具有非常重要的理论意义和实践意义。本课程以能力培养和素质养成为核心。教学从学生职业能力培养的角度出发，以跨境电子商务运营和管理能力培养为突破口，结合丰富的跨境电子商务运营案例，实现真正的理论与实践一体化教学。通过本课程的学习，学生能够从整体上掌握国际贸易与跨境电子商务运营的能力。

本书由天津现代职业技术学院郭海礁副教授担任主编，由天津现代职业技术学院教师罗晶、张金泽担任副主编。具体编写分工如下：郭海礁编写项目一至项目三，罗晶编写项目四至项目七，张金泽编写项目八至项目十二。

在本书编写过程中，编者借鉴了国内外大量的出版物和相关分析报告、期刊文章和网络资料，均已注明出处，再次谨向各位学者表示衷心的感谢。同时，感谢北京理工大学出版社编辑的鼎力支持。

由于编者能力有限，书中的疏漏之处在所难免，恳请各位专家、同行、读者批评指正。

编　者

# 目 录

## 项目一　国际贸易与跨国公司 ……………………………………………（1）
　　任务一　国际贸易 ……………………………………………………（2）
　　任务二　跨国公司 ……………………………………………………（3）

## 项目二　贸易准备 ………………………………………………………（7）
　　任务一　熟悉对外贸易政策及国际惯例 ……………………………（8）
　　任务二　掌握国际贸易业务流程 ……………………………………（17）

## 项目三　合同条款 ………………………………………………………（25）
　　任务一　订立合同的标的条款 ………………………………………（26）
　　任务二　国际货物运输与保险 ………………………………………（34）
　　任务三　国际货物的支付 ……………………………………………（40）

## 项目四　商定与履行 ……………………………………………………（47）
　　任务一　国际商务谈判 ………………………………………………（48）
　　任务二　国际贸易合同的订立 ………………………………………（51）
　　任务三　国际贸易合同的履行 ………………………………………（54）

## 项目五　业务争议的处理 ………………………………………………（63）
　　任务一　国际贸易索赔与定金 ………………………………………（64）
　　任务二　不可抗力与国际贸易仲裁 …………………………………（66）

## 项目六　走进跨境电商 …………………………………………………（70）
　　任务一　跨境电子商务的内涵与范围 ………………………………（71）

任务二　跨境电子商务的发展 …………………………………………（76）
  任务三　跨境电子商务的主要模式 ……………………………………（81）

## 项目七　跨境电子商务调研与选品 …………………………………………（88）
  任务一　了解跨境电子商务调研的基本目的与主要方法 ……………（89）
  任务二　跨境电子商务调研的主要内容 ………………………………（92）
  任务三　跨境电子商务选品 ……………………………………………（102）

## 项目八　跨境电商数据分析 ……………………………………………………（112）
  任务一　掌握跨境电商数据分析基本知识 ……………………………（113）
  任务二　掌握行业及产品数据分析方法 ………………………………（121）
  任务三　掌握店铺数据分析方法 ………………………………………（128）

## 项目九　跨境电商物流 …………………………………………………………（138）
  任务一　熟悉国际物流与跨境电商物流 ………………………………（139）
  任务二　掌握选择跨境电商物流模式的方法 …………………………（144）

## 项目十　跨境电商客服 …………………………………………………………（155）
  任务一　了解跨境电商客服岗位工作技能 ……………………………（156）
  任务二　掌握跨境电商售前沟通与服务 ………………………………（162）
  任务三　掌握跨境电商售中沟通与服务 ………………………………（168）
  任务四　掌握跨境电商售后沟通与服务 ………………………………（175）

## 项目十一　跨境电商收款与结汇 ………………………………………………（182）
  任务一　掌握跨境电商支付业务流程与主流支付方式 ………………（183）
  任务二　跨境电商结算汇率风险与防范 ………………………………（198）

## 项目十二　跨境电商平台运营技巧 ……………………………………………（206）
  任务一　掌握 Amazon 平台的运营技巧 ………………………………（207）
  任务二　掌握 eBay 平台的运营技巧 ……………………………………（222）
  任务三　掌握速卖通平台的运营技巧 …………………………………（228）
  任务四　掌握 Wish 平台的运营技巧 ……………………………………（246）
  任务五　掌握 Shopee 平台的运营技巧 …………………………………（251）

## 参考文献 …………………………………………………………………………（258）

# 项目一

# 国际贸易与跨国公司

## 项目导读

国际贸易学主要包括国际贸易理论与国际贸易政策两大部分。国际贸易理论主要是研究国际贸易的形成与发展、国际贸易的特点及运行规律,分析国际贸易的利益所在。国际贸易政策则重点研究各国政府对外贸易政策的内容与趋势,以及国际贸易政策的协调机制。跨国公司是现代企业的主力军,在全球经济与贸易活动中居于十分重要的地位。深入研究跨国公司的特征,认识跨国公司在国际经济贸易竞争中的作用,对加快培育我国大型跨国公司,提高我国经济贸易的竞争力,具有重要的现实意义。

## 学习目标

1. 素质目标

培养学生探索钻研、吃苦耐劳、坚持不懈的精神;要求学生了解我国贸易政策,提升专业素质,为业务发展提供有力保障。

2. 知识目标

(1) 掌握国际贸易的产生与发展;

(2) 掌握国际贸易的分类;

(3) 了解跨国公司的经营战略;

(4) 了解跨国公司的理论。

3. 能力目标

(1) 在所接触的外贸行业下,能够熟练利用相关网站,及时查找相关贸易政策、措施的内容,及时了解相关产品出口退税率变化等相关内容;

(2) 在不同外贸的情境下,能够分清该贸易买卖双方的权利和义务。

# 任务一　国际贸易

### 任务描述

国际贸易是世界各国或地区之间货物、服务和技术的交换活动，包括货物贸易、服务贸易和技术贸易三大内容。其中，货物贸易（货物进出口）是最早、最基本的国际贸易内容。截至目前，货物贸易仍是国际贸易的最主要构成部分，也是各国之间经济往来最主要的表现形式。

党的二十大报告中指出，要主动构建新发展格局，着力推动高质量发展，推进高水平对外开放。依托我国超大规模市场优势，以国内大循环吸引全球资源要素，增强国内、国际两个市场、两种资源联动效应，提升贸易投资合作质量和水平。稳步扩大规则、规制、管理、标准等制度型开放。推动货物贸易优化升级，创新服务贸易发展机制，发展数字贸易，加快建设贸易强国。

了解国际贸易相关知识及国家有关政策是从事这个行业的基础。

### 任务分析

从事国际贸易相关业务，需要了解国际贸易的产生及发展，这对未来我们从事此项工作有所助益。本任务通过了解国际贸易的含义及发展历程，学生能够对国际贸易有一定的基本认识。

### 知识要点

#### 一、国际贸易的含义

国际贸易是指不同国家（和/或地区）之间的商品、服务和生产要素交换活动。国际贸易是商品、服务和生产要素的国际转移，是各国之间分工的表现形式，反映了世界各国在经济上的相互共存。

从一个国家的角度，可称为对外贸易（Foreign Trade）；从国际的角度，可称为国际贸易。国际贸易由进口贸易（Import Trade）和出口贸易（Export Trade）两部分组成，也可称为进出口贸易。

#### 二、国际贸易的产生与发展

在奴隶社会，由于生产力水平低下和交通不便，商品流通量小，国际贸易涉及的商品主要是奴隶和供奴隶主享用的商品。在封建社会，生产力的发展带动了国际贸易的发展。中国与欧亚各国通过丝绸之路开展国际交流与贸易，地中海、波罗的海、北海和黑海沿岸各国之间常有贸易交往。

14—15世纪，西欧出现了资本主义生产关系的萌芽。意大利北部的威尼斯、热那亚、佛罗伦萨等城市，以及波罗的海和北海沿岸的汉撒同盟诸城市成为欧洲的贸易中心。15—16世纪初，伴随着资本主义生产关系的发展、地理大发现和海外殖民地的兴起，对外贸易的范围逐渐扩大，区域性的国际交换与商品交易的市场开启。18世纪60年代至19世纪60年代，以蒸汽机的发明和使用为代表的第一次技术革命发生，科学技术促使生产力获得了惊人的发展。英国等众多欧洲国家和美国相继完成了产业革命。资本主义生产从工厂手工业过渡到机器大工业，并且形成了一种与机器大工业中心相适应的国际分工体系。此外，机器大工业还提供了现代化的交通、通信设备，使世界成为一个整体。

国际贸易是在一定历史条件下产生和发展的，形成国际贸易的两个基本条件如下：一是社会生产力的发展，提供了可供交换的剩余产品；二是国家的形成，使这些剩余产品在国家与国家之间交换。

### 任务实施

步骤一：通过政府部门及行业网站了解国际贸易的相关内容，加深概念理解。
步骤二：通过下列网站了解主要国际贸易惯例和世界经济发展状况。
世界贸易组织：http://www.wto.org/
国际商会：http://iccwbo.org/
联合国贸易和发展会议：http://unctad.org/

### 一体化设计

**判断题**

1. 国际贸易政策是一国对外经济政策和措施的总体，为发展经济服务，并随着国内外经济基础和政治关系的变化而变化。（　　）

2. 在自由贸易下，各国可以按照自身优势，如斯密的地区分工论和李嘉图的比较利益分工论提倡各国实行专业化。（　　）

## 任务二　跨国公司

### 任务描述

跨国公司是指在两个或两个以上的国家拥有矿山、工厂、销售机构或其他资产，在本公司统一决策体系下从事国际性生产经营活动的企业。

### 任务分析

通过了解跨国公司的特征、跨国公司在国际市场的竞争，以及跨国公司在国际贸易中的地位掌握跨国经营的基本知识。

### 知识要点

#### 一、经营战略

**（一）多国战略**

多国战略是指根据不同国家的不同市场，提供更能满足当地市场需要的产品和服务。实施多国本土化战略的企业首先在其国内市场开发产品，然后把产品提供给国外的子公司进行销售或改造。

为了满足所在国的市场需要，企业可以采用多国本土化战略。这种战略与国际化战略的不同之处在于，要根据不同国家的不同市场，提供更能满足当地市场需要的产品和服务；相同之处是，这种战略也是将自己国家所开发的产品和技能转到国外市场，并且在重要的东道国市场上从事生产经营活动。因此，这种战略的成本结构较高，企业采取这种战略时无法获得经验曲线效益和区位效益。

在当地市场强烈要求根据当地需求提供产品和服务并降低成本时，企业应采取多国本土化战略。

但是，由于这种战略生产设施重复建设，并且成本较高，所以它在成本压力大的行业中不太适用。同时，实行多国本土化战略，会使在每个东道国的子公司过于独立，企业最终有可能会失去对子公司的控制。

### （二）国际化战略

国际化战略是指企业产品和服务在本土之外的发展战略。随着企业实力的不断壮大及国内市场的逐渐饱和，有远见的企业家开始把目光投向本土以外的全球海外市场。国际化战略是公司在国际化经营过程中的发展规划，是跨国公司为了把公司的成长纳入有序轨道，不断增强自身的竞争实力和环境适应性而制定的一系列决策的总称。企业的国际化战略将在很大程度上影响其国际化进程，决定其国际化的未来发展态势。

### （三）全球战略

全球战略是指跨国公司从全球观点出发，利用不同国家和地区的区位比较优势，把价值链上的各环节和职能加以分散与配置，使它们有机地结合起来，实行综合一体化经营，努力降低生产经营成本，以期获得长期、稳定的全球竞争优势，实现最大化的全球效率。

全球战略是跨国公司从全球角度出发，合理安排有限的资源，抓住全球性机遇，进行全球性选择和部署，确定全球性战略目标。决策者不受民族、国家的限制，考虑在全球范围内实行资源的最优化配置，取得最佳的总体效益。换言之，它是跨国公司在变动的国际经营环境中，为了求得长期生存和发展作出的总体、长远的谋略，而不是孤立地考虑一个国家的市场和资源。全球战略要求在多国基础上取得最大的经济收益，而不是斤斤计较于国际业务活动中一时一地的损失。

### （四）跨国战略

跨国战略是指在全球激烈竞争的情况下，形成以经验为基础的成本效益和区位效益，转移企业的核心竞争力，同时注意当地市场的需要。为了避免外部市场的竞争压力，母公司与子公司之间、子公司与子公司之间的关系是双向的，既可以母公司向子公司提供产品与技术，也可以子公司向母公司提供产品与技术。

## 二、跨国公司理论

### （一）垄断优势理论

垄断优势理论（Monopolistic Advantage Theory）又称为所有权优势理论或公司特有优势理论，是最早用于研究对外直接投资的独立理论，是由对外直接投资理论的先驱、美国麻省理工学院教授斯蒂芬·赫伯特·海默（Stephen Herbert Hymer）于1960年在他的博士论文中首先提出的，由麻省理工学院金德贝格（Kindleberger）在 20 世纪 70 年代对海默提出的垄断优势理论进行的补充和发展。它是一种阐明当代跨国公司在海外投资具有垄断优势的理论。该理论强调考察对外直接投资应从"垄断优势"着眼。

### （二）内部化理论

内部化理论是西方跨国公司研究者为了建立跨国公司理论提出和形成的理论观点。20 世纪 70 年代中期，以英国雷丁大学学者彼得·巴克莱（Peter Buckley）、马克·卡森（Mark Casson）与加拿大学者阿兰·拉格曼（Alan Rugman）为主要代表人物的西方学者，以发达国家（不含日本）的跨国公司为研究对象，沿用美国学者罗纳德·科斯（Ronald Coase）的新厂商理论和市场不完全的基本假定，建立了跨国公司的一般理论——内部化理论。该理论主要回答了为什么和在怎样的情况下，到国外投资是一种比出口产品和转让许可证更为有利的经营方式。后来，经济学家拉格曼、吉狄、杨等进一步丰富和发展了该理论。

内部化理论强调企业通过内部组织体系，以较低的成本，在内部转移该优势的能力，并把这种能力当作企业对外直接投资的真正动因。在市场不完全的情况下，企业为了谋求整体利润的最大化，倾向于将中间产品，特别是知识产品在企业内部转让，以内部市场来代替外部市场。

### （三）国际生产折衷理论

国际生产折衷理论是由英国雷丁大学教授约翰·邓宁（John Dunning）于 1977 年在《贸易、经济活动的区位与跨国企业：折衷理论方法探索》（Trade Location of Economic Activities and the MNE：A Search for an Eclectic Approach）一文中提出的。邓宁认为，过去的各种对外直接投资理论都只是从某个角度进行片面的解释，未能综合、全面地分析，因此，需要用一种折衷理论将有关理论综合起来，解释企业对外直接投资的动机。1981 年，他在《国际生产与跨国企业》一书中对国际生产折衷理论进行了进一步的阐述。

国际生产折衷理论主张用统一的国际经济活动、实证的分析方法，来解释战后跨国公司的国际生产格局和变化，建立国际生产的统一、综合的理论。国际生产是指由跨国公司对外直接投资所形成的直接生产活动。邓宁通过分析跨国公司国际生产格局形成的基础，阐述了对外直接投资的决定因素。

### （四）战略联盟

战略联盟（Strategic Alliance）是由美国数字设备公司总裁简·霍普兰德（Jane Hopland）和管理学家罗杰·奈格尔（Roger Nigel）提出的。他们认为，战略联盟是指两个或两个以上有着共同战略利益和对等经营实力的企业，为了实现共同拥有市场、共同使用资源等战略目标，通过各种协议、契约而结成的，优势互补或优势相长、风险共担、生产要素水平式双向或多向流动的一种松散的合作模式。

### 任务实施

步骤一：查询 3~5 家知名跨国公司的官方网站，了解其公司经营方向。
步骤二：在网上查询几家公司的数据等资料，了解公司的经营情况。
步骤三：总结跨国经营的特点。

## 一体化设计

### 一、选择题

（　　）是指两个或两个以上有着共同战略利益和对等经营实力的企业，为了实现共同拥有市场、共同使用资源等战略目标，通过各种协议、契约而结成的，优势互补或优势相长、风险共担、生产要素水平式双向或多向流动的一种松散的合作模式。

A. 垄断优势　　　　B. 战略联盟　　　　C. 内部化　　　　D. 国际生产折衷

### 二、判断题

跨国公司主要是指发达资本主义国家的垄断企业，以本国为基地，通过对外合作，在世界各地设立分支机构或子公司，从事国际化生产和经营活动。（　　）

## 项目学习成果评价

表 1-1　评价表——国际贸易与跨国公司

| 学号 | | 姓名 | | 班级 | | | |
|---|---|---|---|---|---|---|---|
| 评价栏目 | 任务详情 | 评价要素 | 分值 | 评价主体 | | | |
| | | | | 学生自评 | 小组互评 | 教师点评 | |
| 任务功能实现 | 国际贸易 | 任务功能是否实现 | 20 | | | | |
| | 跨国公司 | 任务功能是否实现 | 20 | | | | |
| 知识点运用情况 | 国际贸易的含义 | 基本概念是否清楚掌握 | 6 | | | | |
| | 国际贸易的产生与发展情况 | 发展情况是否掌握 | 6 | | | | |
| | 跨国公司的经营战略 | 是否完全了解 | 6 | | | | |
| | 跨国公司理论 | 掌握是否全面 | 5 | | | | |
| 项目完成效果 | 企业资料收集情况 | 信息是否准确 | 6 | | | | |
| | 分析总结完成情况 | 内容是否全面 | 6 | | | | |
| | 业务跟进 | 跟进是否及时 | 5 | | | | |
| 创新性 | 工作流程 | 工作流程是否创新 | 5 | | | | |
| 职业素养 | 态度 | 是否认真细致、遵守课堂纪律、学习积极、团队协作 | 5 | | | | |
| | 操作规范 | 是否按照国际贸易业务流程进行 | 5 | | | | |
| | 解决问题 | 是否合理解决工作中遇到的问题 | 5 | | | | |
| | 总分 | | 100 | | | | |

## 项目拓展

**综合训练**

1. 业务背景

从事国际贸易，需要随时关注各国对外贸易措施，如税费就是其中很重要的一个部分。

2. 实训内容

登录中国海关网，查询具体商品的相关进出口税税率、增值税税率、消费税税率和监管条件等。

# 项目二

# 贸易准备

## 项目导读

国际贸易业务是在不同国家（地区）之间开展贸易，具有很强的涉外性，具体涉及国际贸易理论与政策、国际贸易管理、国际结算、国际金融等方面。从事国际贸易业务受国家宏观经济政策影响很大，从事相关工作一定要了解我国和贸易伙伴所在国的对外贸易政策、措施，熟悉相应的国际管理和贸易规则。此外，疫情给中国对外贸易发展带来了严峻的挑战，在全球经济处于严重衰退下，中国是世界主要经济体中少有的能保持经济正增长的国家。在此背景下，需要了解党和国家是如何将疫情防控工作与进出口贸易工作进行协调的。此外，中国坚持对外开放的基本国策，坚定奉行互利共赢的开放战略，不断以中国新发展为世界提供新机遇，推动建设开放型世界经济，更好惠及各国人民。中国坚持经济全球化正确方向，推动贸易和投资自由化、便利化，推进双边、区域和多边合作，促进国际宏观经济政策协调，共同营造有利于发展的国际环境，共同培育全球发展新动能。

本项目结合时代背景，需要掌握国际贸易理论与政策、对外贸易政策与措施、国际贸易术语解释通则及疫情下我国对外贸易的措施和管控等知识，掌握国际贸易业务流程并运用到实际业务中。

## 学习目标

1. 素质目标

培养学生精益求精的职业精神，对各国的政治、经济、法律有一定了解；在对外交往过程中，不仅要考虑经济利益，同时要注意配合外交活动；认真贯彻我国的对外方针政策，坚持经济利益与社会效益兼顾。

2. 知识目标

（1）掌握国际贸易相关概念；

（2）掌握对外贸易政策与措施；

（3）掌握2020年国际贸易术语解释通则。

3. 能力目标

（1）在所接触的外贸行业下，能够熟练利用相关网站，及时查找相关贸易政策、措施的内容，及时了解相关产品出口退税率变化等相关内容；

（2）在不同外贸的情境下，能够分清该贸易买卖双方的权利和义务。

# 任务一　熟悉对外贸易政策及国际惯例

### 任务描述

2021年7月，孙潇、万友和王明从高校毕业后，到常州常信外贸有限公司工作，该公司自1984年成立以来，一直致力于服装、复合地板、汽车配件的出口。公司总经理（法人代表）陈哲安排他们到出口部工作，跟资深外贸业务员陈明先生熟悉国际贸易业务，首先需要了解我国近年的对外贸易政策、措施及相关国际贸易惯例。

### 任务分析

国际贸易专业人员需熟悉外贸相应知识，并提高外语和产品知识。从事国际贸易工作需了解我国和贸易伙伴所在国的对外贸易政策、措施等内容。因此，需要了解国际贸易管理和相关公约及产品知识。个人能够从网上、线下等渠道及时掌握相关政策、条例及各国对相关行业的规定变化等。

### 知识要点

## 一、国际贸易的分类

### （一）按国际贸易交易的内容分类

按国际贸易交易的内容分类，可将其分为以下几类。

**1. 货物贸易**

货物贸易（Goods Trade）是指有形商品的国际交易，也称为有形贸易。联合国的《国际贸易标准分类》（Standard International Trade Classification，SITC）把国际货物分为10大类。在国际贸易统计中，通常将第0～4类商品称为初级产品，将第5～8类商品称为制成品。海关统计登记有形贸易数字。

**2. 服务贸易**

服务贸易（Trade in Service）是指无形商品的国际交易，也称为无形贸易。服务业涵盖12个部分，即商业、通信、建筑、销售、教育、环境、金融、卫生、旅游、娱乐、运输和其他。世界贸易组织（World Trade Organization，WTO）的《服务贸易总协定》（General Agreement on Trade in Services，GATS）中明确提出国际服务贸易的形式如下："从一参加方境内向任何其他参加方境内提供服务；在一参加方境内向任何其他参加方的服务消费者提供服务；一参加方在其他任何参加方境内通过提供服务的实体的介入而提供服务；一参加方的自然人在其他任何参加方境内提供服务。"服务贸易额在各国国际收支表中只得到部分反映，不计入海关的统计。

**3. 国际技术贸易**

国际技术贸易（International Technology Trade）是指技术跨越国界进行有偿转让的交易。它主要涵盖许可贸易，工业产权、非工业产权的转让，技术服务与技术咨询，合作生产与合作设计、工程承包，与设备买卖相结合的技术贸易。

### （二）按国际贸易商品的移动方向分类

按国际贸易商品的移动方向分类，可将其分为以下几类。

#### 1. 出口贸易

出口贸易（Export Trade）是指将本国生产和加工的货物因外销而运出国境，作为出口贸易或输出贸易。不属于外销的货物则不算。例如，运出国境供驻外使领馆使用的货物、旅客个人使用而带出国境的货物均不列入出口贸易。

#### 2. 进口贸易

进口贸易（Import Trade）是指将外国生产和加工的货物外购后因内销而运进国境，列入进口贸易或输入贸易。同样，不属于内销的货物则不算。例如，外国使领馆运进国境供自用的货物、旅客带入国境供自用的货物均不列入进口贸易。

#### 3. 过境贸易

过境贸易（Transit Trade）是指从甲国经过丙国国境向乙国运送的货物，而货物所有权并不属于丙国居民。由此，对丙国来说，此种方式是过境贸易。在有些内陆国家与非邻国的贸易中，其货物往往必须经过第三国国境。

#### 4. 复出口与复进口贸易

复出口贸易（Re-export Trade）是指输入本国的外国货物未经加工而再输出。复进口贸易（Re-import Trade）是指输出国外的本国货物未经加工而再输入。例如，出口后退货、未售掉的寄售货物的退回等都属于复进口贸易。

#### 5. 净出口与净进口贸易

一国在某种货物贸易中既有出口，也有进口，如果出口量和值大于进口量和值，则称为净出口（Net Export）；反之，如果进口量和值大于出口量和值，则称为净进口（Net Import）。某货物的出口量和值大于进口量和值的国家称为该货物贸易的净出口国，表明该国在该货物整体贸易中居于优势地位；反之，某货物的进口量和值大于出口量和值的国家称为该货物贸易的净进口国，表明该国在该货物整体贸易中居于劣势地位。

### （三）按国际贸易交易的对象分类

按国际贸易交易的对象分类，可将其分为以下几类。

#### 1. 直接贸易

直接贸易（Direct Trade）是指货物生产国与货物消费国直接卖、买货物的行为。对生产国而言，这是直接出口贸易；对消费国而言，这是直接进口贸易。

#### 2. 间接贸易

间接贸易（Indirect Trade）是指货物生产国与货物消费国之间，经由第三国贸易商进行贸易的行为。对生产国而言，这是间接出口贸易；对消费国而言，这是间接进口贸易。

#### 3. 转口贸易

转口贸易（Entrepot Trade）是指货物生产国与货物消费国之间，或货物供给国与货物需求国之间，经由第三国贸易商分别签订进口合同和出口合同所进行的贸易。从第三国的角度分析，这是转口贸易，又称为中转贸易。即使直接将货物从生产国、供给国运往消费国、需求国，由于它们之间未直接发生交易关系，所以这仍然属于转口贸易的范畴。

### (四)按国际贸易运输的方式分类

按国际贸易运输的方式分类,可将其分为以下几类。

#### 1. 海运贸易

海运贸易是指通过海上各种船舶运送货物的行为。其是国际贸易最主要的运输方式。在目前的国际贸易中,有 2/3 的货物是通过海运输送到目的地的。

#### 2. 陆运贸易

陆运贸易是指通过陆上各种交通工具(火车与汽车等)运输商品的行为。其经常发生在各大陆内部陆地相连的国家之间。

#### 3. 空运贸易

空运贸易是指通过航空器具运送货物的行为。其适合鲜活食品、贵重物品及急需商品的运送。

#### 4. 多式联运贸易

多式联运贸易是指将海、陆、空各种运输方式结合运送货物的行为。国际物流革命促进了这种类型的贸易。

#### 5. 邮购贸易

邮购贸易是指通过邮政系统进行的贸易。其适用于样品传递和数量不多的个人购买等。

### (五)按国际贸易的方式分类

按国际贸易的方式分类,可将其分为以下几类。

#### 1. 包销

包销(Exclusive Sale)是指出口企业为了在别国推销自己的产品,与国外的某家企业达成包销或独家经销协议,把一定期限内某一种或某一类商品在某一地区的独家经营权给予对方,即包销商。至于具体的贸易合同,需要另行签订,但要受包销协议中条款的约束。如果出口企业通过协议只是把一定期限内某一种或某一类商品在某一地区的经营权给予一家企业,并无排他性,则这家出口企业还可以把该经营权给予其他企业,这些企业就是一般经销商。

#### 2. 代理

代理是指出口企业通过与国外企业达成代理协议,委托代理商在市场上招揽生意,或从事其他委托的事务。委托商对由此产生的权利与义务负责,代理商只收取约定的佣金。根据代理商的职权范围大小分类,可将其分为独家代理(Sole Agency)和一般代理(Agency)。其中,独家代理是指代理商在约定的地区和时期内拥有独家经营权,即委托商不得将该商品直接或间接地销售给代理区域内的其他买主;一般代理不享有这种独家经营权。

#### 3. 寄售

寄售(Consignment)是指出口企业与国外的代销商订立寄售协议,将货物运交代销商,由代销商出售货物并扣除协议规定的销售费及佣金后把钱交付给出口企业。

#### 4. 招标

招标(Invitation to Tender)是指招标单位在需要采购商品或兴办某项工程时,说明有关条件,邀请有兴趣的企业在指定期限内按照一定的程序报价,即投标;再由招标人开标与评标,选择最满意的投标人进行交易。这种方式在国际贸易中经常采用。

### 5. 拍卖

拍卖（Auction）是指拍卖行接受货主的委托，按照一定的规则和程序在拍卖场以公开叫价的方法，把货物卖给出价最高的买主。不易标准化的鲜活产品或艺术品、古董等的国际贸易是通过拍卖来完成的。

### 6. 商品交易所

商品交易所（Commodity Exchange）是指按一定的规章程序买卖特定商品的、有组织的市场。只有正式会员才可以进入商品交易所交易，其他人或企业通过正式会员或经纪人交易。商品交易所经营的商品一般是标准化的原材料，且按照标准化的合同交易。商品交易所里有现货交易和期货交易，以期货交易为主。许多农产品、有色金属原料等主要在商品交易所里交易。

### 7. 来料加工和进料加工

来料加工是指国内生产企业接受外商提供的原材料或零部件，按照外商的要求加工装配成产品，并把生产的产品交给外商，以收取加工费。进料加工是指国内企业自主从国际市场上进口原材料或零配件，自行加工成产品，并自营出口、自负盈亏。

### 8. 对等贸易

对等贸易（Counter Trade）是指贸易双方用某种协议使进出口平衡。它有多种形式，如易货贸易、互购（Counter Purchase）、补偿贸易（Compensation Trade）等。易货贸易双方的交易值相等，通常不涉及现汇支付。互购通常使用现汇结算，并不要求互购价值相等。补偿贸易通常是由设备出口方先提供设备给进口方，然后由进口方将用该设备生产的产品或其他产品交付给设备出口方，补偿设备的价款。

### 9. 租赁贸易

租赁贸易（Lease Trade）是指设备拥有者与承租人订立租约，把设备交付给承租人使用一段时间，同时收取一定的租金。它可分为融资租赁和经营租赁。其中，融资租赁的租期较长，通常租期结束，全部租金付清后，设备所有权就转移给承租人，这相当于承租人通过分期付款买到了设备；经营租赁的租期较短，设备拥有者须通过多次出租，才能收回设备投资及其他费用。

对外贸易政策的目的是保护本国市场、扩大本国产品出口、促进本国产业结构的改善、积累资本、维护本国对外的政治及经济关系。

不同国家或统一国家在不同时期会采用不同的对外贸易政策。随着世界经济和贸易的发展，目前世界各国或多或少采取自由贸易和保护贸易这两种既相互对立，又相互并存的对外贸易政策。

## 二、自由贸易政策

自由贸易政策（Free Trade Policy）在历史上多为经济强盛国家所采用。采取该政策的国家取消了对进出口货物贸易、服务贸易和与贸易有关的投资商的限制与障碍，取消了对它们的各项特权和优惠，使其在国内外市场上自由竞争。

## 三、保护贸易政策

保护贸易政策（Protectionist Trade Policy）是指国家设置各种障碍，利用各种限制进口的措施，来保护本国市场免受外国货物、服务、技术与投资的竞争，并对本国的出口给予优惠和补贴。

### 四、对外贸易措施

实施对外贸易措施的目的往往是奖出限入，也就是鼓励和帮助本国商品出口而限制国外商品进口。另外，各国还实施出于某些特殊目的的出口限制措施。对外贸易措施主要有以下几类。

#### 1. 关税壁垒

关税壁垒也称"关税战"，是以高额关税作为限制商品进口的一种措施。对国外商品征收高额进口关税，以提高其成本和削弱其竞争能力，从而达到限制这些商品进口，保护本国产品在国内市场上竞争优势的目的。目前，大多数国家对绝大部分出口商品都不征收出口税，主要对进口商品征收进口税。进口税主要可分为最惠国税和普通税两种。最惠国税税率比普通税税率低，两者税率差幅往往很大。

#### 2. 非关税壁垒

非关税壁垒是指除关税以外的一切限制进口的各种措施。第二次世界大战后，许多国家加入关贸总协定，各国的关税水平都有不同程度的降低，关税的贸易保护作用减弱，限制进口的各种非关税壁垒则日益被广泛应用。

#### 3. 出口鼓励措施

鼓励出口的措施有许多，主要介绍以下几种：

（1）出口信贷。出口信贷是一个国家的银行为了鼓励商品出口，加强商品的竞争力，对本国出口商或国外进口商提供的贷款。它是一国出口厂商利用本国银行的贷款扩大商品出口，特别是金额较大、期限较长的成套设备、船舶出口的一种重要手段。

（2）出口补贴。出口补贴是一国政府为了降低出口商品的价格，加强其在国外市场上的竞争力，在出口某种商品时，给予出口厂商的现金补贴或财政上的优惠待遇，如减免税收、降低运费等。

（3）商品倾销。商品倾销是指出口企业以低于国内市场的价格，甚至低于商品生产成本的价格，在国外市场抛售商品，打击竞争者以占领市场的行为。

（4）外汇倾销。外汇倾销是出口企业利用本国货币贬值的机会，争夺国外市场的特殊手段。当一国货币贬值后，出口商品以外国货币表示的价格降低，提高了该商品的竞争能力；而且货币贬值后，货币贬值国家进口商品价格随之上涨，削弱了进口商品的竞争力。因此，货币贬值起到了促进出口和限制进口的双重作用。

（5）其他措施。有些国家还实行一些促进出口的行政组织措施。例如，设立专门组织，研究与制定出口战略；建立商业情报网，加强商业情报的服务工作；组织贸易中心和贸易展览会；组织出口商的评奖活动等。

此外，在一些实行外汇管制的国家，政府实行外汇留成（分红）和出口奖励制度；利用官方援助或贷款，推动商品出口。

### 五、贸易术语

在国际贸易中，贸易双方基于各自便利与利益的考虑，针对交易中涉及的责任、义务、风险、费用等问题开展沟通与商谈。国际贸易往往需要长时间的运输；面临自然灾害、意外事故及其他事件的发生风险；涉及贸易双方、船公司、航空公司、各国海关等诸多方面与环节。因此，明确贸易双方的权利和义务是在磋商与订立合同时必须慎重的问题，通常会遇到如下问题：

(1) 卖方在什么地方？其以什么方式交货？
(2) 货物发生损坏或灭失的风险何时何地由谁来负责？
(3) 由谁办理货物的运输、保险及通关过境的手续？
(4) 由谁承担办理上述事项所需的各种费用？
(5) 贸易双方需要交接哪些有关的单据？

由此，在长期的国际贸易实践中，贸易双方创立与总结出国际贸易术语，以方便交易的顺利达成。在长期的国际贸易实践中，贸易双方逐渐把某些与价格密切相关的贸易条件和价格直接联系在一起，形成了若干种报价的模式，每一种模式都规定了贸易双方在某些贸易条件下所承担的义务，用来说明这种义务的术语称为贸易术语。

## 六、国际贸易惯例

国际贸易惯例是指经过长期、反复的实践逐渐形成的一些有较为明确、固定内容的贸易习惯和一般做法。成文的国际经济贸易惯例是由国际经济或商业组织根据长期的商业惯例制定的。

### (一)《1932年华沙-牛津规则》

19世纪中叶，CIF贸易术语〔Cost, Insurance and Freight (named port of destination)，成本、保险费加运费（指定目的港）〕在国际贸易中被广泛采用，但各国对其解释不一，从而影响到CIF贸易合同的顺利履行。为了对CIF合同双方的权利和义务做出统一的规定与解释，国际法协会于1928年在波兰华沙制定了CIF贸易合同的统一规则，共计划22条，称为《1928年华沙规则》。此后，在1930年的纽约会议、1931年的巴黎会议和1932年的牛津会议上，相继将此规则修订为21条，称为《1932年华沙-牛津规则》（Warsaw-Oxford Rules 1932）。

### (二)《1941年美国对外贸易定义修订本》

《1941年美国对外贸易定义修订本》是1941年7月30日由美国商会、美国进口商会理事会和全世界对外贸易理事会所组成的联合委员会对对外贸易定义的统一解释。

1919年，美国有几个商业团体共同制定了有关对外贸易定义的统一解释，供从事对外贸易的人员参考使用。后来，由于贸易做法的演变，在1940年美国第27届全国对外贸易会议上，要求对原有定义进行修改。1941年7月30日，由美国商会、美国进口商会理事会和全世界对外贸易理事会所组成的联合委员会正式通过并采用了此定义。值得注意的是，该定义把FOB〔Free On Board (named port of shipment)，装运港船上交货（指定装运港）〕分为六种类型。其中，只有第五种，即指定的装运港船上交货（FOB Vessel）才与国际贸易中一般通用的FOB的含义大体相同，而其余五种FOB的含义完全不同。为了具体说明贸易双方在各种贸易术语下承担的权利和义务，在此修订本所列各种贸易术语之后，一般附有注释，这些注释实际上是贸易术语定义不可分割的组成部分。因此，为了充分了解在各种贸易术语下贸易双方承担的权利和义务,不仅应考虑定义本身,而且应明确附加的有关贸易术语的注释,包括 EX(Point of Origin,产地交货)、FOB、FAS[Free Alongside Ship(named port of shipment),即船边交货(指定装运港)]、CFR[Cost and Freight(named port of destination),成本加运费(指定目的港)]、CIF、ExDock(目的港码头交货)。

### (三)《2000年国际贸易术语解释通则》

《国际贸易术语解释通则》自1936年首次制定后被广泛应用于国际贸易中。为了适应不断变化的贸易形势,它先后经过1953年、1967年、1976年、1980年、1990年、2000年多次重大修改和修订。

自20世纪50年代末期,由于西欧国家与东欧国家和苏联,以及东欧国家与苏联之间盛行边境交货及进口国目的地交货的贸易实务,所以国际商会于1967年补充了DAF[Delivered At Frontier(named place),边境交货(指定地点)]和DDP[Delivered Duty Paid(named place of destina-tion),完税后交货(指定目的地)]两种贸易术语。

又由于航空运输货物的情况日益普遍,国际商会于1976年增订了机场交货(FOB Air-Port)术语,其适用范围再次扩大。

随着集装箱运输方式的发展,多式联运应运而生,门至门的交货方式逐渐被世界各地广泛采用。为了配合此种国际贸易的需要,国际商会于1980年增订了FCA[Free Carrier(named place),货交承运人(指定地点)]术语。其目的是适应在海上运输中经常出现的情况,即交货点不再是传统的FOB点(货物越过船舷),而是在货物装船之前运到陆地上的某一点,在那里将货物装入集装箱,以便通过海运或其他运输方式(多式联运)继续运输。

1990年,电子资料交换系统在国际贸易中被日益频繁应用,越来越多的交易通过电子计算机联络处理。为了适应这种形势,联合国设计和制定了《联合国贸易资料指南》《联合国行政、商业、运输电子资料交换规则》《电讯贸易资料交换实施统一规则》。同时,国际海事委员会在1990年第3届大会上通过了《1990年国际海事委员会电子提单规则》。在这种情况下,以电子单证代替纸质单证将成为全球贸易的潮流,从而使单证传递迅速、准确,便于进行国际贸易。因此,《1990年国际贸易术语解释通则》中明确规定,在卖方必须提供商业发票或合同可能要求的其他单证时,可提供"相等电子单证",以代替纸质单证。

1999年,为了使贸易术语进一步适应全球无关税区的发展、交易中使用电子信息的增多,以及运输方式的变化,国际商会再次对《国际贸易术语解释通则》进行修订,并于2000年1月1日起生效。

《2000年国际贸易术语解释通则》(Incoterms® 2000)将国际贸易中使用的贸易术语归纳为13种,分为E、F、C、D 4个组,具体如下:

E组:EXW[Ex Works(named place),工厂交货(指定地点)]。

F组:FCA、FAS、FOB。

C组:CFR、CIF、CPT[Aarriage Paid To(named place of destination),运费付至(指定目的地)]、CIP[Carriage and Insurance Paid to(named place of destination),运费、保险费付至(指定目的地)]。

D组:DAF、DES[Delivered Ex Ship(named port of destination),船上交货(指定目

的港）]、DEQ［Delivered Ex Quay（named port of destination），码头交货（指定目的港）］、DDU［Delivered Duty Unpaid（named place of destination），未完税交货（指定目的地）］、DDP、DPU（Delivered at Place Unloaded，卸货地交易）。

2010年9月27日，国际商会正式推出《2010年国际贸易术语解释通则》（Incoterms® 2010），与《2000年国际贸易术语解释通则》并用，新版本于2011年1月1日正式生效。

### (四)《2020年国际贸易术语解释通则》

**1.《2020年国际贸易术语解释通则》内容**

《2020年国际贸易术语解释通则》（Incoterms® 2020，又称为"2020通则"）是国际商会根据国际货物贸易的发展对《2010年国际贸易术语解释通则》的修订版本，于2019年9月10日公布，自2020年1月1日开始在全球范围内实施。

(1) 2020通则规定的内容。

①义务。买方和卖方需履行哪些义务，如谁组织货物的运输或保险、谁获取装运单据和进出口许可证。

②风险。卖方在何地何时"交付"货物，换言之，风险在何地从卖方转移给买方。

③费用。贸易双方各自承担哪些费用（如运输、包装或装卸费用，以及货物检验或与安全有关的费用）。

(2) 2020通则未规定的内容：销售合同究竟是否存在；出售货物的规格；价格支付的时间、地点、方式或币种；可供寻求的销售合同的违约救济；延迟或其他违反合同中履行义务所导致的绝大多数后果；制裁的影响；征收关税；进出口禁令；不可抗力或艰难情形；知识产权；违约情况下纠纷解决的方式、地点或法律。

(3) 适用一种或多种运输方式的规则：EXW；FCA；CPT；CIP；DAP（Delivered At Place，目的地交货）；DPU；DDP。

(4) 适用海运或内河水运的规则：FAS；FOB；CFR；CIF。

**2.《2020年国际贸易术语解释通则》变化**

(1) DAT变成了DPU。在《2010年国际贸易术语解释通则》之前的版本中，DAT（Delivered At Terminal，目的地或目的港的集散站交货）是指货物在商定的目的地卸货后即视为交货。在国际商会收集的反馈中，用户要求《国际贸易术语解释通则》中涵盖在其他地点（如厂房）交货的情形。这就是用更通用的措辞DPU来替换DAT的原因。

(2) 增加了CIP的保险范围。CIP是指卖方将货物交付承运人，但其支付包括保险费在内的、直至目的地的运输费用。同样的规则也适用CIF。然而，2020通则只适用海运费。

根据《2010年国际贸易术语解释通则》，在这两种情况下，卖方都有义务提供与第C条（货物协会条款）相对应的最低保险范围。这是一种基本的保险形式，只包括明确界定的损害赔偿。

随着2020通则的发布，CIP的最低保险范围延伸到第A条，这是涵盖了所有风险的最高保险级别。其背后的原因是，CIF通常用于大宗商品，CIP更常用于制成品。

(3) FCA提单。如果买卖双方已经就《国际贸易术语解释通则》中的FCA达成一致，则卖方应将货物交付至买方指定的地点和人员。此时，风险和成本转移到买方。

这种方式通常是由买方选择的，他们希望避免承担货物在交付到目的地后可能受到损害的风险。其缺点是卖方不能收到提单,因此没有信用证可以保证货物的付款。

为此,2020 通则提出了一个务实的解决方案。如果双方同意卖方按照 FCA 的要求将货物交付集装箱码头,则买方可以指示承运人在卸货时向卖方签发已装船提单。这样,卖方就可以更好地防范风险。

(4) 自定义运输方式的承运。2020 通则假设,当适用《国际贸易术语解释通则》中的 FCA、DAP、DPU 或 DDP 时,卖方和买方之间的货物运输由第三方进行。在 2020 通则中,这一定义已经扩展到包括卖方或买方自定义运输方式的承运。

(5) 对担保义务进行更清晰的分配。《国际贸易术语解释通则》还对贸易双方之间的相关担保要求(包括相关费用)进行了更为精确的分配。一方面,它可视为对国际贸易中加强担保监管的反应;另一方面,它的目的在于防范可能产生的费用纠纷,特别是在港口或交货地点。

### 任务实施

步骤一:通过政府部门的网站了解我国外贸政策和措施,并掌握相关概念。

"国事、家事、天下事,事事关心"。在资深外贸业务员陈明先生的指导下,孙潇等人养成了关注各国经济贸易政策和措施的良好习惯,每天都要浏览一下相关网站,及时查找相关的贸易政策措施的内容,重点了解最近相关产品出口退税税率的变化情况,以及人民币对全球其他主要货币的汇率变化等。

中华人民共和国商务部 http://www.mofcom.gov.cn/
国家市场监督管理总局 https://www.samr.gov.cn/
中华人民共和国海关总署 http://www.customs.gov.cn/
国家外汇管理局 https://www.safe.gov.cn/
国家税务总局 http://www.chinatax.gov.cn/

步骤二:通过下列网站了解主要国际贸易惯例和世界经济发展状况。

世界贸易组织 http://www.wto.org/
国际商会 http://iccwbo.org/
联合国贸易和发展会议 http://unctad.org/

步骤三:通过国外政府部门的网站,以及我国香港和澳门地区的相关网站了解相关贸易伙伴的外贸政策与措施,特别关注他们对本公司产品有无限制。

### 一体化设计

一、选择题

1. 下列选项中,不属于国际技术贸易的是( )。
   A. 商品贸易               B. 许可贸易
   C. 工业产权               D. 非工业产权的转让

2.《2020 年国际贸易术语解释通则》是国际商会根据国际货物贸易的发展对《2010 年国际贸易术语解释通则》的修订版本,于( )公布,自 2020 年 1 月 1 日开始在全球范围内实施。

A. 2019 年 9 月 10 日 	B. 2019 年 10 月 10 日
C. 2019 年 9 月 20 日 	D. 2019 年 11 月 10 日

3. 适用一种或多种运输方式的规则不包含（　　）。

A. EXW 	B. FCA 	C. CPT 	D. FAS

4. 选用贸易术语时不需要考虑的因素是（　　）。

A. 运输条件 	B. 成本因素 	C. 货源情况 	D. 运费因素

5. 适用海运或内河水运的规则不包含（　　）。

A. FAS 	B. FOB 	C. CFR 	D. CPT

二、判断题

1. 国际贸易由进口贸易、出口贸易和转口贸易组成。（　　）
2. 国际技术贸易是指技术跨越国界进行无偿转让的交易。（　　）
3. 海运贸易是指通过海上各种船舶运送货物的行为。其是国际贸易最主要的运输方式。在目前的国际贸易中，有 2/3 的货物是通过海运输送到目的地的。（　　）
4. 易货贸易双方的交易值相等，通常不涉及现汇支付。（　　）
5. EXW 可适用所选择的任一种或多种运输方式。（　　）

## 任务二　掌握国际贸易业务流程

### 任务描述

一周后，孙潇等三人已经大致熟悉我国近年的对外贸易政策、措施。在这期间陈明先生把上月刚出口到美国洛杉矶的一笔 8 000 条裤子的业务流程都教给了孙潇，同时把该笔业务所有单据的副本也交给孙潇熟悉。

7 月 10 日，陈明先生转给孙潇一份新加坡莱佛士公司有关求购服装信息的 E-mail，请他与对方建立业务联系，吩咐王明联系供应商，询价并配合孙潇给莱佛士公司发盘，并让他们三人一起完成与该公司的服装业务。

### 任务分析

从事国际贸易业务的人员，必须熟练掌握国际贸易业务的流程，以确保国际贸易的顺利开展。

寻找客户对于外贸业务员来说至关重要。找到潜在的客户，建立业务关系仅仅是外贸业务的第一步，然后进入艰苦的询盘、发盘和还盘等磋商阶段。发盘、还盘和接受是建立在对产品的成本核算及对产品市场行情很好把握的基础上的。出口商品交易的实施过程，包括货源采购、出运报关、运交买方三个基本阶段，其间产生的成本、费用是构成出口商品价格的最主要因素。

### 知识要点

国际贸易实际业务中，不同的交易、不同的贸易条件，企业物流环节也不尽相同。在具体工作方面，各个环节又常先后交叉进行，或者出现齐头并进的情形。但是，无论是出口贸易，还是进口贸易，就它们基本业务程序而言，主要包括交易前的准备、国际贸易合同的磋商订立及合同的履行三个阶段。

### 一、国际贸易业务的特点

（1）国际货物贸易涉及不同国家或地区在政策措施、法律体系方面可能存在的差异和冲突，以及语言文化、社会习俗等方面带来的差异，所涉及的问题远比国内贸易复杂。

（2）国际货物贸易的交易数量和金额一般较大，运输距离较远，履行时间较长，因此交易双方承担的风险远比国内贸易要大。

（3）国际货物贸易容易受到交易双方所在国家的政治与经济变动、双边关系及国际局势变化等条件的影响。

（4）国际货物贸易除交易双方外，还需涉及运输、保险、银行、商检、海关等部门的协作、配合，过程较国内贸易要复杂得多。

### 二、交易前的准备工作

交易前的准备工作主要包括国际市场调研、寻找客户及与客户建立业务关系三方面内容。

#### 1. 国际市场调研

国际市场调研是为了获得与贸易有关的各种信息，通过对信息的分析，得出国际市场行情特点，判定贸易的可行性并进而指定贸易计划。国际市场调研包括经济调研、市场调研和客户调研三个方面。

（1）经济调研的目的是对经济大环境的总体了解，也是对可能的风险和效益情况的预估。对外贸易尽量在紧急环境较好的国家和地区间开展。

（2）市场调研的目的在于确定该商品贸易是否具有可行性、收益性。

（3）客户调研的目的是了解欲与之建立贸易关系的国外客户的基本情况，包括历史、资金规模、经营范围、组织情况和信誉等级等总体情况，还包括与世界各地（包括我国）其他客户开展贸易的历史和现状。只有对国外客户有了一定的了解，才可以与之建立贸易联系。在我国对外贸易实际业务中，常有因对对方情况不熟悉，匆忙与之进行交易而造成重大损失的事件发生。

一般情况下，调研信息的主要来源如下：

（1）一般性资料，如一国官方公布的公民经济总括性数据和资料，内容包括国民生产总值、国际收支状况、对外贸易总量、通货膨胀率和失业率等。

（2）国内外综合刊物。

（3）委托国外咨询公司进行行情调查。

（4）通过我国外贸公司驻外分支公司和商务参赞处，在国外进行资料收集。

（5）利用交易会、各种洽谈会和客户来华做生意的机会了解有关信息。

（6）派遣专门的出口代表团、推销小组等进行直接的国际市场调研，获得第一手资料。

（7）利用互联网获得信息。

#### 2. 寻找客户

在国际贸易业务中，每个企业都会使出自己浑身解数来寻找客户。外贸企业寻找客户的方法很多，可以简单地概括为以下几类：

（1）专业展会。专业展会即企业通过参加各类对口的专业展会，展示公司、展示产品和接洽客户。专业展会是一个公司在短期之内投入大量资金、争取客户的短平快的战斗，耳熟能详的有广交会。这是在我国举办的综合性大型全球交易会，一年两届，每届分数期进行。展会一般只有2~5天，在这么短的时间内，各地客户云集展馆，公司通过海报、展板、样本、名片等与客户交换信息，为后期的联络工作做准备。有的客户甚至在现场确认订单，因此要求业务员在前期做充分准备，了解行业对手、公司情况和产品特征等。

专业展会的主要形式有展览会、展销会、博览会三种形式。

（2）网络营销。网络营销是电子商务时代很多企业面临的重要市场课题。一方面，企业通过网站、搜索引擎优化、广泛散布销售信息等让本企业的信息充斥到网络的每个角落，以便客户寻找信息时能被第一时间发现；另一方面，企业通过B2B平台、行业、搜索引擎等搜索潜在客户的公司网页，特别是联系方式，以此主动与客户取得联系。

我国外贸企业可以充分利用下面一些比较知名的电子商务平台，开拓国际市场。

阿里巴巴 http://www.alibaba.com/

慧聪网 http://www.hc360.com/

中国制造网 http://www.made-in-china.com/

环球资源网 http://www.globalsources.com/

纺织网 http://www.texindex.com.cn/

B2B网站的向导 http://www.worldjump.com/

（3）人际拓展。人际拓展即通过公共关系、朋友关系、客户关系的拓展，发掘潜在的客户。企业可以通过我国驻外使领馆的商务参赞、代办处或国外驻华使领馆的商务参赞、代办处，国内外各种商会、银行及与我方有业务合作关系的其他企业介绍客户。企业也可以通过海外的朋友关注一些行业信息，获取一定的人际关系以便于进一步拓展业务。企业还可以通过已有客户介绍新的客户，这一点在外贸公司中比较普遍，但生产企业难度相对较大。因为外贸公司可以跨越很多行业，而生产企业相对产品单一，客户推荐介绍的基本不可能是同行业客户。

（4）平面媒体。平面媒体即通过报纸、电视、移动媒介等发布公司信息，以获取潜在客户信息。在广告行业，有种模式称为定投（Direct Mailing），借助此类媒体，企业可以将公司信息直接投送到目标公司负责人的桌面。企业也可以在展会期间通过平面媒体强化市场效果，如在出租车的LED显示屏投放广告，在机场、宾馆大巴车身甚至乘客座位的头枕上印广告等。典型的国际贸易中平面媒体广告推动者是环球资源公司。他们按行业印刷纸质杂志，定期在本行业投放，世界贸易中心集团也推出了自己的纸质媒体。大众消费品行业，更应该考虑将这些平面媒体作为营销的一种手段。

**3. 建立业务关系**

企业通过各种渠道找到国外客户，对客户资信情况进行调查后，可以选择客户与之建立业务联系。

在国际贸易中，买卖双方的业务关系建立，往往是由交易双方主动通过对方写信、发传真或E-mail等形式开展，优势也会通过正式的谈判建立。建立业务关系的函件一般包括下列内容：

（1）信息来源，即如何了解对方的资料，如通过他人介绍、网上信息等。

（2）言明去函目的，如扩大交易范围、建立长期业务关系等。

（3）本公司情况，包括公司性质、业务范围、宗旨及公司经营优势等。

（4）产品介绍，分为两种情况：一种是明确对方需求时，宜选取某类特定产品，进行具体的推荐；另一种是不明确对方需求时，宜对企业产品整体情况作笼统介绍（自行附上商品目录、报价单或另寄样品供对方参考）。

（5）激励性结尾，即希望对方给予回应或采取行动。

### 三、交易磋商

国际贸易的磋商形式主要包括口头谈判和书面谈判两种。口头谈判主要是面对面谈判和双方通过语音通信手段进行的交易磋商。书面谈判主要是通过新建、电报、传真及 EDI 等通信方式来洽谈交易。由于现代通信技术的飞速发展，而且费用低，书面谈判成为日常交易磋商最常用的方式。

一般来说，口头谈判和书面谈判都可以分为询盘、发盘、还盘和接受四个环节。其中，发盘和接受是达成交易、订立合同必不可少的环节。

#### 1. 询盘

询盘是指在国际商务谈判中，由贸易双方中的一方向另一方就某项商品的交易内容和条件发出询问（多为由买方向卖方发出询问）。其目的是为下一步彼此之间进行详细、周密的洽谈奠定基础。询盘可以口头表示，也可以书面表示，可以询问价格，也可以询问其他一项或几项交易条件。由于询盘属于试探性接触，询盘的一方对能否达成协议不负有任何责任，因此，它既没有约束性，也没有固定格式。

#### 2. 发盘

在询盘之后，通常由被询盘的一方进行发盘。发盘又称为发价，是交易的一方向另一方以书面或口头形式提出交易条件，并表示愿意按照有关条件进行磋商，达成协议，签订合同。在多数情况下，发盘是由卖方向买方发出的，有时也可以由买方主动发出。如果是由买方主动做出的发盘，习惯上称为买方发盘或递盘。

若发盘人发出实盘后，受盘人无条件地表示接受，交易即告达成，协议成为一项对贸易双方均具法律约束力的契约。

#### 3. 还盘

还盘是指受盘人不同意发盘的交易条件而提出的修改或增加条件的表示。

#### 4. 接受

接受是指买方或卖方无条件同意对方在发盘中提出的交易条件，并愿意按照这些条件与对方达成交易、订立合同的一种肯定。一方的发盘经另一方接受，交易即告达成，合同即告成立，双方应分别履行其所承担的合同义务。一般用"接受""同意""确认"等术语表示接受。

### 四、合同的签订与履行

经过交易磋商后，如果就某项交易的基本条件达成一致意见，双方一般会以书面形式将该意见记录下来，并各自签署盖章，这就是签订合同。合同是后续交易业务施行的基础和依据。因此，在签订合同过程中必须谨慎。合同签订后，双方即进入履行合同的阶段。

#### 1. 出口合同履行

出口合同履行是指出口人按照合同的规定履行交货义务直至收回货款的整个过程。出口合同履行是目前我国外贸企业出口工作最重要的阶段。采用 CIF 术语按信用证支付方式成交的出口合同，履行程序一般包括备货、催征、审证、改证、租船订舱、报关、保研、保险、装船和制单结汇等步骤。

### 2. 进口合同履行

进口合同履行是指进口人按照合同规定的义务履行付款义务直至提取货物的整个过程。它是进口工作的最后阶段，应该注意货款和货物的流转进程，同时必须重视货物的验收工作，保证交易商品物有所值。进口合同履行程序一般包括开立信用证、租船订舱和催装、保险、审单和付汇、报关和接货、验收和拨交、进口索赔等环节。

## 任务实施

步骤一：完善公司网站的产品信息，加强网络推广。

常信公司建有公司的网站，孙潇和万友等人来到公司后，公司加大了产品推广力度，在阿里国际平台上介绍自己的企业、发布商品信息，让客户能够及时了解本公司的生产能力和畅销产品。同时，万友每天也在网络上搜寻客户信息，在看到客户需要服装的信息后，就立即写邮件介绍本公司，与之建立业务联系。

Dear Sirs,

We learned from the internet that you are one of the major exporters of textiles and garments in your country. We are writing to enter into business relations with you on the basis of mutual benefits and common interests.

步骤二：参加广交会，回来后及时跟进。

孙潇、万友和王明在陈明的带领下，参加了中国进出口商品交易会（广交会）。在交易会上和新加坡来佛士贸易公司的 Lisa 进行了面对面的磋商。回来后，孙潇就及时跟进，在掌握产品购买成本的基础上进行报价，并请对方关注本公司网站的其他产品。下面是莱佛士公司地址。

Raffles Trading Co. Ltd
69 International Trade Plaza
Orchard Road，Singapore
TEL：（0065）61112588
FAX（0065）61112688

步骤三：联系供应商，掌握产品的相关信息。

王明通过多种方式熟悉当地的服装生产企业，联系供应商，建立与生产厂家的联系，了解服装的价格和交货期等第一手资料。

## 一体化设计

### 选择题

1. 交易磋商的两个基本环节是（　　）。
A. 询盘、接受　　　　　　　　　　B. 发盘、签合同
C. 接受、签合同　　　　　　　　　D. 发盘、接受

2. 某发盘人在其定约建议中有"仅供参考"字样，则这一定约建议为（　　）。
   A. 发盘 　　　　　　　　　　　　B. 递盘
   C. 邀请发盘 　　　　　　　　　　D. 还盘
3. 一项发盘，经过还盘后，则该发盘（　　）。
   A. 失效 　　　　　　　　　　　　B. 仍然有效
   C. 对原发盘人有约束力 　　　　　D. 对还盘人有约束力
4. 发盘的撤回与撤销的区别在于（　　）。
   A. 前者发生在发盘生效后，后者发生在发盘生效前
   B. 前者发生在发盘生效前，后者发生在发盘生效后
   C. 两者均发生在发盘生效前
   D. 两者均发生在发盘生效后

## 项目学习成果评价

表 2-1　评价表——贸易准备

| 学号 | | 姓名 | | 班级 | | |
|---|---|---|---|---|---|---|
| 评价栏目 | 任务详情 | 评价要素 | 分值 | 评价主体 | | |
| | | | | 学生自评 | 小组互评 | 教师点评 |
| 任务功能实现 | 熟悉对外贸易政策及国际惯例 | 任务功能是否实现 | 20 | | | |
| | 掌握国际贸易业务流程 | 任务功能是否实现 | 20 | | | |
| 知识点运用情况 | 对外贸易政策掌握情况 | 对外贸易政策是否清楚掌握 | 5 | | | |
| | 贸易术语使用 | 贸易术语使用是否正确 | 5 | | | |
| | 交易前准备工作 | 交易前准备工作是否完备 | 5 | | | |
| | 商务谈判 | 谈判是否合规 | 4 | | | |
| | 合同签订与履行 | 合同签订是否合规 | 4 | | | |
| 项目完成效果 | 最新贸易变化收集情况 | 信息是否完整 | 6 | | | |
| | 发盘完成情况 | 内容是否全面 | 6 | | | |
| | 业务跟进 | 跟进是否及时 | 5 | | | |
| 创新性 | 工作流程 | 工作流程是否创新 | 5 | | | |
| 职业素养 | 态度 | 是否认真细致、遵守课堂纪律、学习积极、团队协作 | 5 | | | |
| | 操作规范 | 是否按照国际贸易业务流程进行 | 5 | | | |
| | 解决问题 | 是否合理解决工作中遇到的问题 | 5 | | | |
| 总分 | | | 100 | | | |

## 项目拓展

**综合训练**

1. 业务背景

南京纽维纺织服装有限公司（Nanjing Nivi Textile&Garment Co. Ltd）的老客户 J&K Fashion Trade Co. Ltd 向其推荐了一位来自美国经营纺织服装的 TAC New York Co. Ltd。其经理 Jams Brown 对 Style No. TN35 和 TN36 全棉女士夹克非常感兴趣。2015 年 4 月 21 日纽维纺织服装有限公司收到了 Jams Brown 的电子邮件，欲购买女士夹克。

2. 实训内容

根据相关背景及资料，以南京纽维纺织服装有限公司业务员身份，向客户发出建立业务关系函，内容包括向客户寄送样品、介绍 TN35 和 TN36 全棉女士夹克、邀请客户来参观等。

查找我国的全棉女士夹克出口退税率及进出口关税情况，对客户进行资信调查。

3. 相关资料

（1）客户名称、地址。

经理：Jams Brown

TAC New York Co. Ltd

ADD：133 E.13th Street，2nd Floor，(between 3rd & 4th Avenues)，New York，NY 10003

TEL：0044-78-3410776

FAX：0044-78-3410777

E-mail：jams@tac.com.us

（2）商品信息。

货名及货号：TN35 和 TN36 全棉女士夹克。

面料：全棉；里料：摇粒绒。

包装方式：用出口纸箱包装，16 件/纸箱。

包装尺寸：57 cm×44 cm×43 cm。

毛重：15 kg/箱；净重：14 kg/箱。

## 项目学习成果评价

表 2-2 评价表——综合训练

| 学号 | | 姓名 | | 班级 | | | |
|---|---|---|---|---|---|---|---|
| 评价栏目 | 任务详情 | | 评价要素 | 分值 | 评价主体 | | |
| | | | | | 学生自评 | 小组互评 | 教师点评 |
| 任务功能实现 | 订立合同的标的条款 | | 任务是否完成 | 15 | | | |
| | 国际货物运输与保险 | | 任务是否完成 | 15 | | | |
| | 国际货物的支付 | | 任务是否完成 | 15 | | | |

续表

| 评价栏目 | 任务详情 | 评价要素 | 分值 | 评价主体 | | |
|---|---|---|---|---|---|---|
| | | | | 学生自评 | 小组互评 | 教师点评 |
| 知识点运用情况 | 合同标的物 | 是否清楚掌握 | 6 | | | |
| | 国际货物运输方式 | 是否掌握完整 | 5 | | | |
| | 国际货物运输保险 | 条款是否合理 | 5 | | | |
| | 支付方式 | 是否清楚掌握 | 4 | | | |
| | 支付方式的选用 | 选择是否适合 | 4 | | | |
| 项目完成效果 | 方案可执行性 | 执行是否流畅 | 4 | | | |
| | 平台数据查询准确性 | 查询数据准确完整与否 | 4 | | | |
| | 分析结果合理性 | 结果可实操性 | 3 | | | |
| 创新性 | 方案设计思路 | 设计思路是否创新 | 5 | | | |
| | 数据分析思维 | 分析思路是否创新 | 5 | | | |
| 职业素养 | 态度 | 是否认真细致、遵守课堂纪律、学习积极、团队协作 | 4 | | | |
| | 工作规范 | 是否按照业务流程完成工作 | 2 | | | |
| | 设计理念 | 是否设计全面合理的调研方案 | 4 | | | |
| 总分 | | | 100 | | | |

# 项目三

# 合同条款

## 项目导读

合同是国际贸易中的重要组成部分,其中包括诸多的条款与内容。本项目从国际贸易合同标的物、国际货物运输与保险、国际货物的收付、国际贸易索赔与定金,以及不可抗力与国际贸易仲裁等方面介绍相关内容。

## 学习目标

1. 素质目标

培养学生精益求精的职业精神、认真细致的工作态度;培养学生动手实践技能和分析问题、解决问题的能力;培养学生具有一定的人际交往能力和沟通能力。

2. 知识目标

(1) 了解国际贸易合同标的物及数量、包装等因素;

(2) 熟悉国际货物运输与保险、国际货物的收付;

(3) 掌握合同条款内容及其规定方法。

3. 能力目标

(1) 能够订立出口合同的品质、数量、包装条款;

(2) 能够订立出口合同的运输条款;

(3) 能够订立出口合同的保险条款;

(4) 能够订立出口合同的支付条款。

## 任务一　订立合同的标的条款

### 任务描述

A公司已经和新加坡B贸易公司建立了业务关系，B公司有意购买中国服装与玩具等日用消费品，第一笔订单希望先从服装开始。

津贸通公司的服装主要有单色均码和混色均码两种出口纸箱包装方式，通常是以一只40英尺（1英尺＝0.304 8米）的集装箱所装货物的数量为最低订货数量来进行出口报价的。由于是第一次和津贸通公司开展业务，B公司的试订单为一只40英尺（1英尺＝0.304 8米）的集装箱的服装，如果销售不错，以后再加大进口量。

孙潇已经和B公司的Lisa就具体业务磋商了一段时间，并且初步选定出口一批男式衬衫到新加坡。现在就具体出口服装的名称和品质、包装开展细致的讨论，准备拟定合同的品名与品质、数量、包装条款。

### 任务分析

合同的标的条款是国际货物买卖当事人双方首先需要商定的交易条件，也是国际货物买卖合同中的重要条款。标的具体可分为商品的名称和品质条款、数量条款及包装条款。

《公约》规定，卖方交付的货物必须与合同所规定的名称、质量、数量相符。如果买方交货不符合约定的名称规定、品质条件，买方有权要求损害赔偿，也可以要求修理或交付替代物，甚至拒收货物和撤销合同。

如卖方交货数量大于约定的数量，买方可以拒收多交的部分，也可以收取多交部分中的一部分或全部，但应按合同价格付款。如买方交货数量少于约定的数量，卖方应该按规定的交货期届满前补交，但不得使买方遭受不合理的不便或承担不合理的开支，而且买方有保留索赔的权利。

如果买方交付的货物未按约定的条件包装，或者货物的包装与习惯不符，买方有权拒收货物。

在货物买卖合同中，品质条款一般包括商品的品名、规格、等级、品牌、标准及交付货物的品质依据等。数量条款主要包括成交商品的具体数量、计量单位等。按质量计算商品，还需明确计算质量的方法和溢短装条款。包装条款主要包括包装材料、包装方式、包装规格、包装标志、包装费用和每件包装中所含物品的数量或质量等内容。

### 知识要点

#### 一、国际贸易合同的品名条款

##### （一）品名条款的内容

在国际贸易合同中，品名条款并没有统一的格式，往往在"商品名称"或"品名"（Name of Commodity）的标题下列明贸易双方成交商品的名称，也有的只在合同的开头部分载明贸易双方同意买卖某种商品的字句。

品名条款的内容取决于成交商品的品种和特点。在国际贸易合同中，通常只需要规定商品的具体名称。在实际业务中，有些商品具有不同的品种、商标、等级和型号。为了避免混淆，在品名条款中多标注关于商品的具体品种、商标、等级和型号的描述。对于具有品质规格的商品，也标注品质规格，在此情况下，就不单是品名条款，实质上是品名条款与品质条款的综合表述。

### （二）品名条款的注意事项

#### 1. 按照需要与可能确定成交商品的名称

凡品名条款中规定的商品，应当是买方确实需要而卖方能供应的商品，避免履约困难与贸易纠纷。

#### 2. 合理描述成交商品

对于某些成交商品，当需要在品名条款中做进一步描述时，其描述性的词句应当运用得当，既不能漏掉必要的描述，也不应列入不切实际或不必要的描述，以免给履约造成困难和引起争议。

#### 3. 正确使用成交商品的名称

正确使用成交商品的名称，这不仅关系到合同当事人的利益，而且有利于合同的履行。

（1）应使用国际上通用的名称。若使用地区性的名称，贸易双方应事先就其含义达成共识，以有利于合同的履行。

（2）在一个合同或同一个商家的几个合同中，同一种商品的名称应一致。

（3）对于某些新商品的定名及其译名，应力求准确、易懂，并且符合国际上习惯的称呼。

（4）凡带有外国的国名或地名的商品名称，应尽可能使用自定的名称，也可在自定名称后加括号说明，如"（俗称印度绸）"。对于一些涉及外国商品名称专用权或制造方法专用权的商品名称，应避免使用。凡出口商品名称中带有产地名称者，其品质规格应有明确的标准，如生产情况稳定，且在国外适销对路，可继续使用，否则不宜采用凭产地名称买卖。

（5）若某些商品有几个不同的称呼，在确定商品名称时，应根据是否有利于交易便利，并且符合各国的法律、法规确定。如果商品名称选用不当，则可能导致该商品被禁止进出口或被收取较高的关税和运输费用。

#### 4. 清晰地明确品名条款的内容

在品名条款中，应写明成交商品的名称，避免不切实际的表述，方便合同的履行。若成交商品的品种和规格繁多，则可在商品名称栏内标明商品类别总称，如文具、家具、工艺品、瓷器等，同时还应将具体的商品名称及规格用附表详细列明。

## 二、国际贸易合同的品质条款

### （一）品质条款的主要内容

#### 1. 品质条款的内容

在品质条款中，对于可以用科学的指标来说明其品质的商品，应列明如商品规格、商品等级等指标的内容。

（1）对于凭标准买卖的商品，需要在品质条款中列明采用何种标准。对于某些品质变化较大而难以规定统一标准的农产品，往往在品质条款中列明"良好平均品质"字样。

（2）对于性能和结构比较复杂的机、电、仪等技术密集型产品，可在品质条款中载明卖方应提供说明书，并随附有关图样、照片、设计、图纸、分析表及各类数据等内容。

（3）对于加订品质保证条款和技术服务条款，或者难以用科学的指标说明其品质的商品，可在品质条款中列明凭卖方样品或买方样品，或凭对等样品交货字样。

（4）对于某些在国际市场上久负盛名的名牌商品，只列明成交商品的商标或品牌即可。对于在品质方面具有独特风格和地方特色的商品，可以只用原产地名称来表示其品质。

**2. 品质机动幅度的内容**

对于质量指标容易出现差错的某些制成品，可在品质条款中标注浮动的说明，具体如下：

（1）注明品质公差的幅度。品质公差是指工业制成品的质量指标出现国际上公认的误差，即使合同中没有规定，只要交货品质在公差范围内，就不能算作违约。但是，为了明确起见，可在合同中约定一定幅度的品质公差，如订明"尺码或质量允许有正负（6%～8%）的合理公差"。对于某些难以用数字或科学方法表示的，采取"合理差异"这种笼统的规定办法。

（2）注明交货品质的幅度。交货品质的幅度是指允许卖方交付某些商品的质量指标在一定的幅度内具有灵活性。其机动幅度通常有两种规定办法：一种是约定一定的差异范围；另一种是约定一定的上下极限。卖方交货时只要在约定的差异范围内和未超出约定的上下极限，即算合格，此时买方无权拒收货物。

（3）注明交货品质与样品大体相同或相似。当采用凭样品成交，往往由贸易双方对所交货物的主观判断不一致引起争议。为此，贸易双方在商定品质条款时，可加订"交货品质与样品大体相同或相似"之类的条文。

为了体现按质论价，在采用交货品质允许有一定机动幅度的情况下，对于某些货物，也可以根据实际交货品质调整价格，即在合同中加设品质增减价条款。它主要有以下两种方法：

其一，对于机动幅度内的品质差异，可按交货实际品质规定予以增价或减价。

其二，只对品质低于合同规定者减价。在品质机动幅度范围内，交货品质低于合同规定者减价，而交货品质高于合同规定者不增价。

采用品质增减价条款时，应选用对价格有重要影响又允许有一定机动幅度的主要质量指标。对于次要的质量指标或不允许有机动幅度的重要指标，不能适用。

**（二）品质条款的注意事项**

**1. 表示品质的方法**

表示品质的方法有很多，究竟采用何种方法，这主要取决于商品的特性。一般来说，当适用文字、图样、图片、数据等方法来表示品质时，应分别采用这类方法，不要轻易采用看货成交或凭样品成交的方法。这是因为，看货成交具有一定的局限性，通常多用于寄售、展卖和拍卖业务中；凭样品成交在交接货物的过程中容易引起争议，故不宜滥用此法。只有在确实无法用科学的指标表示品质时，才可采用此法。

需要注意的是，当对某种商品同时采用几种表示品质的方法时，应当审慎。凡能用一种方法表示品质时，一般不宜同时使用两种或两种以上的方法，特别是同时采用凭规格和凭样品成交,这样会给履约造成困难。这是因为,卖方交付的商品既要符合约定的规格,又要与样品一致,要做到两全其美,有时确实不容易。需要说明的是,如果不是以样品来表示整个商品的品质,而只是表示该商品某一个或某几个方面的质量指标;例如,不是表示整套服装的品质,而只是表示服装的色泽(作为色样);有关服装其他方面的品质,则用其他方法表示。在这种情况下,对一种商品同时使用几种表示品质的方法是可以的。

**2. 品质条件出现偏高或偏低现象**

在规定品质条款时,要根据需要和可能,实事求是地确定品质条件。具体地说,在确定出口商品的品质条件时,除考虑买方的实际需要外,还应考虑卖方供货的可能性。如果客户对品质要求过高,属于卖方实际做不到的条件,则不应接受;反之,如果出口商品的品质确实符合国外市场的需要,则品质条件不应低于实际商品的品质规格,以免影响出售价格。但是,不应为了追求高价而盲目提高品质,以免浪费原材料或给生产部门带来困难,甚至影响交货,对外造成不良影响。

在确定进口商品的品质条件时,应从买方的实际需要出发,防止盲目提高质量要求。这是因为,当质量过高时,既影响价格,也未必切合实际需要,从而造成不应有的浪费。但是,要防止单纯为了买低价货或任意降低质量要求而盲目进口,以致影响使用,并导致不应有的损失。

**3. 品质的质量指标**

在品质条款中,对于影响品质的一些重要指标,应当具体订明,不应出现遗漏。对于相对次要的质量指标,可少订。对于一些与品质无关紧要的条件和说明,不宜订入,以免条款过于烦琐。以买卖大豆为例,虽然大豆的含油量及其蛋白质含量都是表示大豆质量的指标,但对于大豆规格的具体要求,根据大豆的用途而有所差异。若大豆仅作榨油用,则在品质条款中必须列明其含油量这项重要指标;若大豆仅作食用,则在品质条款中不一定要约定其含油量,但蛋白质含量是必须列明的重要指标。

**4. 进口国的相关法律、法规**

世界各国对进口商品的品质都有具体的法令规定。凡质量不符合法令规定的商品,一律不准进口,有的还要就地销毁,并由货主承担由此产生的各种费用,对此,应当引起重视。此外,我国按定牌生产出口商品时,在出口的商品上印刷了外商提供的品牌,应注意该品牌是否合法,以免将出口商品运往国外触犯进口国的商标法而引起法律纠纷。

**5. 各项质量指标之间的内在联系和相互关系**

品质条款中的各项质量指标都是从不同的角度来说明商品品质的。实际上,各项指标之间具有内在联系,并且互相影响,如果其中某项指标规定不当,就可能影响其他指标。

**6. 品质条款的标注**

为了便于贸易双方按品质条件交接货物和明确彼此的责任,在商定品质条款时,应避免采用诸如"大约""左右"之类笼统、含糊或模棱两可的规定办法,以免在交货品质问题上引起争议。

## 三、国际贸易合同的数量条款

### (一) 数量条款的主要内容

在贸易合同中,数量条款通常包括成交数量、计量单位和计量方法等内容。在实际业务中，商品种类及其性质、特点各异，各国的度量衡制度也不尽相同，所以计量单位和计量方法也多种多样。因此，数量条款的内容是由商品的种类和特性确定的。

在某些大宗商品（如矿砂、化肥和粮食等）的交易中，受商品特点、货源变化、船舱容量、装载技术和包装等因素的影响，往往难以准确地按约定的数量交货。为了便于履行合同，在磋商数量条件时，可加订数量增减价或溢短装条款，并订明由何方行使此项机动幅度的选择权。同时，还应在合同中订明多装或少装部分的计价方法。为了防止当事人根据其自身利益随意增加或减少交货数量，也可在数量机动幅度条款中，加订"此项机动幅度，只在为了适应船舶实际装载量的需要时才能适用"的文句。

### （二）数量条款的注意事项

#### 1. 成交的数量

成交数量的确定，不仅关系到进出口任务能否完成，而且涉及对外政策和经营意图的贯彻。因此，在商定数量条款时，应当做到心中有数，防止盲目成交。在确定出口商品的成交数量时，应考虑到外国的供求状况、国内货源的供应情况、国际市场的价格动态及外商的资信情况和经营能力等因素。在确定进口商品的成交数量时，应考虑到国内的实际需要和支付能力、进口商品的质量和价格水平及市场行情的变化等因素。

#### 2. 数量的幅度

数量幅度的选择应根据成交条件和双方当事人的意愿确定，如采用海运，应由负责安排船舶运输的一方来选择比较合算。例如，如果按 FOB 条件成交，应由派船接货的买方来选择；如果按 CFR 或 CIF 条件成交，应由派船送货的卖方来选择。此外，也可规定由船长根据舱容和装载情况作出选择。

#### 3. 溢短装数量的计价方法

在实际业务中，数量的幅度范围内多装或少装的部分常常按照合同价格计价。同时，为了体现公平、合理的贸易原则，防止合同当事人利用市场行情的变化，故意多装或少装，以获取额外收入，也可在合同中列明：溢短装部分不按合同价格计价，而按照装船或到货时的市场价格计价。

#### 4. 数量条款的标注

对于成交商品的具体数量、使用何种计量单位和计量方法、数量机动幅度的大小及其选择权由谁掌握、溢短装部分的具体作价办法等内容，都应订明。此外，对于成交数量，不宜采用"大约""近似""左右"等带有伸缩性的表达方式，以免引起分歧，从而给履约造成困难。

## 四、国际贸易合同的包装条款

### （一）包装条款的基本内容

国际贸易合同中的包装条款一般包括包装方式、包装材料、包装规格、包装标志和包装费用等内容。

#### 1. 包装方式

无论运输包装还是销售包装，其方式都多种多样。贸易双方在洽商交易时，应明确采用何种包装方式。

运输包装采用集合运输包装还是单件运输包装；采用集装箱装还是固定在托盘上；采用集装袋还是集装包，均应事先明确。若采用单件运输包装，是桶装、箱装还是其他方式，也应具体订明。

对于销售包装，应根据商品的特性、销售习惯和市场需要等因素，明确具体的包装方式。

**2. 包装材料**

包装材料可以是金属、塑料、木材、玻璃、陶瓷、竹、麻等。采用由何种材料制成的包装，应在包装条款中注明。

**3. 包装规格**

根据成交商品的形状、特点和适合运输与销售方面的要求来确定包装的规格及其尺寸，并在包装条款中注明。

**4. 包装标志**

在运输包装上，需要书写、压、印、刷制唛头及其他有关标志；在销售包装上，一般也附有装潢画面和文字说明等标志。贸易双方在磋商包装条件时，要明确这些标志并在合同中详细订明。

**5. 包装费用**

在贸易双方约定由卖方提供包装的情况下，卖方将商品连同包装一起交给买方，包装费用通常包括在货价之内，不另计收。但也有包装费用不计在货价之内，而规定由买方另行支付的情况。此外，贸易双方还可商定由卖方提供包装，并在交货后将原包装退回卖方。其中，对于将原包装退回卖方的运费问题，应在包装条款中订明由哪方承担。如果贸易双方商定由买方提供包装或包装物料，则应订明买方提供包装或包装物料的时间，以及由于包装或包装物料未能及时提供而影响货物发运时所应承担的责任。

### （二）包装条款的注意事项

**1. 成交商品的特点**

商品种类的不同，其特性和形状各异，因而其对包装的要求也各不相同。贸易双方在商定包装条款时，应根据商品的特点来确定采用何种包装方式、包装材料、包装规格和包装标志等内容。

**2. 成交商品的运输方式**

进出口商品通常会经过国际长途运输，不同的运输方式对包装的要求也不尽相同。因此，贸易双方在商定包装条款时，应根据成交商品所采用的运输方式来确定适用何种运输包装。

**3. 有关国家的法律规定**

凡进口商品必须遵守进口国对商品的规定，否则不准进口或禁止在市场上销售。例如，有些国家规定，在直接接触食品的包装和标签纸上，只要发现荧光物质，一律禁止进口等。对于这类情况，贸易双方在商订包装条款时，均应予以考虑。

**4. 包装费用的合理节省**

贸易双方在选用包装材料、包装方式和包装规格等方面，应考虑有利于节省包装费用和减少其他费用。

#### 5. 有关国家的消费水平、消费习惯和客户的具体要求

鉴于各国的经济、文化背景不同,人们的消费水平和消费习惯存在差异,客户对包装式样、包装材料、包装规格、包装装潢画面及文字说明等方面都有特定的具体要求。在确定包装条款时,应参考合理的要求,促进合同的顺利履行。

#### 6. 中性包装和定牌生产

中性包装和定牌生产是国际贸易中常见的习惯做法。正确运用这些习惯做法,有利于打破某些国家的关税和非关税壁垒,发展转口贸易和扩大出口。

#### 7. 包装式样的适度选取

采用按某国家式样包装的条件,既增加了履约的难度,又容易引起争议。因此,在包装条款中,一般不宜轻易接受此种条件。

#### 8. 包装条件的注明

包装条款应明确、具体,当商品有两种或两种以上包装方式时,应明确由何方选择,以利于履行合同。此外,在规定包装条款时,切忌使用笼统、含糊的词句,以免引起争议。

### 五、国际贸易合同的价格条款

#### (一) 价格条款的主要内容

在国际贸易中,商品价格的表述涵盖以下四个部分:一是计量单位(如每千克或每件等);二是单位价格金额(如 132 或 13 200 等);三是计价货币名称(如日元或欧元等);四是贸易术语(如 FOB 天津或 CIF 伦敦等)。参考如下:

每吨 100 美元 FOB 天津(USD 100 per metric ton FOB Tianjin)。

每件 800 元人民币 CIF 纽约(CNY 800 per piece CIF New York)。

以上价格一经约定,履约时按此价格结算货款。即使市场价格发生变动,贸易双方也不得要求变更原定的价格。国际市场变幻莫测,商品的价格容易发生波动。为了确保合同的顺利履行,有时贸易双方订约时,在合同中明确规定:"合同成立后,不得提高价格或调整价格。"

商品的总价是指交易的货款总金额(商品单价与成交商品数量的乘积)。价格条款中商品的总价与单价所使用的货币应当是一致的。

上述商品价格和成品总价是价格条款的基本内容。价格条款是国际贸易合同中的核心条款,与其他相关条款有着密切的联系。

#### (二) 价格条款的注意事项

为了约定合同中的价格条款,贸易双方对外洽商价格和约定价格条款等,应注意以下事项。

##### 1. 充分调查研究

根据国际市场供求状况和价格走势,并遵循我国进出口商品作价原则和每笔交易的经营意图,合理确定成交价格,防止盲目定价而导致成交价格偏离国际市场价格的情况出现。

##### 2. 确定贸易术语

贸易术语与贸易双方有着直接的利害关系。因此,应根据运输市场情况、运价水平,并结合自身条件和经营意图,酌情选择对自身有利的贸易术语。多年来,我国各外贸公司习惯

使用 FOB、CFR 和 CIF 三种常用的贸易术语。但是，随着国际贸易的发展，出现了一些新的贸易术语，故在选用贸易术语时，应随机应变，采取较为灵活的做法。例如，按照装运港交货条件成交，当采用滚装、滚卸或集装箱运输，或者要求卖方在船舶到港前将货物交到港口货站时，由于货物风险和费用以船舷为界来划分已经失去实际意义，故在此情况下，不宜继续沿用 FOB、CFR 或 CIF 三种贸易术语。就卖方而言，明智的做法应当是，按《2020 年国际贸易术语解释通则》的规定，分别选用 FCA、CPT 或 CIP 贸易术语来取代。这是因为，在按 FCA、CPT 与 CIP 贸易术语成交时，只要卖方将其出售的货物交给买方指定的承运人处置，风险即随之转移。如果仍沿用 FOB、CFR 或 CIF 贸易术语，则实际上，卖方多承担自将货物交给买方指定的承运人处置起至货物被装上船这段时间和空间的费用与风险。显然，这对于卖方是不利的。

**3. 争取有利的计价货币**

争取选择对于自身有利的计价货币，以免遭受币值变动带来的风险与损失。如果根据当时的市场情况和自身的经营意图，不得已采用不利的计价货币成交，则应当加订保值条款，以维护自身的经济利益或者把币值可能变动的风险考虑到成交价格中。

**4. 运用各种不同的作价办法**

根据成交商品的品种、数量、交货期限和市场行情变化等因素，择优选用，避免承担价格变动的风险。

**5. 参照国际贸易的习惯**

注意佣金与折扣的合理运用，以便有效地利用中间代理商的购销渠道和扩大贸易。

**6. 商定溢短装条款**

当在贸易合同中使用了溢短装条款时，需要同时确定溢短装部分的作价。

**7. 商定商品的包装材料和包装费**

对于另行计价商品的包装材料和包装费用，需要同时确定此部分的计价。

**8. 注意价格条款与其他条款的内在联系**

合同中的价格条款是核心条款，应与其他相关条款的规定一致。

### 任务实施

步骤一：订立商品的名称和质量条款。

双方经过一段时间的交流，对彼此的业务产品相互有了一定了解，××公司准备先进口一批男式衬衫。孙潇于 2020 年 7 月 15 日给 Lisa 寄送了样品，男式衬衫样品编号为 MP766。对方收到样品后，对样品进行了仔细检查，认可产品的质量。于是，双方在合同中约定的平直条款如下：

Men's cotton shirt，like original sample NO. MP766 sent on July 15，2015.

步骤二：订立商品的数量条款。

一个 40 英尺（1 英尺＝0.3048 米）的集装箱的体积大概是 67.7 $m^3$，实际利用率为 80%，所以一般可以装 55 $m^3$ 的货物。每个纸箱尺寸为 50 cm×40 cm×80 cm，体积为 0.16 $m^3$。55÷0.16＝343（箱），每箱装 8 件衬衫，数量为 2 744 件。为避免实际装箱时有误差，因此订立溢短装 5% 的幅度可以接受。

孙潇对服装的数量及具体颜色、尺寸等和 Lisa 取得了一致，在合同中签订数量条款见表 3-1。

表 3-1  Quantity（PCS）

| Men's Cotton Shirt | Size | White | Grey | Total |
| --- | --- | --- | --- | --- |
| | M | 343 | 343 | 686 |
| | L | 343 | 343 | 686 |
| | XL | 343 | 343 | 686 |
| | XXL | 343 | 343 | 686 |
| Total | | 1 372 | 1 372 | 2 744 |

步骤三：订立商品的包装条款。

双方同意包装采用混色混码，8件装一只纸箱，第一次发一个40英尺（1英尺＝0.304 8米）集装箱的货物。双方在合同中约定的包装条款如下：

8PCS per carton, assorted colors and size, per PC in polybag.

W×H×L：50×40×80

SHIPPING MARK：RTC

　　　　　　　　　CZCX2011180

　　　　　　　　　SINGAPORE

　　　　　　　　　NO. 1-343

## 一体化设计

### 一、选择题

国际贸易合同中的包装条款一般不包括（　　）。

A. 包装方式　　　B. 包装材料　　　C. 包装标志　　　D. 运输设备

### 二、判断题

在品名条款中，应写明成交商品的名称。若成交商品的品种和规格繁多，则可在商品名称栏内标明商品类别总称，如文具、家具、工艺品、瓷器等，不必将具体的商品名称及规格用附表详细列明。（　　）

## 任务二　国际货物运输与保险

### 任务描述

A公司拟与新加坡××贸易公司签订服装出口合同，有海洋运输和航空运输两种方式可供选择。考虑到不同运输方式下运输时间不同，孙潇和Lisa商量合同运输条款，确定交货时间。

### 任务分析

国际货物运输是不同国家（地区）之间的运输，环节多，距离长，涉及面广，情况复杂多变，时间性强，各种自然灾害和意外事故的发生都可能直接或间接地影响到国际货物运输。

运输条款是贸易合同的组成部分，如果在签订合同时忽略了运输问题，从而使运输条款订立不恰当，或者责任不明确，甚至脱离了运输的实际可能，不但导致履行合同时使运输工作陷于被动，引起经济损失和种种纠纷，严重的还会影响履约，使出口任务无法完成。

在洽商交易时，买卖双方必须就交货时间、装运地和目的地等问题商妥，有时还规定卖方应予交付的单据和有关装运通知的条款。明确、合理地固定装运条款，是保证进出口合同顺利履行的重要条件。

## 知识要点

### 一、国际货物运输方式

国际货物运输是指在国家与国家、国家与地区之间的运输。它涉及的运输方式很多，包括海洋运输、航空运输、铁路运输、公路运输、管道运输、大陆桥运输、内河运输，以及由两种及两种以上运输方式组合的国际多式联运等。

#### （一）海洋运输

在国际货物运输中，运用最广泛的是海洋运输（Ocean Transport）。目前，海运量在国际货物运输总量中占80%以上。与其他国际货物运输方式相比，海洋运输具有如下显著的优势：一是通过能力大，即海洋运输可以利用四通八达的天然航道，不像火车、汽车受轨道和道路的限制；二是运量大，即海洋运输船舶的运输能力远远大于铁路运输车辆和公路运输车辆；三是运费低，即按照规模经济的观点，因为运量大、航程远，分摊于每货运吨的运输成本就少，因此，运价相对低。与此同时，海洋运输也存在劣势，即受气候和自然条件的影响较大，航期不易准确，并且风险较大，运输的时间相对较长。

按照船舶经营方式的不同，可将海洋运输分为班轮运输（Liner Transport）与租船运输（Shipping by Chartering）。

**1. 班轮运输**

班轮运输也称为定期船运输，是指船公司将船舶在特定航线的各既定挂靠港口之间，按事先公布的船期和费率往返航行，从事客货运输业务的一种运输方式。班轮运输适用于货流稳定、货种多、批量小的杂货运输。它具有如下特点：

（1）"四固定"，即固定航线、固定港口、固定船期和相对固定的费率。

（2）班轮运价内包含装卸费，即货物由承运人负责配载装卸，承托双方不计滞期费和速遣费。

（3）承托双方的权利、义务和责任豁免以签发的提单为依据，并受统一的国际公约制约。

（4）班轮运输货物的品种、数量比较灵活，货运质量较有保障，多采用在码头仓库交接货物，为货主提供了便利条件。

**2. 租船运输**

租船运输也称为不定期船运输，是与班轮运输相对应的一种运输方式。它不是按预定的时刻表、固定的航线、固定的港口和事先规定的费率表等固定形式进行的，而是按承托双方达成的有关运输航线、运输货物的种类及数量、停发地点、起运与终到时间、运价或租金等的运输合同来进行的。它适用于运输批量大、能组织整船运输的货物。它具有如下特点：

（1）属于不定船期，没有固定的航线、装卸港及航期。

（2）没有固定的运价。

（3）租船运输中的提单不是一个独立的文件，船方出具的提单一般是只有正面内容的简式提单，并注明"All terms and conditions as per charter party"或"Freight payable as per charter party"。根据《跟单信用证统一惯例（2007年修订本）》第600号出版物第22条，租船合约提单条款中没有规定银行对租船合约提单的态度。因此，当受益人提交租船合约提单时，银行不会加以干涉；当信用证规定要求受益人交付的单据中包含租船合约时，银行也不审核该合约的内容。这表明银行对这项内容在管理上放宽，也说明租船合约提单在应用上将日渐增多。

（4）租船运输中的船舶港口使用费、装卸费及船期延误按租船合同中的规定划分与计算。

（5）租船主要用来运输国际贸易中的大宗货物。

### （二）航空运输

航空运输（Air Transport）是一种现代化的运输方式。与海洋运输、铁路运输相比，航空运输具有运输速度快、货运质量高，且不受地面条件的限制等优点。因此，航空运输适用于运送急需物资、鲜活商品、精密仪器和贵重物品等。

按照经营方式的不同，可将航空运输分为班机运输、包机运输、集中托运和航空快递业务。

**1. 班机运输**

班机是指具有固定开航时间、航线和停靠航站的飞机。它通常为客货混合型飞机。由于航期固定，班机运输有利于客户安排急需物资或鲜活商品的运送。

**2. 包机运输**

包机运输是指航空公司按照约定的条件和费率，将整架飞机租给一个或若干个包机人。它适用于大宗货物的运输。

**3. 集中托运**

集中托运是指采用班机运输或包机运输方式，将多票出运的货物集中为一票，向航空公司办理托运，填写一份总运单，送至同一目的地。这种方式将若干票小货合成一票货物，重量达到一定的等级，相对于每一票货物单独开单价格，航空公司给的价格会低很多，可节约运费。

**4. 航空快递业务**

航空快递业务又称为航空急件传送，是在国际航空运输中较为快捷的运输方式。它是由一个专门经营快递业务的机构与航空公司密切合作，特别适用于急需的药品、医疗器械、贵重物品、图纸资料、货样及单证等的运输，被称为"桌到桌运输"。

### （三）铁路运输

铁路运输是指利用铁路进行进出口货物运输的一种方式。在国际贸易运输中，铁路运是仅次于海洋运输的主要运输方式,特别是在内陆接壤国家之间的贸易中,它起重要的作用。即便是以海洋运输方式进出口的货物,大多也是靠铁路运输进行货物的集中与分散的。与其他运输方式相比,铁路运输的运量大、速度快、受气候影响较小,在运输过程中的风险较小、运费较低、手续简单。

国际铁路联运是指使用一份统一的国际联运单据,在跨两个或两个以上国家铁路货物的运输中,由铁路负责经过两国或两国以上的全程运送,不需发货人和收货人参加的联运业务。

### (四) 公路运输

公路运输(Road Transportation)是一种现代化的运输方式。它不仅可以用于直接运进或运出对外贸易货物,而且是车站、港口和机场集散进出口货物的重要手段。

### (五) 管道运输

管道运输(Pipeline Transport)是指将管道作为运输工具的一种长距离输送液体和气体物资的运输方式,是一种专门由生产地向市场输送石油、煤和化学产品的运输方式,是统一运输网中干线运输的特殊组成部分。有时,气动管(Pneumatic Tube)也可以做到类似的工作,以压缩气体输送固体舱,而内里装着货物。采用管道运输方式运输石油产品比水运费用高,但它仍然比铁路运输费用低。大部分管道都被其所有者用来运输自有产品。

### (六) 大陆桥运输

大陆桥运输(Land Bridge Transport)是指以横贯大陆的铁路、公路运输系统为中间桥梁,把大陆两端的海洋连接起来的运输方式。从形式上看,它是海—陆—海的连贯运输,但实际做法已经在世界集装箱运输和多式联运的实践中发展成多种多样。大陆桥运输一般都是以集装箱为媒介的。因为采用大陆桥运输,中途要经过多次装卸,如果采用传统的海陆联运,则不仅延长运输时间,而且大大增加装卸费用和货损货差。以集装箱为运输单位,可大大简化理货、搬运、储存、保管和装卸等操作环节。同时,集装箱经过海关铅封,中途不用开箱检验,并且可以迅速、直接地转换运输工具,故采用集装箱是进行大陆桥运输的最佳方式。

### (七) 内河运输

内河运输(Inland Water Transportation)是水上运输的重要组成部分。它是连接内陆腹地与沿海地区的纽带,在运输和集散进出口货物中起重要的作用。

### (八) 集装箱运输与国际多式联运

#### 1. 集装箱运输

在集装箱运输出现之前,对于海洋运输的货物,都是先将其装进麻袋、木箱或纸箱,然后在码头上将一袋袋或一箱箱的货物搬进一个大钢丝网兜,用岸上或船上的吊杆将其吊进船舱,再由守候在舱底的装卸工人把它们一一搬出网兜,整齐地摆放在船舱内。这种原始的装卸方式存在装卸效率低、货损货差大等显而易见的弊端。

集装箱的大量运用始于越南战争,当时,美国人用集装箱大量运输作战物资,效果甚佳。1966年,美国海陆公司在北大西洋航线上开始使用改装的集装箱船"FairLand"号,为集装箱直达联运的历史翻开了崭新的一页。

与传统方式相比，集装箱运输有着明显的优势，具体如下：

（1）装卸效率高。普通货船装卸一般为每小时35吨左右，而集装箱装卸每小时可达400吨左右，装卸效率大幅度提高。同时，由于集装箱装卸的机械化程度很高，每班组所需的装卸工人很少，平均每个工人的劳动生产率大大提高。

（2）货损货差率低。集装箱本身就是一种坚固的包装，货物被装箱并铅封后，途中无须拆箱倒载，一票到底。即使经过长途运输或多次换装，箱内货物也不易被损坏。集装箱运输可以减少被盗、潮湿、污损等引起的货损和货差，深受货主和船公司的欢迎。

（3）简化包装，大量节约包装费用。在长途运输中，为了避免货物受到损坏，必须有坚固的包装。集装箱具有坚固、密封的特点，其本身就是一种极好的包装。使用集装箱可以简化包装，有的甚至无须包装，实现杂货无包装运输，可大大节约包装费用。

（4）减少营运费用，降低运输成本。由于集装箱的装卸基本不受恶劣天气的影响，船舶非生产性停泊时间缩短；又由于装卸效率高，装卸时间缩短。对于船公司而言，可以提高航行率，降低船舶运输成本；对于港口而言，可以提高泊位的通过能力，从而提高吞吐量，增加收入。

### 2. 国际多式联运

《联合国国际货物多式联运公约》对国际多式联运的定义是，按照多式联运合同，以至少两种不同的运输方式，由多式联运经营人把货物从一国境内接运货物的地点运至另一国境内指定交付货物的地点。

在国际多式联运过程中，虽然一票货物由多种运输方式、几个分承运人共同完成运输，但使用的是同一张货运单据，即多式联运单据（Multimodal Transport Document，MTD）。这样，货物在由一种运输方式转换至另一种运输方式时，不必经过重新分类、核对、检查、开箱、装箱等过程，起到了统一化、简单化及方便货主的作用。

对多式联运单据的定义是，证明国际多式联运合同成立及证明多式联运经营人接管货物并负责按照多式联运合同条款交付货物的单据。因此，多式联运单据不是运输合同，而是运输合同成立的证明，是多式联运经营人收到货物的收据和交付货物的凭证。

## 二、国际货物运输保险条款

国际货物运输保险是指以对外贸易货物运输过程中的各种货物为保险标的的保险。国际货物的运送有海运、陆运、空运及通过邮政送递等多种途径。国际货物运输保险是国际贸易的重要组成部分，不仅可以为运输中的货物提供保障，而且可以为国家提供无形贸易的外汇收入。国际货物运输保险主要包括国际海上货物运输保险、国际铁路货物运输保险、国际公路货物运输保险、国际航空货物运输保险和邮包运输保险等。其中，历史最悠久、业务量最大、法律规定最全的是国际海上货物运输保险。

国际货物运输保险坚持以下原则：

（1）保险利益原则。保险利益原则是指被保险人对保险标的所具有的、合法的利害关系。依据《中华人民共和国保险法》（以下简称《保险法》）第31条的规定，订立合同时，投保人对被保险人不具有保险利益的，合同无效。此原则可以使被保险人无法通过不具有保险利益的保险合同获得额外利益，以避免将保险合同变为赌博合同。保险利益可以表现为现有利益、期待利益或责任利益。

(2) 诚实信用原则。诚实信用原则是指国际货物运输保险合同的当事人应以诚实信用为基础订立和履行保险合同，它主要体现在订立合同时的告知义务和履行合同时的保证义务上。诚实信用原则规定在《中华人民共和国民法典》第 7 条。我国有关诚实信用原则的规定具体体现在告知义务上。在被保险人的告知义务上，《保险法》第 17 条与《中华人民共和国海商法》（以下简称《海商法》）第 222 条的规定不同，《保险法》采用的是有限告知主义，而《海商法》采用的是无限告知主义与有限告知主义的结合。《海商法》第 222 条第 1 款涉及的是无限告知的情况，规定"合同订立前，被保险人应当将其知道的或者在通常业务中应当知道的有关影响保险人据以确定保险费率或者确定是否同意承保的重要情况，如实告知保险人"；第 2 款涉及的是有限告知的情况，规定"保险人知道或者在通常业务中应当知道的情况，保险人没有询问的，被保险人无需告知"。根据《海商法》第 223 条第 1 款的规定，被保险人故意未将重要情况如实告知保险人的，保险人有权解除合同，并不退还保险费。合同解除前发生保险事故造成损失的，保险人不负赔偿责任。

(3) 损失补偿原则。损失补偿原则是指在保险事故发生而使被保险人遭受损失时，保险人必须在责任范围内对被保险人所遭受的实际损失进行补偿。国际货物运输保险合同属于补偿性的财产保险合同，因此，在发生超额保险和重复保险的情况下，保险人只赔偿实际损失。这是因为保险的目的是补偿，而不能通过保险得利。

(4) 近因原则。虽然《保险法》和《海商法》均没有对近因原则做出明文规定，但在国际货物运输保险的实践中，近因原则是确定保险人是否对保险标的的损失负保险责任及负何种保险责任的一个重要原则。

## 任务实施

拟订合同中的装运条款如下：
Time of Shipment：in September，2020
Port of Loading：Shanghai China
Port of Destination：Singapore
Partial Shipments：Not Allowed
Transshipment：Allowed

## 一体化设计

### 选择题

1. 班轮运输最基本的"四固定"的特点，即固定航线、固定港口、固定（　　）和相对固定的费率。

　　A. 船期　　　　　　　　　　　　B. 船舶
　　C. 船长　　　　　　　　　　　　D. 船公司

2. 按照经营方式的不同，可将航空运输分为班机运输、包机运输、集中托运和（　　）。

　　A. 航空旅客运输　　　　　　　　B. 航空货物运输
　　C. 航空快递业务　　　　　　　　D. 航空旅客行李运输

## 任务三　国际货物的支付

### 任务描述

A公司与新加坡B贸易公司是第一次业务合作，因而对对方的资信都不大放心。因此在订立合同的支付条款时，孙潇和Lisa都颇为重视。买卖双方在磋商交易时，都力争规定对自己有利的支付条件。

### 任务分析

在国际贸易中，货款的收付互为买卖双方的基本权利和义务。货款的收付直接影响双方的资金周转及各种金融风险和费用的负担，这是关系到买卖双方利益的问题。

### 知识要点

#### 一、国际支付方式

在国际贸易中，货款的收付会直接影响贸易双方的利益与得失。因此，在磋商交易时，贸易双方都会争取有利的支付条件。实践中，常用的有汇付（Remittance）、托收（Collection）、信用证（Letter of Credit，L/C）、银行保函（Bank Guarantee）。

（一）汇付

汇付是指付款方通过银行，使用一定的结算工具（票据），将款项交予收款方的一种结算方式。汇款主要用于贸易中的货款、预付款、佣金等方面，是支付货款最简便的方式。

汇付可分为信汇（Mail Transfer，M/T）、电汇（Telegraphic Transfer，T/T）和票汇（Remittance by Banker's Demand Draft，D/D）三种。

**1. 信汇**

信汇是指汇出行应汇款人的申请，将信汇付款委托书寄给汇入行，授权解付一定金额给收款人的一种汇款方式。信汇的优点是费用较低，收款人收到汇款的时间较迟。

**2. 电汇**

电汇是指汇出行应汇款人的申请，采用SWIFT（Society for Worldwide Interbank Financial Telecommunications，环球银行金融电信协会）的网络等手段，将电汇付款委托书给汇入行，指示解付一定金额给收款人的一种汇款方式。电汇方式的优点是收款人可以迅速收到汇款，但费用较高。

**3. 票汇**

票汇是指汇出行应汇款人的申请，代汇款人开立以其分行或代理行为解付行的银行即期汇票（Banker's Demand Draft），支付一定金额给收款人的一种汇款方式。

（二）托收

托收是指出口商（债权人）为向国外进口商（债务人）收取货款，开具汇票委托出口地银行通过其在进口地银行的联行或代理行向进口商收款的一种结算方式。其基本做法是，出口方先行发货，然后备妥包括运输单据（通常是海运提单）在内的货运单据并开出汇票，把全套跟单汇票交出口地银行（托收行），委托其通过进口地的分行或代理行（代收行）向进口方收取货款。

托收可分为跟单托收（Documentary Collection）和光票托收（Clean Collection）两种。

**1. 跟单托收**

跟单托收是指汇票连同商业单据向进口行收取款项的一种托收方式。为了避免印花税，也有的不开汇票，只用商业单据委托银行代收。

跟单托收主要有以下三种：

（1）即期付款交单（Document against Payment at Sight，D/P at sight）。即期付款交单是指开出的汇票是即期汇票，进口商见票，只有付完货款，才能拿到商业单据。

（2）远期付款交单（Documents against Payment of Usance Bill）。远期付款交单是指出口商开出远期汇票，进口商向银行承兑于汇票到期日付款交单的一种方式。

（3）承兑交单（Document against Acceptance，D/A）。承兑交单是指代收银行在进口商承兑远期汇票后向其交付单据的一种方式。

**2. 光票托收**

光票托收是指汇票不附带货运票据的一种托收方式。它主要用于货款的尾数、样品费用、佣金、代垫费用、贸易从属费用、索赔及非贸易的款项。

### （三）信用证

信用证是一种由银行开立的、有条件的承诺付款的书面文件，它是一种银行信用。信用证是银行（开证行）依照进口商（开证申请人）的要求和指示，对出口商（受益人）发出的、授权进口商签发以银行或进口商为付款人的汇票，保证在将来符合信用证条款规定的汇票和单据时，必定承兑和付款的保证文件。

**1. 信用证的结算方式**

信用证的结算方式有以下几个特点：

（1）开证行负第一付款责任。

（2）信用证是一个独立文件，不依附于贸易合同。

（3）信用证业务只是处理单据，与货物无关。

（4）信用证按照单证一致、单单一致的原则。

**2. 信用证的种类**

（1）跟单信用证（Documentary Credit）。跟单信用证是指凭跟单汇票或仅凭单据付款的信用证。国际贸易结算中所使用的信用证绝大部分是跟单信用证。

（2）光票信用证（Clean Credit）。光票信用证是指凭不附带单据的汇票付款的信用证。

（3）可撤销信用证（Revocable Credit）。可撤销信用证是指开证行对所开信用证不必征得受益人同意，有权随时撤销的信用证。

（4）不可撤销信用证（Irrevocable Credit）。不可撤销信用证是指信用证一经开出，在有效期内，非经信用证各有关当事人同意，开证行不能片面修改或撤销的信用证。这种信用证在国际贸易中使用最多。

（5）保兑信用证（Confirmed Credit）。保兑信用证是指经开证行以外的另一家银行加具保兑的信用证。保兑信用证主要是受益人（出口商）对开证行的资信不了解，对开证行的国家政局、外汇管制过于担心，怕收不回货款而要求加具保兑的要求，从而使货款的回收得到了双重保障。

（6）不保兑信用证（Unconfirmed L/C）。不保兑信用证是指未经其他银行保兑的信用证。在没有保兑的情况下，若开证行不能如期兑付汇票，则受益人不能收回货款。这时，受益人只有两种方法可以采取：一是向开证行的国家进行法律起诉；二是能查明开证行在本国有资产的，向本国法院起诉。这些对受益人都较为被动，不如加以保兑有利。

（7）即期信用证（Sight Credit）。即期信用证是指开证行或付款行在收到符合信用证条款的汇票和单据后，立即履行付款义务的信用证。

（8）远期信用证（Usance Credit）。远期信用证是指开证行或付款行在收到符合信用证的单据时，不立即付款，而是等到汇票到期履行付款义务的信用证。

（9）红条款信用证（Red Clause）。红条款信用证是指允许出口商在装货交单前支取全部或部分货款的信用证。开证行在信用证上加列上述条款，通常用红字打成，故此种信用证称为红条款信用证。

（10）付款（Payment）、承兑（Accepting）、议付（Negotiating）信用证。这种信用证应表明其结算方法是采用即期或延期付款、承兑或议付来使用信用证金额。

（11）可转让信用证（Transferable Credit）。可转让信用证是指开证行授权通知行在受益人的要求下，可将信用证的全部或一部分转让给第三者，即第二受益人的信用证。可转让信用证只能转让一次，信用证转让后，即由第二受益人办理交货，但原证的受益人（第一受益人）仍须负责买卖合同中卖方的责任。如果信用证中允许分装，则信用证可分别转让给几个第二受益人，这种转让可看成一次转让。

（12）不可转让信用证（Non-transferable Credit）。不可转让信用证是指受益人不能将信用证的权利转让给他人的信用证。

（13）背对背信用证（Back-to-back Credit）。背对背信用证是指受益人要求通知行在原有的信用证基础上，开立一个新的信用证，当主要两国不能直接进行贸易时，通过第三方来进行贸易。背对背信用证和可转让信用证都产生于中间交易，为中间商提供便利。

一个中间商向国外进口商销售某种商品，请该进口商开立以他为受益人的第一信用证，然后向当地或第三国的实际供货人购进同样的商品，并以国外进口商开立的第一信用证作为保证，请求通知行或其他银行对当地或第三国的实际供货人开立第二信用证，以卖方（中间商）作为第二信用证的申请人。无论根据第一信用证能否获得付款，其都要负责偿还银行根据第二信用证支付的款项。

（14）对开信用证（Reciprocal Credit）。双方互为进口方和出口方、互为对开信用证的申请人和受益人。为了实现双方货款之间的平衡，采用互相开立信用证的办法，把出口和进口联系起来。第一张信用证的受益人就是第二张信用证（也称为回头证）的开证申请人；第一张信用证的开证申请人就是第二张信用证的受益人。第一张信用证的通知行通常就是第二张信用证的开证行，两证的金额约略相等。

（15）循环信用证（Revolving Credit）。循环信用证是指可多次循环使用的信用证，当信用证的金额被全部或部分用完后，又恢复到原金额。贸易双方订立长期合同，分批交货，进口方为了节省开证手续和费用，可开立循环信用证。循环信用证分为按时间循环的信用证和按金额循环的信用证两种。

(16) 部分信用证部分托收。一笔交易合同有时可能包括两种不同的支付方式,如部分信用证方式、部分托收方式,即对于一部分货款,如果80%由进口商开立信用证,其余20%由出口方在货物装运后,与信用证项下的装船单据,一并委托信用证的议付行通过开证行向进口商托收。信用证部分货款和托收部分货款要分别开立汇票,全套装船单据附于信用证项下的汇票,托收项下的为光票。

### (四) 银行保函

在国际贸易中,跟单信用证为买方向卖方提供了银行信用作为付款保证,但它不适用于需要为卖方向买方做担保的场合,也不适用于国际经济合作中除货物买卖外的其他各种交易方式。然而,在国际经济交易中,合同当事人为了维护自己的经济利益,往往需要对可能发生的风险采取相应的措施,银行保函和备用信用证就是以银行信用的形式所提供的保障措施。这里只介绍银行保函。

银行保函是由银行开立的、承担付款责任的一种担保凭证。银行根据保函的规定承担绝对付款责任。银行保函大多属于"见索即付"(无条件保函),是不可撤销的文件。银行保函的当事人有委托人(要求银行开立保证书的一方)、受益人(收到保证书并凭此向银行索偿的一方)、担保人(保函的开立人)。

银行保函与跟单信用证相比,当事人的权利和义务基本相同,不同的是跟单信用证要求受益人提交的单据是包括运输单据在内的商业单据,而银行保函要求的单据实际上是受益人出具的、关于委托人违约的声明或证明。这一区别使两者的适用范围有了很大的不同,银行保函适用于各种经济交易,为契约的一方向另一方提供担保。另外,如果委托人没有违约,银行保函的担保人就不必为承担赔偿责任而付款。而跟单信用证的开证行必须先行付款。

## 二、国际支付方式的选用

#### 1. 选用合适的支付方式时应该考虑的因素

(1) 客户的信用等级。如果客户的信用等级一般或贸易双方首次进行交易,则应该选用信用证的方式;如果客户的信用等级较高,则可以选用付款交单方式,这样既可以达到节省开证费的目的,也可以在一定程度上把握物权凭证的安全性,如果客户的信用等级非常高,则可以选用承兑交单甚至是直接电汇的方式。

(2) 货物的供求状况。如果是畅销的货品,则卖方可选用对自身有利的支付方式,如要求用信用证的方式进行结算,甚至要求买方预付货款;如果是滞销的货品,则所选用的支付方式可能会有利于进口商,如承兑交单的方式,甚至可以选用货到付款。

(3) 贸易术语和合同金额。不同的贸易术语对贸易双方的责任规定及风险分担有所不同,因此,应根据不同的贸易术语来选用合适的支付方式。对于象征性交货组中的 CIF 和 CFR 术语,可以选用托收和信用证的方式;对于 EXW 和实际交货的 D 组术语,一般不会采取托收的形式进行结算;对于 FOB 和 FCA 等术语,由于运输的事宜是由买方安排的,出口人很难控制货物,所以在一般情况下不会选用托收的方式。另外,如果合同的金额不大,则可以考虑选用速度较快、费用较低的电汇或光票托收的方式。

选用支付方式的最终目的是尽量降低结算的成本，分散结算的风险，促使进出口贸易顺利进行。以上所列举的各因素会在不同的时间、不同的国家和地区、不同的历史阶段、不同的具体客观情况下对货款的支付有不同程度的影响。

**2. 多种结算方式的结合**

从国际贸易实践情况来看，单一的结算方式总是不能满足交易各方的要求。面对不断变化的国际市场，有必要采用综合支付方式进行结算。

（1）汇款和托收。例如，先采取电汇的方式预付定金20％，在装船后，以电汇的方式支付合同款的30％，剩余的50％采用即期付款交单的方式。这种结算方式既能保证供货方及时履行发货的义务，又能约束进口方及时付款，同时还节省了银行费用，也节约了宝贵的贸易时间。

（2）汇款和信用证。例如，定金的部分以电汇的方式办理；主要的货款采用信用证的方式进行支付；至于一些余款，以电汇的方式进行支付。

（3）托收和信用证。托收和信用证的组合结算方式既可以尽量地避免不必要的开支，也可以对作为物权凭证的单据起保护的作用。例如，将承兑交单、信用证和银行保函结合在一起使用，或要求使用由代收银行开具的银行承兑汇票，这样，原来的商业信用就转变为银行信用，将出口商承担的风险转嫁给银行。

## 任务实施

孙潇经过和对方磋商，决定采用即期信用证方式，签订以下支付条款。

The buyers shall open through United Overseas Bank an irrevocable sight Letter of Credit to reach the 45 days before the month of shipment, valid for negotiation in China until the 10th day after the month of shipment, but within the validity of the L/C.

## 一体化设计

**选择题**

1. 汇付可分为信汇、（　　）和票汇三种。

　　A. 信用证　　　　　　　　　B. 银行保函
　　C. 电汇　　　　　　　　　　D. 托收

2. （　　）是指合同一方当事人根据合同的约定预先付给另一方当事人一定数额的金额，以保证合同的履行。

　　A. 押金　　　　　　　　　　B. 预付款
　　C. 订金　　　　　　　　　　D. 定金

## 项目学习成果评价

表 3-2 评价表——合同条款

| 学号 | | 姓名 | | 班级 | | | |
|---|---|---|---|---|---|---|---|
| 评价栏目 | 任务详情 | | 评价要素 | 分值 | 评价主体 | | |
| | | | | | 学生自评 | 小组互评 | 教师点评 |
| 任务功能实现 | 订立合同的标的条款 | | 任务是否完成 | 15 | | | |
| | 国际货物运输与保险 | | 任务是否完成 | 15 | | | |
| | 国际货物的支付 | | 任务是否完成 | 15 | | | |
| 知识点运用情况 | 合同标的物 | | 是否清楚掌握 | 6 | | | |
| | 国际货物运输方式 | | 是否掌握完整 | 5 | | | |
| | 国际货物运输保险 | | 条款是否合理 | 5 | | | |
| | 支付方式 | | 是否清楚掌握 | 4 | | | |
| | 支付方式的选用 | | 选择是否适合 | 4 | | | |
| 项目完成效果 | 方案可执行性 | | 执行是否流畅 | 4 | | | |
| | 平台数据查询准确性 | | 查询数据准确完整与否 | 4 | | | |
| | 分析结果合理性 | | 结果可实操性 | 3 | | | |
| 创新性 | 方案设计思路 | | 设计思路是否创新 | 5 | | | |
| | 数据分析思维 | | 分析思路是否创新 | 5 | | | |
| 职业素养 | 态度 | | 是否认真细致、遵守课堂纪律、学习积极、团队协作 | 4 | | | |
| | 工作规范 | | 是否按照业务流程完成工作 | 2 | | | |
| | 设计理念 | | 是否设计全面合理的调研方案 | 4 | | | |
| | 总分 | | | 100 | | | |

## 项目拓展

**知识拓展**

### 保险原则

保险的四大原则包括保险利益原则、最大诚信原则、近因原则、损失补偿原则。此外,还存在由损失补偿原则派生的求偿原则和重复保险分摊原则两个原则。

(1) 保险利益原则。财产保险的被保险人在保险事故发生时对保险标的应当有保险利益。保险利益原则是为了通过法律防止保险活动成为一些人谋取不正当利益的手段。

国际货运保险同其他保险一样,被保险人必须对保险标的具有保险利益,体现在对保险标的所有权和所承担的风险责任上。

以 FOB、CFR 方式达成的交易,货物在越过船舷后风险由买方承担。一旦货物发生损失，买方的利益就会受到损失，所以买方具有保险利益。因此，由买方作为被保险人向保险公司投保，保险合同只在货物装上船后才生效。货物装上船以前，买方不具有保险利益，因此不属于保险人对买方所投保险的承保范围。

在 FOB、CFR 术语下，若买方投保，则保险公司的责任起讫为装运港船上到目的港收货人的仓库。以 FOB 和 CFR 价格条款成交的合同，为避免保险"盲区"，买方可以在装船前单独向保险公司投保"装船前险"，也称为国内运输险，这样一旦发生装船前的损失，卖方即可从保险公司获得赔偿。

以 CIF 方式达成的交易，卖方向保险公司投保，卖方拥有货物所有权，当然具有保险利益。保险合同在货物启运地起运后即生效。保险公司的责任起讫为仓至仓。

（2）最大诚信原则。最大诚信原则主要通过保险双方的诚信义务来体现，具体包括投保人或保险人如实告知的义务及保证义务，保险人的说明义务及弃权义务。

（3）近因原则。近因是指风险和损失之间，导致损失的最直接、最有效、起决定作用的原因，用以确定保险赔偿责任。

（4）损失补偿原则。保险事故发生后，被保险人从保险人得到的赔偿正好填补被保险人因保险事故造成的保额范围内的损失。实际运用过程中，赔偿金额不得超过被保险人的实际损失，也不能超过保险单的保险金额。

# 项目四

# 商定与履行

## 项目导读

国际商务谈判（International Business Negotiation）是国际贸易履行中的重要环节，如何开展国际商务谈判、如何履行合同条款是贸易双方都要面临的问题。本项目将从国际商务谈判入手，介绍国际贸易合同中各条款的订立及各条款在实际运用中的关键事项。

## 学习目标

1. 素质目标

培养学生吃苦耐劳的精神，熟悉各国法律及政策；在对外交往过程中，不仅要考虑经济利益，还要考虑合作公平性。

2. 知识目标

（1）熟悉国际商务谈判的环节与沟通；

（2）掌握国际贸易合同的形式和内容；

（3）掌握国际贸易合同中各条款的订立及各条款在实际运用中的关键事项。

3. 能力目标

（1）能够签订出口贸易书面合同；

（2）能够熟练掌握进出口合同履行各个环节，并能对重要环节进行操作。

## 任务一　国际商务谈判

### 任务描述

由于时间与空间的组合，商务函电在对外贸易中往往扮演了重要的角色。开发客户、商务谈判、日常联系甚至签订合同，经常离不开函电。作为国际贸易专业人员需要通过函电方式和外商进行交易磋商，这也需要国际贸易专业人员具有更多专业技能。在不同国籍的文化背景、生活习惯、思维方式存在差异的情况下，要充分了解、尊重对方，沟通顺利，业务才能水到渠成。

### 任务分析

通过本任务的学习，能够完成国际商务谈判前的准备工作、商业谈判，最终达成交易。

### 知识要点

国际商务谈判是指在国际商务活动中，不同的利益主体为了达成某笔交易，针对交易的各项条件进行协商的过程。国际商务谈判是国际贸易业务中必不可少的一个关键环节，同时也是贸易双方签订国际贸易合同的必经阶段。

#### 一、国际商务谈判前的准备工作

毫无疑问，国际商务谈判前的准备工作就是要先了解对方。

##### （一）谈判的目标

作为国际商务谈判的核心，谈判的目标尤为重要，谈判者需要考虑"贸易合同包括哪些内容""我希望对方答应哪些条件""对我来说什么最重要"等问题，这些都属于谈判的目标，甚至要提前准备国际商务谈判的让步幅度。因此，应设定多个灵活、机动的目标，根据谈判的实际情形有针对性地选择不同层次的目标。

**1. 基本目标**

基本目标是指国际商务谈判中不可放弃的目标。如果该目标不能实现，则可放弃本次谈判。

**2. 附加目标**

附加目标是指谈判者力争的，在实际需求利益得到满足后，追求一个更高利益的理想目标。除非谈判异常艰难，否则不放弃该目标。

**3. 额外目标**

额外目标是指谈判中最理想的目标。如果该实现的难度很大，可酌情放弃。

##### （二）谈判的切入点

**1. 了解自己**

了解自己即了解本企业的产品及经营状况。看清自己的实际水平与现处的市场地位，这对于谈判地位的确立及决策的制定十分重要。只有对本企业产品的规格、性能、质量、用途、销售状况、竞争状况、供需状况等都熟悉，才能更全面地分析优势、劣势，评估力量,从而认定自我需要,满怀信心地坐在谈判桌前。

只了解本企业是不够的,代表企业出席谈判的谈判者作为直接参与谈判交锋的当事人,其谈判技巧、个人素质、情绪及对事物的谈判分析与应变能力会直接影响谈判结果。因此,谈判者需要对自己进行了解,同时避免因个人情绪受到影响而无法达到谈判的预期效果。建议谈判者针对谈判情境事先演练,并准备好应对各种突发事件的方法,力求尽量掌握谈判局面。

**2. 了解对手**

了解对手即对谈判对手进行调查分析,越了解对方,越能掌握谈判的主动权。在确定谈判对手后,应针对谈判的企业,进行企业类型、结构、投资规格等一系列基础性调查,分析对方的市场地位,明确其谈判的目标,即了解对方为什么谈判、是否存在经营困难等会对谈判主权产生影响的因素,对其优势、劣势进行细细分析,以期达到避实就虚,占据谈判的主动地位。同时,也不能忽视对该企业的资信调查,确定其是否具有经营许可等能力,降低信用风险。

**3. 了解行业**

了解行业即关注行业内其他企业的产品及经营状况。企业的经营面临着国际和国内同行业的激烈竞争,要避免被谈判双方之外的第三方渔利的情况出现。应以主动的姿态对整个市场上该行业的经营状况及形势展开调查,从主要竞争者入手,了解其主要商品的类型、性能、质量、价格等信息,包括同行资信、市场情况和决策方式等,对比相互优势及差距,以己之长较他之短,制定恰当的谈判战略。

## 二、国际商务谈判的步骤

长期的国际贸易实践使国际贸易人员确定了基本的谈判步骤,它通常包括开局阶段、谈判阶段和签约阶段。

### (一) 开局阶段

开局阶段主要是指谈判双方见面后,在讨论具体、实质性的交易内容之前,相互介绍、寒暄,以及就谈判内容以外的话题进行交谈的那段时间。开局阶段所占用的时间较短,谈论的内容也与整个谈判主题关系不大或根本无关,其确定了整个谈判的基调,因此,这个阶段很重要。

在开局阶段,究竟以制造何种谈判气氛为宜,要根据准备采取的谈判方针和策略来决定,同时,它也会因对方是熟悉的人还是首次接触的人而有所不同,即谈判气氛的制造应服务于谈判的目标、方针和策略。

### (二) 谈判阶段

谈判阶段是指从开局阶段结束,至最终签订贸易合同或谈判失败,双方就交易的内容和条件进行谈判的时间与过程。这个阶段是整个谈判过程的主体,通常包括询盘、发盘、还盘和接受四个环节。询盘和还盘不是必须经过的程序,贸易双方完全可以依据实际情况,不经过询盘而直接发盘,或不经过还盘而直接接受。发盘和接受是谈判获得成功与签订合同必不可少的环节。

### (三) 签约阶段

谈判双方经过多次反复的磋商,针对合同的各项重要条款达成协议后,为了明确各方的权利和义务,通常要以文字形式签订书面贸易合同。书面贸易合同是确定双方权利和义务的重要依据,因此,合同内容必须与双方谈妥的事项及其要求完全一致,特别是主要的交易条件都要订立得明确、肯定。拟定合同时所涉及的概念不应有歧义,前后的叙述不能自相矛盾或出现疏漏和差错。

### 三、国际商务谈判的技巧

根据国际商务谈判中双方采取的态度,常将谈判分为让步型谈判、立场型谈判、原则型谈判三种类型。

#### (一)让步型谈判

让步型谈判是指希望避免冲突,随时准备为达成协议让步,希望通过谈判签订一个皆大欢喜的协议。采取这种谈判方法的人不把对方当作敌人,而是视为朋友。其目的是要达成协议,而不是获取胜利。让步型谈判的惯常做法是提议、让步、信任对方、保持友善,以及为了避免冲突对抗而屈服于对方。

#### (二)立场型谈判

谈判者视国际商务谈判为竞赛,坚信在其中应保持坚定的立场,这样才能获取最大的利益。双方把注意力都投入如何维护自己的立场、否定对方的立场上,而忽视了谈判中真正的需要,以致不考虑能否找到一个兼顾双方需要的解决方法。立场型谈判的惯常做法是,在开始时提出一个极端的立场,进而固执地加以坚持。只有在谈判难以为继、迫不得已的情况下,谈判者才会做出极小的松动和让步。

采取这种谈判方法会导致关系紧张,增加谈判的时间和成本,降低谈判效率。即使某一方屈服于对方的意志而被迫让步、签订协议,其内心产生不满也是必然的。这是因为,在这场谈判中,其需要未能得到满足。这会导致其日后在协议履行过程中的消极行为,甚至想方设法阻碍和破坏协议的执行。从这个角度来判断,立场型谈判没有真正的胜利者。

#### (三)原则型谈判

原则型谈判要求谈判双方首先将对方视作与自己并肩合作的伙伴。原则型谈判并不像让步型谈判只强调双方的关系而忽视利益的获取。原则型谈判要求谈判双方尊重对方的基本需要,关注双方的共同利益,以期达到双方共同获益的结果。当双方的利益发生冲突时,根据公平的原则来作出决定。

与立场型谈判相比,原则型谈判要注意调和双方的利益,而不是双方的立场。将谈判的重点放在找到既符合己方利益又符合对方利益的谈判结果上。

原则型谈判强调通过谈判所取得的价值。这个价值既包括经济上的价值,也包括人际关系上的价值。其是一种既理性又富有人情味的谈判,因而备受推崇。

### 任务实施

步骤一:上网查询相关国际贸易谈判资料,并分析、总结优点及缺点。
步骤二:根据学习内容组织线下国际商务谈判,可通过分组、抽题等形式开展。

### 一体化设计

#### 简答题

国际商务谈判的步骤有哪些?

## 任务二　国际贸易合同的订立

### 任务描述

一般情况下 A 公司都是采用本公司的出口合同范本，与买方磋商达成一致后，由双方签字后盖章生效。

2015 年 7 月 20 日，经过艰苦的谈判，孙潇与 Lisa 终于就商品的各项条款达成了一致。现在他准备起草一份合同，请总经理签字后，传真给对方，让 Lisa 会签后回传。

### 任务分析

国际贸易与合同是整个国际贸易关系中最为重要的具有法律约束力的文件，是各种进出口业务的一致性的基础和依据。因此，要把合同条款订得严密，不要模糊，以防止履行合同时出现纠纷。

前面双方已经就具体的各项条款达成一致，现在只需要把它们落实在一个书面合同中，由法人代表或其授权人签字就可以了。

### 知识要点

#### 一、国际贸易合同的形式

在国际贸易中，合同的订立形式有书面形式、口头形式及行为表示。然而，为了适应国际贸易的迅速发展和国际通信技术的不断改进，国际贸易合同多是以现代化的通信方法达成的，在此情况下，很难要求一定要用书面形式订立合同。为了加速成交和简化合同订立的手续，许多国家对于国际贸易合同一般不做形式上的要求，即使要求书面形式，也只是起到证据的作用。

根据国际贸易的习惯做法，贸易双方通过口头或来往函电磋商达成协议后，在多数情况下，还签订一定格式的正式书面合同。签订书面合同具有以下三个方面的意义：一是作为合同成立的证据；二是作为合同生效的条件；三是作为合同履行的依据。在我国对外贸易实践中，书面合同的形式包括合同（Contract）、确认书（Confirmation）和协议书（Agreement）等，其中，以采用合同和确认书两种形式居多。从法律效力来看，这两种形式的书面合同没有区别，不同的只是其格式和内容的繁简。合同又可分为销售合同（Sales Contract）和购买合同（Purchase Contract）。销售合同是指卖方草拟提出的合同；购买合同是指买方草拟提出的合同。确认书是合同的简化形式，又分为售货确认书（Sales Confirmation）和购买确认书（Purchase Confirmation）。售货确认书是卖方出具的确认书；购买确认书是买方出具的确认书。

在我国对外贸易业务中，合同或确认书通常一式两份，双方合法代表分别签字后各执一份，作为合同订立的证据和履行合同的依据。

## 二、国际贸易合同的内容

合同是调整贸易双方经济关系和规定彼此权利与义务的法律文件。其内容通常包括约首、基本条款和约尾三部分。

### (一) 约首

约首一般包括合同名称、合同编号、缔约双方的名称和地址、电报挂号、电传号码等内容。

### (二) 基本条款

基本条款是合同的主要内容,包括品名、品质规格、数量(或重量)、包装、价格、交货条件、运输、保险、支付、检验、索赔、不可抗力和仲裁等内容。商定合同主要是指洽商如何约定这些基本条款。

### (三) 约尾

约尾一般包括订约日期、订约地点和双方当事人签字等内容。为了提高履约率,在规定合同内容时,应考虑周全,力求使合同中的条款明确、具体、严密、相互衔接,且与洽商的内容一致。在国际货物贸易中,对合同的名称与格式并无统一规定,合同格式的繁简程度也不一致。究竟采用何种格式,取决于贸易习惯做法和贸易双方的意愿。

## 三、国际贸易合同的要件

合同对当事人构成的约束力是建立在法律基础上的。因此,合同必须符合法律规范才能得到法律的承认和保护。

### (一) 合同当事人的意思表示要一致

合同当事人的意思表示一致是通过要约(Offer)和承诺(Acceptance)达成的。也就是说,一方向另一方提出要约,另一方对该项要约表示承诺,双方的意思表示即达成一致,合同即告成立,对双方均产生法律约束力。如果有要约,没有承诺,合同就不成立。即使双方相互要约(Cross Offer),意思表示正好一致,合同仍不成立。

要约和承诺在国际贸易实务中分别称为发盘和接受。在有关国际贸易法律中,对发盘和接受这两个行为的定义非常严格。判定贸易合同是否成立,不仅要看有无发盘和接受,而且要看发盘和接受这两个行为是否成立。

### (二) 对对价和约因的规定

对价(Consideration)是英美法系中有关合同成立所必须具备的一个要素。按照英美法系的解释,合同当事人之间存在"我给你是为了你给我"的关系。这种通过相互给付,从对方那里获得利益的关系称为对价。例如,在货物贸易合同中,买方付款是为了获得卖方的货物,而卖方交货是为了获得买方的货款。

约因(Cause)是大陆法系中提出的合同成立要素之一。它是指当事人签订合同所追求的直接目的。例如,在货物贸易合同中,贸易双方签合同都要有约因。买方的约因是获得货物,卖方的约因是获得货款。

在贸易合同中,要有对价或约因,法律才承认合同的有效性,否则合同得不到法律的保障。

### (三) 合同当事人必须有订立合同的能力

贸易合同一般是在法人之间签订的。《中华人民共和国对外贸易法》规定,我国的涉外经济合同当事人必须是企业或者其他经济组织。但是,法人是由自然人组织起来的,必须通过自然人才能进行活动,因此,代表法人的自然人必须具备订立合同的能力。另外,法人本身也必须具有一定的行为和能力。法人采取的最普遍的具体形式是公司。

### (四) 合同标的和内容必须合法

各国法律都规定合同不得违反法律,不得违反公共政策和公共秩序。《中华人民共和国民法典》(以下简称《民法典》)规定,订立合同,必须遵守法律,并不得损害社会公共利益。这里的公共利益是广义的,包括公众安全、优良习惯和道德规范。在国际贸易中对违禁品(如毒品、走私物品、严重败坏社会道德风尚的物品等)签订贸易合同是不合法的,与敌国或国家明令禁止的贸易对象国签订贸易合同也是不合法的。

对于不合法的合同,在当事人之间没有权利和义务关系。一旦双方当事人发生争议或纠纷,任何一方都不能上诉。法律对这种合同不予承认和保护。同时,如果法律认为必要,还要追究当事人的刑事责任,没收买卖的货物。

### (五) 当事人必须在自愿和真实的基础上签订合同

合同是双方当事人意思表示一致的结果。根据各国的法律规定,如果出于各种原因或由于各种事实,构成当事人表示的意思不是自愿和真实的,则合同不成立。这些原因和事实大致有以下几种。

#### 1. 胁迫

各国法律都认为,凡在胁迫(Duress)下订立的合同,受胁迫的一方可以主张合同无效。这是因为,在受胁迫的情况下所作出的意思表示不是自愿的意思表示。在英美法系中,除普通法中有胁迫的法律原则外,在平衡法中还有"不正当影响"(Undue Influence)的原则。"不正当影响"主要适用于滥用特殊关系,以订立合同为手段,从中谋取利益的场合。在大陆法系中,除有胁迫的法律原则外,还有"绝对强制"的法律原则。前者是指施加心理压力;后者是指除施加心理压力外,还对其人身加以强制。在"不正当影响"和"绝对强制"下订立的合同都是无效的。

#### 2. 欺诈

欺诈(Fraud)是指以使他人发生错误为目的的故意行为。各国法律都认为,凡因受欺诈而订立合同时,受欺诈的一方可以撤销合同。《民法典》规定,采取欺诈或者胁迫手段订立的合同无效。在英美法系中,欺诈称为"欺骗性的不正确说明"(Fraudulent Misrepresentation),受欺诈的一方可要求损害赔偿并撤销合同。对于对某种事实保持沉默是否构成欺诈的问题,国外一般认为,只有当一方负有对某种事实提出说明的义务时,不作出说明才构成欺诈;如果没有此项义务,则不能仅因沉默而构成欺诈。以贸易合同为例,在磋商的过程中,当事人没有提供商品的国际市场价格的义务,因此,其没有必要提供说明时不能认为是欺诈。但对于买卖标的物的情况,一定要如实说明,因其与对方是否决定订约有关,卖方必须告知。若明知一旦告知买方,买方就不会订约,因而采取沉默的办法隐瞒,这就构成了欺诈。

#### 3. 错误

错误(Mistake)是指当事人意思表示错误。错误导致意思表示不真实,从而影响合同的有效性。各国法律都认为，任何意思表示的错误都使合同无效，交易就会缺乏必要的保障。因此，对于此问题，应采取谨慎的态度。英美法系认为，订约当事人一方的错误，原则上不能影响合同的有效性，只有当该错误导致当事人之间根本没有达成真正的协议，或者虽已达成协议，但双方当事人在合同标的物的存在、性质、数量或有关交易的其他重大事项上存在分歧时，方可主张合同无效。

### 任务实施

双方签订销售合同，其中包括以下内容：
（1）商品名称；
（2）数量；
（3）单价；
（4）总值；
（5）装运期限；
（6）装运口岸；
（7）目的口岸；
（8）保险；
（9）付款；
（10）商品检验。

### 一体化设计

#### 简答题

出口履行实施的程序有哪些？

## 任务三　国际贸易合同的履行

### 任务描述

A 公司和 B 公司签订服装出口合同，合同规定了不同装运时间采用不同的运输方式。孙潇现决定采用集装箱班轮运输，正着手安排货物的运输。

孙潇首先计算出载运货物的毛重和体积，向货代公司办理海运托运手续，要求订舱说明集装箱地点，并支付海运费，认真审核确保"提单确认"正确无误，以符合信用证规定。

### 任务分析

出口货物运输是整个出口业务中的重要环节之一。由谁负责办理运输手续并支付运费，由买卖双方所采用的贸易术语而定。在 CIF 贸易术语之下，出口方负责安排运输工具。

运输需要托运人和承运人很好地衔接。托运人需要填制托运联单后，向承运人的代理人办理货物托运手续。代理人承运后，将承运的船名填入托运联单内，留存托运单，其他联退还托运人，托运人凭此到海关办理报关手续；海关同意放行则在装货单上盖放行章，托运人凭此向港口仓库发货或直接装船；然后将装货单、收货单送交理货公司，船舶抵港后，凭此理货装船，每票货物都装上船后，大副留存装货单，签署收货单；理货公司将收货单退还托运人，托运人凭收货单向代理人换取海运提单。

海运提单是交接货物、处理索赔与理赔及结算货款的重要单据。它的正确与否，直接影响到货款的安全性。

## 知识要点

### 一、国际贸易进出口的主要单据

#### （一）发票

发票（Invoice）包括商业发票、海关发票和领事发票三种。

**1. 商业发票**

商业发票（Commercial Invoice）在国际贸易中简称发票，是指出口公司对国外买方开立的，载有货物的名称、规格、数量、单价、总金额等方面内容的清单，供国外买方凭此收货、支付货款和报关完税使用，是所装运货物的总说明。虽然发票不是物权凭证，如果出口单据中缺少了发票，则不能了解该业务的全部情况。

**2. 海关发票**

海关发票（Customs Invoice）是指根据某些国家海关的规定，由出口商填制的、供进口商凭此报关使用的一种特定格式的发票，要求由国外出口商填写，供本国商人（进口商）随附商业发票及其他有关单据，凭此办理进口报关手续。

它是进口商向进口国海关报关的证件之一。海关发票由出口商填写，其格式由进口国的具体规定确定。主要项目有货物的生产国别、名称、数量、唛头、出口地市价及出口售价等。海关发票的作用是便于进口国按国别及货物价依不同税率征收关税。采用海关发票的有加拿大、澳大利亚、新西兰等国家。

**3. 领事发票**

领事发票（Consular Invoice）是指由进口国驻出口国的领事出具的一种特别印就的发票，是出口商根据进口国驻在出口地领事所提供的特定格式填制，并经领事签证的发票。这种发票可证明出口货物的详细情况，为进口国用于防止国外商品的低价倾销，同时可用作进口税计算的依据，有助于货物顺利通过进口国海关。对于领事发票，各国有不同的规定，如允许出口商在商业发票上由进口国驻出口地的领事签证（Consular Visa），即"领事签证发票"（Consular Legalized Invoice）。

在出具领事发票时，领事馆一般要根据进口货物价值收取一定的费用。这种发票主要为拉美国家所采用。

#### （二）装箱单

装箱单（Packing List）是发票的补充单据，其中列明了信用证（或合同）中贸易双方约定的有关包装事宜的细节，便于国外买方在货物到达目的港时供海关检查和核对货物。通常，可以将其有关内容加列在商业发票上，但是在信用证有明确要求时，必须严格按信用证约定制作。

### (三) 提(运)单

#### 1. 提单

提单(Bill of Lading,B/L)是指运输部门在承运货物时签发给发货人的一种凭证。需要注意以下几点:

(1) 提单必须由承运人或船长或他们的代理签发,并应明确表明签发人的身份。

(2) 提单是证明海上运输合同成立和承运人已接管货物或已将货物装船,并保证至目的地交付货物的单证。

(3) 提单是一种货物所有权凭证。承运人据此交付货物。提单持有人可据此提取货物,也可凭此向银行押汇,还可在载货船舶到达目的港交货之前进行转让。

(4) 提单的内容由正面事实记载和提单背面条款两部分组成。各船公司所制订的提单的主要内容大致相同。

#### 2. 空运单

空运单(Sir Waybill)是指由空运承运人或其代理人签发的货运单据。它是承运人收到货物的收据,也是托运人与承运人之间的运输契约,但它不具有物权凭证的性质。因此,空运单是不可以转让的。

### (四) 保险单

保险单(Insurance Policy)必须明确、完整地记载有关保险双方的权利和义务,主要载有保险人和被保险人的名称、保险标的、保险金额、保险费、保险期限、赔偿或给付的责任范围及其他规定事项。保险单根据投保人的申请,由保险人签署,交由被保险人收执。保险单是被保险人在保险标的遭受意外事故而发生损失时,向保险人索赔的主要凭证,同时也是保险人收取保险费的依据。

### (五) 报关单

进出口货物报关单是指进出口货物收发货人或其代理人,按照海关规定的格式,对进出口货物的实际情况作出书面申明,以此要求海关对其货物按适用的海关制度办理通关手续的法律文书。

### (六) 汇票

汇票(Bill of Exchange,Draft)是指由出票人签发,委托付款人在见票时或在指定日期无条件支付确定的金额给收款人或持票人的票据。

汇票是随着国际贸易的发展而产生的。国际贸易的买卖双方相距遥远,从出口方发运货物到进口方收到货物的过程会经历较长的时间,并且所用货币各异,不能像国内贸易那样方便地进行结算,因此,需要有一方向另一方提供信用,不是进口商提供货款,就是出口商赊销货物。若没有强有力的中介人担保,进口商担心付款却未收到货,出口商担心发了货却收不到货款,这种国际贸易就难以顺利进行。

国际贸易结算基本上是非现金结算,使用以支付金钱为目的且可以流通转让的债权凭证(票据)为主要的结算工具。汇票是由一人向另一人签发的书面无条件支付命令,要求对方(接受命令的人)即期或定期或在可以确定的将来时间,向某人或指定人或持票人支付一定金额。

### (七) 原产地证明

原产地证明(Certificate of Origin)是指出口商应进口商要求提供的、由公证机构或政府或出口商出具的、证明货物原产地或制造地的一种证明文件。

原产地证明不仅是贸易关系人交接货物、结算货款、索赔理赔、进口国通关验收、征收关税的有效凭证，而且是出口国享受配额待遇、进口国对不同出口国实行不同贸易政策的凭证。

常用的原产地证明有普通产地证书和普惠制产地证书（格式 A）(Generalized System of Preference Certificate of Origin "Form A")。它们虽然都用于证明货物产地，但使用的范围和格式不同。

**1. 普通产地证书**

普通产地证书又称为一般产地证书。在通常不使用海关发票或领事发票的国家，要求提供产地证书，以确定对货物征税的税率。有的国家限制从某个国家或地区进口货物，要求以产地证书来确定货物来源国。

根据签发者的不同，普通产地证书可分为以下四种：

（1）出口商自己出具的产地证书。
（2）国家进出口商品检验局签发的产地证书。
（3）中国国际贸易促进委员会（中国国际商会）出具的产地证书。
（4）厂商自己出具的产地证书。

**2. 普惠制产地证书**

普惠制产地证书是普惠制的主要单据。凡是对给惠国出口一般货物，必须提供这种产地证书。该证书由进出口公司填制，并由中国进出口商品检验局出具，作为进口国减免关税的依据。

**（八）商品检验证书**

进出口商品经过商品检验机构的检验或鉴定后，由该检验机构出具的书面证明称为商品检验证书（Commodity Inspection Certificate）。此外，如果贸易双方约定由生产单位或使用单位出具检验证明，则该证明也可起商品检验证书的作用。

商品检验是指在国际贸易中，由国家设置的商品检验机构或经政府注册的、独立的、第三者身份的鉴定机构，对进出口商品的质量、规格、卫生、安全、检疫、包装、数量、重量、残损及装运条件、装运技术等进行的检验、鉴定和监督管理工作。进出口商品检验是货物交接过程中不可缺少的一个环节。经检验合格的，发给检验证书，出口方即可报关出运；经检验不合格的，可申请一次复验，复验仍不合格的，不得出口。

常用的商品检验证书有品质检验证书[①]、重量检验证书[②]、数量检验证书[③]、熏蒸证书[④]。

## 二、国际贸易进出口合同的履行实施

**（一）出口的履行实施**

出口的履行实施是指将本国生产或加工的商品输往国外市场销售。履行实施的程序如下。

---

① 品质检验证书（Inspection Certificate of Quality）是出口商品交货结汇和进口商品结算索赔的有效凭证。法定检验商品的证书是进出口商品报关、输出输入的合法凭证。商品检验机构签发的放行单和在报关单上加盖的放行章有与商品检验证书同等的通关效力，签发的检验情况通知单同为商品检验证书性质。

② 重量检验证书（Inspection Certificate of Weight）是进出口商品重量的证明文件。

③ 数量检验证书（Inspection Certificate of Quantity）是进出口商品数量的证明文件。

④ 熏蒸证书（Inspection Certificate of Fumigation）是用于证明出口粮谷、油籽、皮张等商品，以及包装用木材与植物性填充物等已经过熏蒸灭虫的证书。

**1. 备货**

在国际贸易流程中，备货具有举足轻重的地位，要求按照合同逐一落实。备货的主要核对内容如下：

（1）对于货物的品质、规格，应按合同的要求核实。

（2）对于货物的数量，应保证满足合同或信用证的要求。

（3）对于备货时间，应根据信用证的规定，结合船期安排，以利于船货衔接。

**2. 包装**

根据货物的不同，选择不同的包装形式，如纸箱、木箱、编织袋等。对于不同的包装形式，其包装要求也有所不同。

（1）一般出口包装标准，即根据贸易出口通用的标准进行包装。

（2）特殊出口包装标准，即根据客户的特殊要求进行出口货物包装。

（3）对于货物的包装和唛头（运输标志），应进行认真检查、核实，使之符合信用证的规定。

**3. 信用证**

当采用信用证支付方式时，卖方交货是以买方按约定开出信用证为前提的。因此，买方能否及时、正确地开出信用证是出口履行实施的关键环节，也是卖方及时收回货款的基本保证。

**4. 租船订舱和装船**

根据贸易术语的要求，办理租船订舱。在货物装船的过程中，根据货物的数量，选择适合的装船方式。一般可以选择整装集装箱或拼装集装箱。

**5. 通关手续**

通关手续极为烦琐又极其重要，如果不能顺利通关，则无法完成交易。

（1）凡按约定条件和国家规定属于法定检验的出口货物，在备妥货物后须办理出口商品检验证书。

（2）按照贸易术语的要求，由出口货物发货人或代理人持相关商业单据（如装箱单、商业发票、出口货物合同副本、出口商品检验证书等）到海关办理通关手续。

**6. 运输保险**

办理运输保险是为了在货物运输途中发生风险和损失时，可以获得经济补偿。通常情况下，贸易双方在签订合同时，已经约定运输保险的相关事项。常见的运输保险有海洋货物运输保险、陆空邮货运输保险等。其中，海洋运输货物保险条款所承保的险别分为基本险别和附加险别两类。

**7. 制单结汇**

在出口货物装出之后，进出口公司应按照信用证的规定正确缮制装箱单、商业发票、提运单、出口产地证明等单据。在信用证规定的交单有效期内，递交银行，办理议付结汇手续。

除采用信用证结汇外，其他付款的汇款方式一般有电汇、票汇、信汇等。由于电子化的快速发展，现如今汇款主要使用电汇方式。

**（二）进口的履行实施**

进口的履行实施是指卖方按照合同和法律的规定，办理接货、付款、复验、通关等一系列事宜的过程。我国的进口业务多以 FOB 贸易条款成交，使用即期信用证支付，履行实施的程序如下：

**1. 信用证的开立与修改**

（1）开立信用证的手续。在进口合同签订后，进口商应按照合同规定，到开证行填写信用证申请书，办理开证手续。同时，进口商向开证行交付一定比例的押金，并支付开证手续费。

（2）信用证的开证时间。信用证的开证时间应按合同规定办理。如果合同规定买方应于合同规定的装运期前××日，或在本合同签订后××日内开出信用证，则买方应在该日期前开立信用证；如果合同规定在卖方确定交货期后开证，则买方应在接到卖方上述通知后开证；如果合同规定在卖方领到出口许可证或支付履约保证金后开证，则买方应在收到对方已领到出口许可证的通知，或银行通知已收到保证金后开证；如果合同未明确规定买方开立信用证的时间，通常买方应在装运期前15～20天开证，以便卖方备货和办理其他手续，保证按时装运。

（3）信用证的修改。如果出口商提出修改信用证，经进口商同意后，即可向银行办理改证手续。最常见的修改内容有展延装运期和信用证有效期、变更装运港口、加列特殊条款等。

按照《跟单信用证统一惯例（2007年修订本）》第600号出版物的有关规定，信用证经修改后，银行即受该修改后的信用证的约束。出口商可自行决定修改内容或拒绝修改，但其应发出是否同意修改的通知。在出口商告知其接受修改之前，原证对开证行继续有效，即原证的条款对出口商仍具有约束力。但是，如果出口商未发出接受或拒绝的通知，其提交的单据与原证的条款相符，则视为出口商拒绝其修改；如果出口商提交的单据与经修改后的信用证条款相符，则视为出口商接受其修改，从这时起，信用证被视为已经修改。总之，出口商是否同意修改信用证，可以用其在结汇时提交的单据来表示。

**2. 运输和保险的安排**

（1）租船订舱。履行FOB交货条件下的进口合同，应由进口商负责派船到出口商口岸接运货物。出口商在交货前的一定时间内，应将预计装运日期通知进口商。进口商接到上述通知后，应及时向货运代理公司办理租船订舱手续。在办妥租船订舱手续后，进口商应按规定的期限将船名和船期及时通知出口商，以便出口商备货装船。对于一些特殊商品（如单件货物超高、超长、超重或易燃易爆品）的装运，出口商还应及时通告，以便进口商在办理运输时，将商品的详细情况通知相关的船务公司，确保运输安全。

为了防止船货脱节或出现"船等货"的情况，进口商应注意催促对方按时装运。对于数量大或重要物资的进口，如有必要，也可请驻外机构就地协助了解和督促对方履约，或派人员前往出口地点检验监督。

（2）投保货运险。履行FOB或CFR条件下的进口合同时，保险由进口商办理。在实践中，进口商和保险公司为了简化投保手续、防止因信息传递不及时或失误等发生来不及办理保险或漏保的情况，大多采用预约保险方式。

预约保险方式是进口商或收货人与保险公司签订预约保险合同，其中对各种货物应投保的险别做了具体规定，故投保手续比较简单。按照预约保险合同的规定，所有预约保险合同项下按FOB及CFR条件进口货物的保险，都由该保险公司承保。如果发生承保范围内的损失，则由保险公司负责赔偿。采用预约保险方式，保险费的支付时间与方式是以"进口货物装船通知书"或其他具有保险要求的单证为依据的，由保险公司每月计算一次保险费后向进口商收取。

**3. 审单付款与进口付汇核销**

（1）审单付款。审单付款是进口合同履行中的重要环节。它是指当出口商装运货物后，将汇票及合同（信用证）规定的单据交银行议付货款时，银行按照信用证的规定，对单据是否齐全、其内容是否符合规定等进行全面的审核，如内容无误，即由银行对国外付款。同时，进出口公司用人民币按照国家规定的有关外汇牌价向银行买汇赎单。进出口公司凭银行出具的"付款通知书"向用货部门进行结算。

（2）进口付汇核销。我国目前对进出口货物的付汇或收汇实行管理。根据规定，境内机构的进口付汇，应按照国家关于进口付汇核销管理的规定办理核销手续。

**4. 通关和交付货物**

进口商在收到银行转交来的货运单据后，按当事人之间的业务流程来说，即可向承运人凭提单提取货物。但实际上，还须报关、纳税并经海关查验货物放行后，才能提到货物过境入关，才可以最终进口其从国外购买的货物。

（1）通关。

①进口货物的申报。进口货物的申报是指在进口货物入境时，由进口商（收货人或其代理人）向海关申报、交验规定的单据文件，请求办理进口手续的过程。

②进口货物的查验。根据《中华人民共和国海关法》的规定，进出口货物应当接受海关查验。在货物查验时，海关以进口货物报单、进口许可证等为依据，对进口货物进行实际的核对和检查。一方面，这是为了确保货物合法进口；另一方面，也是为了确定货物的性质、规格、用途等，以进行海关统计，准确计征进口关税。海关查验货物一般应在海关监管区域内的仓库、场地进行，进口货物的收货人或其代理人应当在场，并负责搬移货物、开拆和重封货物的包装。在海关认为必要时，还可以进行开验、复验或者提取货样。

③进口货物的征税。我国海关按照《中华人民共和国海关进出口税则》的规定，对进口货物计征进口关税和进口调节税。此外，对进口货物还要征收增值税，少数商品要征收消费税。为了简化征收手续，方便货物进出口，我国规定进口货物的增值税和消费税由海关在进口环节代替税务机关征收，在实际工作中，通常称为海关代征税。

④进口检验检疫。根据规定，凡被列入《检验检疫商品目录》的进出口商品以及其他法律、法规规定须经检验的进出口商品，必须经过出入境检验检疫部门或其指定的检验机构检验。进口商品应检验而未检验的，不准销售、使用。进口商品检验包括品质检验、安全卫生检验、数量鉴定、重量鉴定等。

（2）交付货物。经过进口通关手续后，如果进口货物的品名、品质、数量、重量、包装等符合交易合同的规定，进口商便可提货；如果订货或用货单位在卸货港所在地，则可就近转交货物；如果订货或用货单位不在卸货地区，则可委托货运代理或物流公司，将货物转运内地并转交给订货或用货单位。关于进口关税和运往内地的费用，由货运代理向进出口公司结算后，进出口公司再向订货单位结算。

**三、付款方式**

常用的付款方式有三种，即信用证、TT和直接付款。

**1. 信用证**

信用证分为跟单信用证和光票信用证两类。跟单信用证是指附有指定单据的信用证。不附任何单据的信用证称为光票信用证。简单地说，信用证是出口商收回货款的保证文件。需要注意的是，出口货物的装运期限应在信用证的有效期限内，信用证交单期限必须不迟于信用证的有效日期。

在国际贸易中，以信用证为付款方式的居多，信用证的开证日期应当明确、清楚、完整。我国的几家国有商业银行（如中国银行、中国建设银行、中国农业银行、中国工商银行等）都能够对外开立信用证（开证手续费都是开证金额的1.5‰）。

## 2. TT

TT是以外汇现金方式结算，由客户将款项汇至公司指定的外汇银行账号，可以要求货到后的一定期限内汇款。

## 3. 直接付款

直接付款是指贸易双方直接交货付款。

## 任务实施

步骤一：填写出口货物明细单；
步骤二：填写出口托运单并订舱；
步骤三：报关、装货上船；
步骤四：向客户发出装运通知；
步骤五：支付运费，审核船公司的提单。

## 一体化设计

### 选择题

根据签发者的不同，下列选项中，不属于普通产地证书的是（    ）。

A. 进口商自己出具的产地证书
B. 国家进出口商品检验局签发的产地证书
C. 中国国际贸易促进委员会（中国国际商会）出具的产地证书
D. 厂商自己出具的产地证书

## 项目学习成果评价

表4-1  评价表——商定与履行

| 学号 | | 姓名 | | 班级 | | | |
|---|---|---|---|---|---|---|---|
| 评价栏目 | 任务详情 | 评价要素 | 分值 | 评价主体 | | | |
| | | | | 学生自评 | 小组互评 | 教师点评 | |
| 任务功能实现 | 国际商务谈判 | 任务功能是否实现 | 15 | | | | |
| | 国际贸易合同的订立 | 任务功能是否实现 | 15 | | | | |
| | 国际贸易合同的履行 | 任务功能是否实现 | 10 | | | | |
| 知识点运用情况 | 商务谈判准备工作 | 工作流程是否清楚掌握 | 5 | | | | |
| | 谈判技巧 | 是否灵活运用 | 5 | | | | |
| | 国际贸易合同的内容和要件 | 是否清楚掌握 | 5 | | | | |
| | 合同签订 | 签订是否合规 | 4 | | | | |
| | 合同履行 | 合同履行是否合规 | 4 | | | | |

| 评价栏目 | 任务详情 | 评价要素 | 分值 | 评价主体 | | |
|---|---|---|---|---|---|---|
| | | | | 学生自评 | 小组互评 | 教师点评 |
| 项目完成效果 | 签订完成情况 | 合同是否完整 | 6 | | | |
| | 履行完成情况 | 内容是否全面 | 6 | | | |
| | 业务跟进 | 跟进是否及时 | 5 | | | |
| 创新性 | 工作流程 | 工作流程是否创新 | 5 | | | |
| 职业素养 | 态度 | 是否认真细致、遵守课堂纪律、学习积极、团队协作 | 5 | | | |
| | 操作规范 | 是否按照国际贸易业务流程进行 | 5 | | | |
| | 解决问题 | 是否合理解决工作中遇到的问题 | 5 | | | |
| | 总分 | | 100 | | | |

## 项目拓展

**综合训练**

1. 业务背景

美国 TAC 公司在接到南京 A 纺织服装有限公司去函及寄送的样品后，确认了样品，于 9 月 10 日来函，要求南京 A 纺织服装有限公司报价。经谈判与客户达成该笔女士夹克衫的买卖交易。

2. 实训内容

（1）接到客户 9 月 10 日 E-mail。

SAMPLES CONFIRMED. PLEASE OFFER FIRM STYLE NO. TN35 and TN36

根据以下公司报价要求，2015 年 9 月 12 日向客户发盘（报价）

款式号 TN35：2 000 件；款式号 TN36：2 000 件

价格：15 美元/件 CIF New York

装运期：2015 年 11 月

支付方式：不可撤销即期信用证

保险：一切险加战争险、罢工险

（2）9 月 14 日客户回复。

YOURS 12TH TN35&TN36 EACH 2000PCS SHIPMENT NOVEMBER US DOLLARS 14.5 CIF D/PSIGHT PLEASE REPLY SIXTEENTH

请对此进行回复。日期——2015 年 9 月 16 日。

（3）客户 9 月 17 日再次还盘。

YOURS 16TH QUOTING BEST US DOLLARS 14.5 TN35&TN36 EACH 2000PCS CREDIT 60 DAYS SIGHT

考虑到目前市场竞争特别激烈，又是初次交易，南京公司同意将每件价格降低到 14.5 美元、即期付款信用证，限 22 日前复。请回复客户。

客户 9 月 20 日同意南京 A 纺织服装有限公司的条件，请根据双方往来函电缮制出口销售合同。寄送合同，要求客户会签和准时开证。

# 项目五

# 业务争议的处理

## 项目导读

在本项目中需要掌握一旦发生业务争议，如何解决争端。

首先在合同中要明确索赔与违约金条款、不可抗力条款、仲裁条款，使解决纠纷有据可依。这三个条款对于争议的处理十分重要。

不可抗力属于免责条款，为避免双方争议，要掌握构成不可抗力的条件是什么，发生不可抗力以后如何处理。

对比其他争议的解决方法，仲裁的特点与前提是什么？仲裁协议使仲裁庭取得案件的管辖权，排除法院的管辖权；仲裁裁决终局裁决，对双方都有约束力。

订立仲裁条款时力争在我国仲裁，选择我国的仲裁机构和仲裁规则。

## 学习目标

1. 素质目标

培养学生严谨的工作态度，对各国的政治、经济、法律有一定了解，在对外交往过程中，不仅要考虑经济利益，还要掌握国际惯例和国际法律。

2. 知识目标

(1) 各国关于违约责任的规定及争议解决方式；

(2) 不可抗力的含义和构成条件；

(3) 仲裁的特点和仲裁裁决的效力。

3. 能力目标

(1) 能够根据实际情况，选择合适的争议解决方式；

(2) 能够正确处理合同履行中遭受的不可抗力事件；

(3) 能够正确拟定合同的仲裁条款。

## 任务一　国际贸易索赔与定金

### 任务描述

B公司对A公司第一次出口的服装比较满意,接着下了第二笔订单,数量金额都和第一笔订单一样,交货期为2020年10月30日。

A公司和B公司合同的违约金、不可抗力及仲裁条款如下:

除本合同列举的不可抗力原因外,卖方不能按时交货,在卖方同意由付款银行在议付货款中扣除违约金或由卖方于支付货款时直接扣除违约金的条件下,卖方应统一延期交货。违约金率按每7天收取延期交货部分总值的0.5%,不足7天者以7天计算但违约金不得超过延期交货部分总金额的5%。如卖方延期交货超过合同规定期限10周时,买方有权撤销合同,但卖方仍应不延迟地按上述规定向买方支付违约金。

如因战争、地震、水灾、火灾、暴风雨、雪灾或其他人力不可控制的原因,致使卖方不能全部或部分装运货物或延迟装运合同货物,卖方不负责任,但是卖方必须立即以电报通知买方。如果买方提出要求,卖方应在30天内以航空挂号信向买方提供由中国国际贸易促进委员会或有关机构出具的证明,证明事故的存在。

仲裁:凡因本合同或有关本合约所发生的一切争执,双方应以友好方式协商解决;如协商不能解决,应提交上海国际经济贸易仲裁委员会,根据该会的仲裁规则进行仲裁。仲裁裁决是终局性的,对双方都有约束力。

为及时履行合同,孙潇通知工厂于10月26日把货物运送、存放于上海港码头的一个仓库内。10月28日凌晨2点,该仓库因雷击起火;起火后,仓库管理员及时组织扑火,并及时拨打119报警。虽然消防队员及时赶到,但终因火势过大,货物全部烧毁。由于该批货物是为B公司特别订制,如果重新生产,至少在11月下旬才能制造完毕。事发后,孙潇把本公司遭遇不可抗力及时通知B公司和Lisa,并随后寄去了××促进会出具的相关证明。但Lisa认为A公司不能够按时交货,就构成违约,要求A公司按照合同支付违约金;而A公司坚持认为属于不可抗力,双方协商未果。

B公司根据合同中的仲裁条款向上海国际经济贸易仲裁委员会提出仲裁申请,要求A公司赔偿损失。

### 任务分析

索赔、理赔是一项政策性、技术性很强的涉外工作,必须严肃对待和认真处理。处理好这项工作必须熟悉国际惯例和国际法律,注意调查研究,弄清事实,合理解决,做到有理、有力、有节。在解决国际贸易纠纷时,最好能以较短时间、以尽可能少的费用解决纠纷,且尽量不要伤害彼此感情。仲裁是国际贸易中双方当事人解决争议的被最广泛采用的一种方式。

> **知识要点**

## 一、国际贸易索赔

国际贸易索赔是指在进出口交易中,因一方违反契约规定,直接或间接造成另一方有所损失,受损害的一方向违约方提出赔偿要求,以弥补其所受的损害。

国际贸易合同中的索赔条款有两种规定方式:一种是异议和索赔条款(Discrepancy and Claim Clause);另一种是罚金条款(Penalty Clause)。

### (一)异议和索赔条款

对于异议和索赔条款的主要内容,除明确规定贸易双方在履约过程中,如一方违反合同,另一方有权提出索赔外,还应订明索赔的依据和期限、赔偿损失的办法和金额等。

异议和索赔条款主要适用于交货品质、数量等方面的违约行为。这类赔偿的金额不是预先决定的,而是根据货损、货差的实际情况确定的。

### (二)罚金条款

罚金条款规定,当一方未能履行合同义务时,应向另一方支付一定数额的约定金额,以补偿对方的损失。罚金又称为"违约金"。罚金条款一般适用于卖方延期交货,或者买方迟延开立信用证或延期接货等场合。不同国家的法律对于罚金条款的规定不同。在我国的出口合同中,除少数特殊情况外,一般不应订立罚金条款。

## 二、国际贸易的定金罚则

定金与预付款不同。定金是指合同一方当事人根据合同的约定预先付给另一方当事人一定数额的金额,以保证合同的履行,它是作为债权的担保而存在的;预付款是指合同当事人预先付给对方一定数额的价款,即对合同义务的预先履行,其本身就是预付的价款或价款的一部分,而不是对合同履行的担保。在国际贸易合同中,只要约定了定金条款,无论合同双方当事人哪一方违约,其都要承担与定金数额相等的损失。也就是说,如果支付定金的一方违约,则其丧失定金的所有权,定金由另一方当事人所有;如果收取定金的一方违约,则除返还定金外,其还需付给对方与定金数额相等的款额。这种规定和做法称为定金罚则。

定金条款包括定金的数额及支付定金的时间与方式。付给定金的一方履行合同义务后,定金应当抵作价款或收回。

需要注意的是,在国际贸易合同中是否订立定金条款,由双方当事人根据经营意图自愿酌情商定,任何一方不得强迫对方接受定金条款。定金条款的内容应当明确、具体,以利于合同的履行。由于定金和预付款不同,故约定定金条款时,应就其含义和内容表述清楚,以免引起误解。在合同中同时有违约金和定金条款的情况下,当一方违约时,另一方可以选择适用违约金条款或定金条款,即只能选择其中之一适用,不能两者同时适用。

> **任务实施**

步骤一:提出仲裁申请;
步骤二:组织仲裁庭;

步骤三：作出裁决。

## 一体化设计

**简答题**

贸易合同中的索赔条款有哪些规定方式？

# 任务二　不可抗力与国际贸易仲裁

## 任务描述

根据有关的法律和国际贸易惯例，如果发生不可抗力事件，致使合同无法履行或无法如期履行，有关当事人可以免除相应责任，即解除或变更合同。但发生不可抗力的一方应及时通知对方，并提供必要的证明文件。了解不可抗力相关规定及处理时所需注意的事项。

## 任务分析

在国际货物贸易中，有时会因为自然力量或社会动荡等原因引起人力不可抗拒的事件，导致合同不能正常履行。对于这种情况，按照有关法律和惯例可以免除当事人的责任。为了明确起见，在国际货物买卖合同中通常都约定不可抗力的免责条款。

## 知识要点

### 一、不可抗力

不可抗力是指在贸易合同签订以后，不是订约的任何一方当事人的过失或疏忽，而是发生了订约当事人不能预见又无法事先采取预防措施的意外事故，以致不能履行或不能如期履行合同，遭受意外事故的一方可以免除履行合同的责任或延期履行合同。

不可抗力既是合同中的一项条款，也是一项法律原则。对此，在国际贸易中，不同的法律、法规各有其规定。

（1）英美法系中有关"合同落空"原则的规定。它是指在合同签订以后，不是当事人双方自身过失，而是事后发生了双方意想不到的、根本性的不同情况，致使订约目的受到挫折，据此而未履行合同义务，当事人得以免除责任。

（2）大陆法系国家的法律中有关"情势变迁"或"契约失效"原则的规定。它是指不属于当事人的原因而发生了预想不到的变化，致使不可能再履行合同或需要对原来的法律效力做相应的变更。

综上所述，在国际贸易中，尽管不同法律对不可抗力的确切含义的解释并不统一，但其精神原则大体相同。它主要包括以下几点：意外事故必须发生在合同签订以后；不是由合同当事人双方自身的过失或疏忽导致的；意外事故是合同当事人双方所不能控制的、无能为力的。

如果订约后发生合同当事人双方无法控制的意外事故，为了避免一方当事人任意扩大和缩小对不可抗力事故范围的解释，或不可抗力事故发生后在履约方面提出不合理要求，在贸易合同中订明不可抗力条款是非常重要的。

不可抗力事故的范围应在贸易合同中订明。通常有以下三种规定：

（1）概括式规定。它是指在合同中不具体规定哪些事故属于不可抗力，而只是笼统地规定"由于不可抗力"，对于具体内容和范围并未具体说明。这种方法含义模糊，解释伸缩性大，难以作为解释问题的依据，不宜采用。

（2）列举式规定。它是指在合同中详细列明不可抗力的范围，这样虽然具体、明确，但难以涵盖全面，且可能出现遗漏情况，仍可能发生争执。因此，这种方法也不是最好的方法。

（3）综合式规定。它是指在合同中列明可能发生的不可抗力事故的同时，又加上"其他不可抗力的原因"的文句，这样就为当事人双方共同确定未列明的意外事故是否构成不可抗力提供了依据。因此，这种方法既具体、明确，又有一定的灵活性，比较科学、实用。我国的国际贸易合同中多采用这种方法。

## 二、国际贸易仲裁

国际贸易仲裁是指由贸易双方当事人在争议发生之前或之后，达成书面协议，自愿将他们之间不能通过友好协商解决的争议交给双方同意的第三者进行裁决（Award）。裁决对贸易双方当事人都有约束力，双方必须执行。通过仲裁解决国际贸易中出现的争议是当前国际上普遍采用的方式。

在贸易合同中，仲裁条款一般应包括仲裁地点、仲裁机构、仲裁规则、仲裁裁决的效力和仲裁费用的负担等内容。

### （一）仲裁地点

仲裁地点是仲裁条款的核心所在。在哪个国家仲裁，就适用哪个国家的法律和仲裁法规。由此可见，仲裁地点不同，所适用的法律可能不同，对贸易双方当事人的权利、义务的解释也会有所差异，仲裁结果也就可能不同。因此，贸易双方当事人在协商仲裁地点时，应力争在自己国家或比较了解和信任的地方仲裁。

### （二）仲裁机构

国际贸易中的仲裁机构有两类，即常设仲裁机构和临时仲裁机构。我国的常设涉外商事仲裁机构是中国国际经济贸易仲裁委员会。该委员会隶属中国国际贸易促进委员会，总会设在北京，在深圳和上海设有分会。此外，一些省市还相继设立了地区性的仲裁机构。

### （三）仲裁规则

仲裁规则即进行仲裁的手续、步骤和做法。各仲裁机构都有自己的仲裁规则。按国际仲裁的一般做法，原则上采用仲裁所在地的仲裁规则，但也允许按贸易双方当事人的约定，并经仲裁机构同意，采用仲裁地点以外的其他仲裁机构的仲裁规则进行仲裁。

### （四）仲裁裁决的效力

仲裁裁决是终局性的，对争议双方都有约束力，任何一方都不允许向法院起诉要求变更。

### （五）仲裁费用的负担

在贸易合同中，应明确规定仲裁费用的负担问题。一般规定由败诉方承担，也有的规定由仲裁庭酌情决定。

### 任务实施

步骤一：查询《公约》，了解在不可抗力事件发生后，违约方必须及时通知另一方并提供必要的证明文件，而且在通知中应提出处理意见。

步骤二：解除变更合同。不可抗力事件发生后所引起的法律后果主要有解除合同和变更合同两种。

步骤三：了解不可抗力事件处理时应注意的事项。
（1）区分商业风险和不可抗力事件；
（2）重视"特定标的物"的作用。

### 一体化设计

**简答题**

不可抗力构成要件包括哪些？不可抗力可能有哪些后果？

### 项目学习成果评价

表 5-1 评价表——业务争议的处理

| 学号 | | 姓名 | | 班级 | | | |
|---|---|---|---|---|---|---|---|
| 评价栏目 | 任务详情 | | 评价要素 | 分值 | 评价主体 | | |
| | | | | | 学生自评 | 小组互评 | 教师点评 |
| 任务功能实现 | 国际贸易索赔与定金 | | 任务功能是否实现 | 20 | | | |
| | 不可抗力与国际贸易仲裁 | | 任务功能是否实现 | 20 | | | |
| 知识点运用情况 | 索赔相关知识点掌握情况 | | 是否清楚掌握 | 5 | | | |
| | 定金罚则的掌握情况 | | 是否清楚掌握 | 5 | | | |
| | 不可抗力的处理 | | 处理是否准确 | 5 | | | |
| | 国际仲裁条款 | | 是否清楚掌握 | 4 | | | |
| | 贸易索赔流程 | | 是否清楚了解 | 4 | | | |
| 项目完成效果 | 索赔流程情况 | | 信息是否完整 | 6 | | | |
| | 不可抗力处理情况 | | 内容是否全面 | 6 | | | |
| | 业务跟进 | | 跟进是否及时 | 5 | | | |
| 创新性 | 工作流程 | | 工作流程是否创新 | 5 | | | |
| 职业素养 | 态度 | | 是否认真细致、遵守课堂纪律、学习积极、团队协作 | 5 | | | |
| | 操作规范 | | 是否按照国际贸易业务流程进行 | 5 | | | |
| | 解决问题 | | 是否合理解决工作中遇到的问题 | 5 | | | |
| 总分 | | | | 100 | | | |

## 项目拓展

**综合训练**

1. 业务背景

南京 A 织服装有限公司于 2015 年 12 月 8 日收到出口货款，2016 年 1 月，公司收到客户 TAC NEW YORK CO. LTD 寄来的检验报告，证明我方所交货物数量短少 50PCS。

2. 实训内容

公司接到对方索赔电函后，经查此次短少系我方工作疏忽所致。请写一封回函，提出 2 种解决办法：以空邮方式将短少数量补齐，或者把短少的金额电汇给客户，向客户保证今后不再发生此事。

# 项目六

# 走进跨境电商

## 项目导读

跨境电子商务（简称跨境电商）作为推动经济一体化、贸易全球化的技术基础，具有非常重要的战略意义。跨境电子商务不仅冲破了国家间的障碍，是国际贸易走向无国界贸易，而且正在引发世界经济贸易巨大变革。对于企业来说，跨境电子商务构建开放、多维、立体的多边经济贸易合作模式，极大地拓宽了进入国际市场的路径，大大促进了多变资源的优化配置与企业之间互利共赢；对于消费者来说，跨境电子商务使他们非常容易地获得了其他国家的商品信息，并买到物美价廉的商品。

本项目旨在了解跨境电商的发展历程和趋势，能区分跨境电商的基本内容，以及跨境电商的交易模式和商业模式。

## 学习目标

### 1. 素质目标

培养学生端正的学习态度；培养学生动手实践技能和分析问题、解决问题的能力；培养学生团队合作的能力，遵守纪律。

### 2. 知识目标

（1）了解跨境电子商务的发展背景、主要经济与政策环境和现有的跨境电商综合试验区与自贸区；

（2）理解跨境电子商务的定义、内涵与范围；

（3）掌握跨境电子商务的主要模式，能够独立判断跨境电子商务的特点与运营模式。

### 3. 能力目标

能够掌握分析跨境电商优势与劣势，掌握跨境电商的经济与政策环境，以及掌握跨境电商的主要模式。

## 任务一　跨境电子商务的内涵与范围

### 任务描述

小张是某公司运营部门的员工。公司运营重点从内贸运营转为跨境电商运营，因此，小张需要了解跨境电商的发展历程，进口、出口的模式及其优势，为将来从事跨境电商平台运营做准备。

### 任务分析

跨境电商是分属不同关境的交易主体，通过电子商务平台达成交易，进行支付结算，并通过跨境物流送达商品、完成交易的一种国际商业活动。现今随着移动互联网的快速发展，跨境电商也迎来了井喷式发展。

### 知识要点

#### 一、跨境电子商务的定义与内涵

作为推动经济一体化、贸易全球化的技术基础，跨境电子商务具有非常重要的战略意义。跨境电子商务不仅冲破了国家之间的障碍，使国际贸易走向无国界贸易，而且正在引起世界经济贸易的巨大变革。对于企业来说，跨境电子商务构建的开放、多维、立体的多边经贸合作模式极大地拓宽了进入国际市场的路径，大大促进了多边资源的优化配置与企业之间的互利共赢；对于消费者来说，跨境电子商务使他们非常容易地获取其他国家的信息，并买到物美价廉的商品。

那么，究竟什么是跨境电子商务？跨境电子商务是指分属不同关境的交易主体，通过电子商务平台达成交易，进行电子支付结算，并通过跨境电商物流及异地仓储送达商品，完成交易的一种国际商业活动。

根据跨境电子商务模式的不同，跨境电商平台提供的商品信息发布、支付结算、跨境物流送达、金融服务等内容都会有所不同，但跨境电商需要满足一些基本条件。一般来说，跨境电商的内涵主要包括以下几个方面：

（1）交易双方分属不同的经济体（国家或地区）。这是跨境电子商务与一般电子商务的主要区别。

（2）通过电子商务手段达成交易。这是跨境电子商务与传统国际贸易的主要区别。

（3）完成在线支付、运输办理等一系列基本流程。跨境电子商务应完成商品交易的基本流程，而不能仅仅完成询单、加购物车等部分操作。

（4）从事的是商品交换活动。这里的商品既包括有形产品，也包括无形产品和服务等。跨境电商应是围绕商品交换进行的活动，而不是其他领域（如学术交流等）的跨境交流活动。

其中，第（2）个条件和第（3）个条件是狭义的跨境电子商务与广义的跨境电子商务最关键的区别。例如，若企业只是通过互联网进行网络营销并通过在线平台达成协议，而没有进行在线支付,则这属于广义跨境电子商务的范围。目前,能够实现网上成交、网上支付并完成一系列国际贸易流程的只有跨境网络零售(Cross-border Online Retailing)。因此,本项目后面内容中提到的跨境电子商务均指广义概念。

## 二、跨境电子商务的特征

跨境电子商务融合了国际贸易和电子商务两方面的特征,有一定的专业复杂程度。这主要表现在以下几方面:一是信息流、资金流、物流等多种要素流动必须紧密结合,任何一方面的不足或衔接不够都会阻碍整体跨境电子商务活动的完成;二是流程繁杂且尚不完善,国际贸易通常具有非常复杂的流程,涉及海关、检验检疫、外汇、税收、货运等多个环节,而电子商务作为新型交易方式,依然需要涉及通关、支付、税收等诸多环节,并且因为跨境电商是新生事物,目前在很多领域的法规还不太完善;三是风险触发因素较多,容易受到国际政治经济宏观环境和各国政策的影响。

具体而言,跨国电子商务具有如下特征。

### 1. 全球性

网络是一种没有边界的媒介,具有全球性和非中心化的特征。因此,依附网络发生的跨境电子商务也具有全球性和非中心化的特征。与传统的交易方式相比,电子商务一个重要的特点在于,它是一种无边界交易,使互联网用户跨越了传统的地理边界。跨境电子商务可以通过跨境电商平台,把产品(尤其是高附加值产品)和服务提供给全球市场。网络的全球性使信息得到了最大程度的共享,但同时,跨境电子商务的用户也必须面临因文化、政治和法律的不同而产生的风险。

### 2. 无形性

网络的发展使数字化产品(如电子书、音乐、电影等)和服务的传输盛行,而这些数字化产品通过不同类型的媒介(如数据、声音和图像等),在全球化网络环境中实现无形传输。以一条电子邮件信息的传输为例,这一信息首先要被服务器分解为数以百万计的数据包,然后按照 TCP/IP 协议(Transmission Control Protocol/Internet Protocol,传输控制协议/网际协议),通过不同的网络路径传输到一个目的地服务器,并重新组织后转发给接收人。整个过程都是在网络中瞬间完成的。电子商务是数字化传输活动的一种特殊形式,其无形性的特性使相关部门很难控制和检查销售商的交易活动。数字化产品和服务基于数字传输活动的特性也必然具有无形性。传统交易以实物交易为主,而在电子商务中,无形产品可以替代实物成为交易的对象。以书籍为例,传统纸质书籍的排版、印刷、销售和购买被看作产品的生产、销售。然而,在电子商务中,消费者只要购买网上的数字产品,便可以使用书中的知识和信息。如何界定该交易的性质、如何监督等一系列的问题却给相关部门带来了新的难题。

值得注意的是,数字化的技术、商品和服务正在加速与传统产业融合的过程中不断发展壮大,形成数字产业化。我国重点推进建设的 5G(5th Generation Mobile Communication Technology,第五代移动通信技术)网络、数据中心、工业互联网等新型基础设施,本质上就是围绕科技新产业的数字经济基础设施,数字经济已经成为驱动我国经济实现又好又快增长的新引擎,数字经济所催生出的各种新业态也将成为我国经济新的重要增长点。

### 3. 匿名性

跨境电子商务因为具有全球性和非中心化的特征,很难识别电子商务用户的身份及其所处的地理位置。网络具有匿名性,允许在线交易的消费者不显示自己的真实身份和地理位置,很多消费者也习惯以匿名的方式参与购买、评论等。在虚拟社会里,这种隐匿身份的便利性导致了自由与责任的不对称。互联网平台给予人们这种自由,但容易出现逃避责任的现象。不过,随着信息技术与监管制度的发展和完善,这种情况已经有所改善。

**4. 即时性**

对于网络而言,传输的速度与地理距离无关。在传统交易模式中,信息交流方式有信函、电报、传真等,它们在信息的发送与接收之间存在长短不同的时间差。对于电子商务中的信息交流,无论实际空间距离远近,一方发送信息与另一方接收信息几乎是同时的,这就如同人们生活中的面对面交谈。例如,在某些数字化产品(如音像制品、软件等)的交易中,还能实现即时清结,订货、付款、交货都可以在瞬间完成。互联网平台大大方便了地理距离相隔遥远的交易双方的即时沟通和在线客户服务,提高了人们交流和交易的效率,节约了时间和物质成本。

**5. 无纸化**

电子商务主要采取无纸化操作的方式,这是以电子商务形式进行交易的主要特征。在电子商务中,电子计算机通信记录取代了一系列的纸面交易文件。由于电子信息以比特的形式存在和传输,整个信息发送和接收过程实现了无纸化。传统国际贸易中会产生大量纸质文件,跨境电商改变了这种状态,可在线生成并储存的电子订单、电子合同、电子发票等替代了传递、储存不够方便的纸质文件。这种无纸化带来的积极影响使信息传输摆脱了纸张的限制,大大提高了跨境交易的便利性。但由于传统法律的许多规范是以"有纸交易"为出发点的,针对跨境电商各环节的法律尚不完善,因此,无纸化可能会带来一定程度上的法律纠纷。

**6. 快速演进**

互联网是一个新生事物,网络设施和相应的软件协议都以前所未有的速度不断演进。基于互联网的电子商务活动也处在瞬息万变的过程中。在短短的几十年中,电子交易经历了从电子数据交换(Electronic Data Interchange,EDI)到电子商务零售业兴起的过程,电子商务的新模式层出不穷,不断改变人们的生活。跨境电子商务也在短短几十年中得到了快速发展。特别是最近几年,跨境电商发展尤其迅速,新的运营模式不断涌现,与之配套的政策、法律也在不断推出,跨境交易逐渐被越来越多的消费者所接受,跨境电商不断实现快速演进。

### 三、跨境电子商务的优势

跨境电子商务的优势主要体现在以下几个方面。

**1. 可以显著降低国际贸易成本**

在传统的有纸贸易中,各项费用(如纸张费、差旅费等)所占的比重很大。按我国近几年的外贸规模计算,采用电子商务后,我国每年可节省数十亿美元,这是相当可观的。交易成本的降低还体现在由于减少了大量的中间环节,买卖双方可以通过网络进行商务活动,交易费用明显下降。在传统国际贸易业务中,大量中间商的参与,使国外进口商的进货价往往是国内生产企业交货价的5~10倍。现今的跨境电子商务平台直接把国内的生产企业和国外进口商的供求信息整合到网上,让它们在网上直接交易,中间环节的减少使各方都得到了实惠。

**2. 可以显著提高贸易效率**

在传统的有纸贸易中，单证的编制、修改、审核等一系列操作占用了大量的时间。根据国外的统计，在一笔货物买卖合同中，不同的计算机之间贸易数据的重复录入率达70%，这无疑影响了货物的正常流通。采用电子商务，利用网络实现信息共享，通过网络对各种单证实现瞬间传递，不必重复输入，不仅节省了单证的传输时间，而且能有效减少由纸面单证中数据重复录入导致的各种错误，提高了贸易效率。

**3. 能适应国际贸易的最新发展趋势**

2008年美国金融危机后，消费者的收入增长趋缓，通过网络购买国外价低质优的商品迎合了很多消费者的需求。部分海外进口商出于资金链压力和控制资金风险的考虑，也倾向于将大额采购转变为小额采购、将长期采购转变为短期采购，单笔订单的金额明显减小。传统集装箱式的大额交易正逐渐被小批量、多批次的碎片化进出口贸易取代。跨境电子商务平台为国际贸易的这种发展趋势提供了便利的条件，迎合并促进了国际贸易的发展。

**4. 可以减少贸易壁垒，扩大贸易机会**

由于互联网的全球性和开放性，跨境电子商务从一开始就成为电子商务的自然延伸，并成为其有机组成部分。网络消除了地域的界限，对减少国际贸易中的有形壁垒和无形壁垒起到了积极的作用，特别是为广大中小型企业提供了更广阔的平台。因此，对于很多企业来说，在国际贸易中，采用电子商务这个有效工具，主动出击市场，寻找更多的贸易机会成为一种顺理成章的选择。

**5. 可以减少对实物基础设施的依赖**

传统的企业开展国际贸易业务，都必须有大量的实物基础设施，如办公用房、仓储设施、产品展示厅、销售店铺等。如果利用跨境电子商务开展国际贸易业务，则企业在基础设施方面的投入要小得多，可以将由此节省的开支大部分让渡给顾客，从而增强竞争力。

**6. 以消费者为主导**

跨境进口电商主要是为消费者提供其在国内买不到的产品，是贸易增量。跨境电商平台让全球同类产品同台亮相，性价比成为决定消费者购买决策的重要因素。因此，跨境电子商务必须以消费者的需求为导向，强调个性化的交易方式。消费者拥有更大的选择自由，在购物前，可以不受地域限制进行广泛比较。以"订单投票"已经成为跨境电商发展的重要趋势。

### 四、跨境电子商务的范围

跨境电子商务除与普通电子商务一样涵盖了卖家、买家、平台、交易支付等基本要素外，还应包括提供产品的制造企业、金融服务商、物流服务企业、代运营商、产业园区、技术服务企业等，以及为跨境电商提供服务的海关、检验检疫等部门，同时还涉及跨境电商政策、市场准入制度、公共服务平台等环境要素。

在B2B（Business to Business，企业对企业）领域，跨境电商涵盖的主要群体有传统贸易商、贸易工厂的业务人员，他们开展的跨境电商实际上是贸易线上化；在B2C领域，跨境电商涵盖的主要群体除电商平台外，还有卖家、买家和服务商等。

### 1. 电商平台

电商平台是分属于不同国家或地区的交易主体交换信息、达成交易并完成跨境支付结算的虚拟场所。它具有电子化、全球性、开放性和低成本等特征。其显著提高了跨境贸易的交易效率，使中小外贸企业有可能拥有与大企业一样的信息资源和竞争优势。从不同的角度划分，电商平台可分成多种类型，本项目后续任务会进一步介绍。

### 2. 卖家

电商平台为卖家提供了便利的条件，卖家的商业门槛有所降低。但是，相对于国内电子商务，跨境电商依然会在流程、政策等方面更繁杂，对卖家的外贸经验、选品能力、与境外消费者沟通的能力、商品资源及物流选择等仍然有较高的要求。

### 3. 买家

买家可以是普通消费者，也可以是采购服务商，还可以是品牌生产商。越来越多的大企业在小额采购时也会利用电商平台，同时，个人也可以进行跨国的采购或购买。目前出现的多种类型的跨境电商业务模式为买家提供了更加广泛的机会。当然，这种信息量的大量增加有时可能反而会令消费者难以选择，这就对卖家和电商平台如何更好地迎合买家的需求，从而进行精准信息的推荐提出了更高的要求。

### 4. 服务商

服务商是跨境电商发展的关键参与者。在跨境电商流程中，由于涉及报关报检、运输、支付结算、税务等环节，因此，需要专业的服务商支持。无论报关报检，还是物流商的选择，各环节在跨境电商流程中都至关重要，需要卖家与服务商建立良好、稳定的合作关系。

## 任务实施

步骤一：登录 B2C 跨境电商平台。登录速卖通官方网站 https://www.aliexpress.com/、eBay 平台 https://www.ebay.com/等跨境电商平台，了解平台基本情况，总结平台特征。

步骤二：上网查询电子商务平台的类型及特点，收集相关资料，主要利用互联网收集与跨境电商相关的各类信息，并总结分析。

## 一体化设计

### 一、选择题

下列选项中，不属于跨境电商 3.0 阶段的典型特征的是（　　）。

A. 大型工厂上线

B. 大型服务商加入

C. 移动用户量爆发

D. B 类买家成规模、小额订单比例提高

### 二、判断题

小林在某跨境电子商务平台上发现了一件感兴趣的产品，并将其收藏，可以认为他完成了一次跨境电子商务交易。（　　）

## 任务二  跨境电子商务的发展

### 任务描述

近几年,随着跨境电商的热度持续上升,许多经营网点的企业及个人纷纷想要涉足其中,经营淘宝网店的小张也不例外,但小张对于跨境电子商务的发展历程一无所知。于是,他计划从这些基础性的知识入手,开始对于跨境电子商务的学习与了解。

### 任务分析

跨境电子商务迅速发展,并成为一种非常重要的国际贸易业务形式。它具体经历了哪些阶段?我们需要了解哪些相关政策?这是本任务应重点掌握的内容。

### 知识要点

#### 一、跨境电子商务的发展阶段

##### (一)跨境电商1.0阶段(1999—2003年)

跨境电商1.0阶段的主要商业模式是线上展示、线下交易的外贸信息服务模式。在跨境电商1.0阶段,第三方平台的主要功能是为企业及产品提供网络展示平台,但一般不在网上开展交易。在这一阶段,以阿里巴巴集团(以下简称阿里巴巴)为主导,此时的盈利模式主要是向进行信息展示的企业收取会员费(如年服务费)。在跨境电商1.0阶段,逐渐衍生出竞价推广、咨询服务等为供应商提供一条龙的信息流增值服务的模式。

在跨境电商1.0阶段,阿里巴巴国际站、环球资源网是典型的代表平台。其中,阿里巴巴国际站成立于1999年,以网络信息服务为主、线下会议交易为辅,是中国较早的外贸信息平台之一。环球资源网于1971年成立,其前身为Asian Source,是亚洲较早提供贸易市场信息的平台,并于2000年在纳斯达克证券交易所上市。

在此期间,还出现了中国制造网、韩国EC21网等大量以供需信息交易为主的跨境电商平台。在跨境电商1.0阶段,虽然互联网更方便地使我国外贸企业向世界买家发布相关信息,但是它们依然无法完成在线交易,仅完成外贸电商产业链的信息流整合环节。

##### (二)跨境电商2.0阶段(2004—2012年)

2004年,随着敦煌网的上线,跨境电商2.0阶段来临。在这个阶段,跨境电商平台开始逐步摆脱纯信息黄页的身份,将线下交易、支付、物流等流程实现了电子化,逐步搭建了在线交易平台。

相较于跨境电商1.0阶段,跨境电商2.0阶段更能体现电子商务的本质。它借助于电子商务平台,通过服务、资源整合,有效地打通了上下游供应链。它包括B2B(平台对企业小额交易)和B2C两种模式。在这个阶段,B2B平台模式是跨境电商的主流模式,通过直接对接中小企业商户,实现了产业链的进一步缩短,提升了商品的利润空间。

敦煌网是国内首个为中小企业提供B2B网上交易的网站。它采取佣金制,自2019年2月

20 日起，新卖家注册开始收取费用，且只在买卖双方交易成功后收取费用，将会员收费改为以收取交易佣金为主，即按成交效果来收取百分点佣金。2011 年，敦煌网宣布实现盈利，之后它持续快速发展，已经成为全球领先的在线外贸交易平台。同时，敦煌网实现了营收的多元化，除交易佣金外，还通过平台上的营销推广、物流服务等获得增值收益。自成立以来，敦煌网已经在品牌、技术、运营、用户四大维度上具有难以复制的竞争优势。

### (三) 跨境电商 3.0 阶段（2013 年至今）

2013 年成为跨境电子商务的重要转型年，跨境电商全产业链都出现了商业模式的变化。随着跨境电商的转型，跨境电商 3.0 阶段到来。

首先，跨境电商 3.0 阶段具有大型工厂上线、B 类买家成规模、中大额订单比例提高、大型服务商加入和移动用户量爆发 5 个特征。与此同时，这一阶段的服务全面升级，平台的承载能力更强，全产业链服务在线化也是该阶段的重要特征。

在跨境电商 3.0 阶段，用户群体由草根创业向工厂、外贸公司转变，并且具有极强的生产设计管理能力。平台上销售的产品由网商、二手货源向一手货源好产品转变。主要卖家群体正处于从传统外贸业务向跨境电商业务的艰难转型期。生产模式由大生产线向柔性制造转变，对代运营和产业链配套服务需求较高。另外，该阶段的主要平台模式也由 C2C（Consumer to Consumer / Customer to Customer，个人对个人/顾客对顾客）、B2C 向 B2B、M2B（Manufacturers to Business，生产商对经销商）模式转变，批发商买家的中大额交易成为平台的主要订单。

## 二、跨境电子商务的经济与政策环境

跨境电商是在我国外贸呈现下行趋势背景下的重要拉动引擎之一。自 2008 年美国金融危机以来，全球贸易增速放缓，我国外贸行业处于谨慎、乐观的新常态，外贸出口下行压力增大。但是，我国跨境电商逆势发展，在国内消费市场日趋火爆的影响下，跨境电商的发展迎来了新一轮井喷。

2020 年 6 月 3 日，网经社电子商务研究中心发布了《2019 年度中国跨境电商市场数据监测报告》[1]。该报告显示，2015—2018 年，我国跨境电商交易规模分别为 5.4 万亿元、6.7 万亿元、8.06 万亿元、9.0 万亿元和 10.5 万亿元，较前一年同比增长分别达到 28.57%、24.07%、20.29%、11.66% 和 16.66%，远超同期的社会消费品零售总额增长，更远高于进出口贸易的增速。其中，2015 年和 2016 年，我国进出口贸易总额分别为 24.6 万亿元和 24.3 万亿元，同比下降 7.0% 和 1.0%；2017 年，我国进出口贸易总额为 27.79 万亿元，增长 4%，扭转了连续两年下降的趋势；2018 年，我国进出口贸易总额为 30.51 万亿元，增长 9.7%；2019 年，我国进出口贸易总额为 31.54 亿元，增长 3.4%。跨境电商符合当前消费模式转变的新特点，有利于企业捕捉市场新变化，引领外贸转型，更加符合消费模式的转变。

在跨境电商的政策环境方面，政策层面一直在释放跨境贸易利好。2014 年 7 月，海关总署发布的《关于跨境贸易电子商务进出境货物、物品有关监管事宜的公告》（海关总署公

---

[1] 网经社电子商务研究中心. 2019 年度中国跨境电商市场数据监测报告 [EB/OL]. [2021-03-15]. http://www.100ec.cn/zt/2019kjscbg/.

告〔2014〕56号）和《关于增列海关监管方式代码的公告》（海关总署公告〔2014〕57号），即业内熟知的"56号文"和"57号文"接连出台，从政策层面承认了跨境电子商务，同时也认可了业内通行的保税模式。此举被外界认为明确了对跨境电商的监管框架。此前的"6+1"跨境电商试点城市开放给予了跨境电商税收上的优惠政策，即通过跨境电商渠道购买的海外商品只需要缴纳行李和邮递物品进口税（以下简称行邮税），免去了一般进口贸易的"关税＋增值税＋消费税"。2015年1月，国家外汇管理局在全国范围内开展了支付机构跨境外汇支付业务试点。

2016年3月24日，财政部、海关总署、国家税务总局共同发布了《关于跨境电子商务零售进口税收政策的通知》（财关税〔2016〕18号，以下简称《通知》），对跨境电子商务零售进口税收政策的有关事项进行了明确规定。《通知》规定，自2016年4月8日起，跨境电子商务零售进口商品将不再按邮递物品征收行邮税，而是按照货物征收关税和进口环节增值税、消费税，以推动跨境电商健康发展。

2016年4月6日，海关总署又相继发布了《关于跨境电子商务零售进出口商品有关监管事宜的公告》（海关总署公告〔2016〕26号）和《关于公布跨境电子商务零售进口商品清单的公告》，对落实推进跨境电子商务零售进口税收政策，以及跨境电子商务零售进口"正面清单"进行了规定。"四八新政"出台后，对跨境电商企业最大的阻碍在于，将跨境电商进口归为一般贸易模式，"正面清单"包括的1 200多个税号商品中，有600多个税号需要满足前置审批条件来获取"进口通关单"。

2016年5月25日，财政部宣布，经国务院批准，对《跨境电子商务零售进口商品清单》（含第二批）中规定的有关监管要求给予一年的过渡期，海关总署、质检总局已通知实施，实施不到两个月的"四八新政"被叫暂停。2016年11月，商务部为稳妥推进跨境电商零售进口监管模式过渡，经有关部门同意，对跨境电子商务零售进口有关监管要求给予一年的过渡期，进一步延长至2017年年底。2017年9月20日，国务院常务会议决定新建跨境电商综合试验区，将跨境电商零售进口监管过渡期政策延长至2018年年底。2018年11月21日，国务院常务会议决定从2019年1月1日起，延续实施跨境电商零售进口现行监管政策，对跨境电商零售进口商品不执行首次进口许可批件、注册或备案要求，而按个人自用进境物品监管。这是两年半以来，政府第三次延长跨境电商零售进口监管过渡期政策。

另外，为了实施更大范围、更多领域和更深层次的改革探索，激发高质量发展的内生动力，我国逐步确立了跨境电商综合试验区和自由贸易区，通过更高水平的开放，推动加快形成发展的新格局。

### 三、跨境电子商务综合试验区

为了探索跨境电子商务的发展，我国于2012年确立了第一批跨境电商试点城市，分别是上海、重庆、杭州、宁波、郑州。这5个城市通过先行先试，依托电子口岸建设机制和平台优势，实现了外贸电子商务企业与口岸管理相关部门的业务协同和数据共享，能够解决制约跨境贸易电子商务发展的瓶颈问题。到2014年，试点城市又逐步增加至广州、深圳、天津等15个城市。

为了推动我国跨境电子商务的健康发展，在先期开展全国跨境电商保税进口试点城市建设的基础上，我国又陆续建设了中国跨境电子商务综合试验区，旨在在跨境电子商务交易、支付、物流、通关、退税、结汇等环节的技术标准、业务流程、监管模式和信息化建设等方面先行先试,通过制度创新、管理创新、服务创新和协同发展,破解跨境电子商务发展中的深层次矛盾和体制性难题,打造跨境电子商务完整的产业链和生态链,逐步形成一套适应和引领全球跨境电子商务发展的管理制度与规则,为推动我国跨境电子商务的健康发展提供可复制、可推广的经验。

2015年3月7日,国务院发布《国务院关于同意设立中国(杭州)跨境电子商务综合试验区的批复》(国函〔2015〕44号),同意设立中国(杭州)跨境电子商务综合试验区。

2016年1月15日,国务院发布《国务院关于同意在天津等12个城市设立跨境电子商务综合试验区的批复》(国函〔2016〕17号),同意在天津市、上海市、重庆市、合肥市、郑州市、广州市、成都市、大连市、宁波市、青岛市、深圳市、苏州市12个城市设立跨境电子商务综合试验区。

2018年8月7日,国务院发布《国务院关于同意在北京等22个城市设立跨境电子商务综合试验区的批复》(国函〔2018〕93号),同意在北京市、呼和浩特市、沈阳市、长春市、哈尔滨市、南京市、南昌市、武汉市、长沙市、南宁市、海口市、贵阳市、昆明市、西安市、兰州市、厦门市、唐山市、无锡市、威海市、珠海市、东莞市、义乌市22个城市设立跨境电子商务综合试验区。

2019年12月24日,国务院发布《国务院关于同意在石家庄等24个城市设立跨境电子商务综合试验区的批复》(国函〔2019〕137号),同意在石家庄市、福州市等24个城市设立跨境电子商务综合试验区。

2020年5月6日,国务院发布《国务院关于同意在雄安新区等46个城市和地区设立跨境电子商务综合试验区的批复》(国函〔2020〕47号)。

综上,目前,全国已拥有105个跨境电子商务综合试验区,覆盖了30个省、自治区、直辖市,形成了陆海内外联动、东西双向互济的发展格局。跨境电子商务试点城市和跨境电子商务综合试验区的发展过程如图6-1所示。

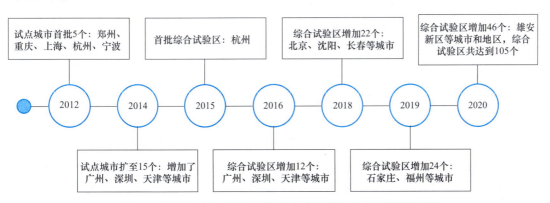

**图 6-1　跨境电商试点城市和跨境电子商务综合试验区的发展过程**

商务部、海关总署、税务总局等部门出台了一系列支持跨境电子商务综合试验区发展的政策措施,如跨境电商零售出口"无票免税"政策,即对跨境电子商务综合试验区内的跨境电子商务零售出口企业未取得有效进货凭证的货物,凡符合规定条件的,出口免征增值税和消费税;对跨境电子商务零售进口商品不执行首次进口许可批件、注册或备案要求,按个人自用进境物品监管等。跨境电商优惠政策的不断推出，使我国跨境电商在稳外贸、稳企业、促进数字化转型等方面都发挥着重要作用。

### 四、中国自由贸易区

中国自由贸易区是指在国境内关外设立的，以优惠税收和海关特殊监管政策为主要手段，以贸易自由化、便利化为主要目的的多功能经济性特区。原则上，它是指在没有海关"干预"的情况下，允许货物进口、制造、再出口。

#### （一）自贸区的发展概况

2013年9月27日，国务院批复建立中国（上海）自由贸易试验区。2015年4月20日，国务院决定扩展中国（上海）自由贸易试验区的实施范围。

2015年4月20日，国务院批复建立中国（广东）自由贸易试验区、中国（天津）自由贸易试验区、中国（福建）自由贸易试验区3个自贸区。

2017年3月31日，国务院批复建立中国（辽宁）自由贸易试验区、中国（浙江）自由贸易试验区、中国（河南）自由贸易试验区、中国（湖北）自由贸易试验区、中国（重庆）自由贸易试验区、中国（四川）自由贸易试验区、中国（陕西）自由贸易试验区7个自贸区。

2018年10月16日，国务院批复同意设立中国（海南）自由贸易试验区。

2019年8月2日，国务院批复同意设立中国（山东）自由贸易试验区、中国（江苏）自由贸易试验区、中国（广西）自由贸易试验区、中国（河北）自由贸易试验区、中国（云南）自由贸易试验区、中国（黑龙江）自由贸易试验区6个自贸区。

2020年9月21日，国务院新闻办公室举行新闻发布会，宣布我国新设北京、湖南和安徽3个自由贸易试验区，进一步加快自由贸易区建设，推进我国跨境电子商务的发展。不同自贸区的特色、分工不同，充分发挥了自由贸易试验区深化改革的"试验田"作用。

截至2020年9月，我国共批准设立了21个自贸区。

#### （二）自贸区的主要作用

自自由贸易试验区实施以来，以制度创新为核心，锐意进取、大胆探索，累计形成了260项制度创新成果，面向全国复制推广。自贸区的主要作用体现在以下几方面[①]。

**1. 既服务于我国对外开放总体布局，也服务于重大国家战略**

自贸区的设立充分服务于我国京津冀协同发展、长江经济带发展、长三角一体化发展、中部崛起等重大国家战略。例如，中国（湖南）自由贸易试验区的设立，有利于推动形成全方位、多层次、多元化的开放合作格局，打造国际合作与竞争新优势。中国也实行更加积极主动的开放战略，构建面向全球的高标准自由贸易区网络，加快推进自由贸易试验区、海南自由贸易港建设，共建"一带一路"成为深受欢迎的国际公共产品和国际合作平台。我国成为140多个国家和地区的主要贸易伙伴，货物贸易总额居世界第一，吸引外资和对外投资居世界前列，形成更大范围、更宽领域、更深层次对外开放格局。

---

① 祝嫣然. 自贸区"上新"官方解读四大亮点［EB/OL］.［2020－09－21］. https://www.yicai.com/news/100779597.html.

### 2. 保障产业链和供应链的安全、稳定

发挥各自贸区的竞争优势,保障产业链和供应链的安全、稳定,通过科技创新,从源头上补链、强链,依靠产业链集成创新,进一步稳链、固链,提升产业链和供应链的先进性、稳定性、竞争力,引领产业高质量发展,有助于我国加快形成以国内大循环为主体、国内国际双循环相互促进的新发展格局。

### 3. 有利于深入开展差别化探索

充分考虑不同自贸区的特色开展,为各自贸区制订特色鲜明的差别化试点任务,打造各具特色的改革开放新高地。例如,北京在中国服务业开放中具有引领作用,将支持中国(北京)自由贸易试验区在有条件的区域,最大限度地放宽服务贸易准入限制;中国(湖南)自由贸易试验区着力促进制造业数字化、智能化转型,支持先进制造业高质量发展;中国(安徽)自由贸易试验区通过布局一批基础研究、应用研究的前沿研发平台和基地,努力建设科技创新策源地;中国(浙江)自由贸易试验区将加大物联网、工业互联网、人工智能等新型基础设施的建设力度,积极打造数字经济发展示范区。

### 4. 有利于进一步建设更高水平开放型经济新体制

进一步释放各自贸区的巨大潜力和发展动能,探索在新形势下建设更高水平开放型经济新体制,推动我国经济实现高质量发展。

#### 任务实施

步骤一:上网查询电子商务发展历程,了解跨境电子商务产业转型经历的阶段。

步骤二:查询跨境电商 3.0 阶段的特征。

步骤三:小张要从事跨境电商岗位,需要掌握客户服务、视觉设计及网络推广等技能。上网查询跨境电商初级、中级及高级岗位分别需要具备的技能。

#### 一体化设计

**选择题**

1. 经国务院批准设立的我国北方第一个自由贸易试验区是(    )。
   A. 北京自由贸易试验区　　　　　　B. 沈阳自由贸易试验区
   C. 天津自由贸易试验区　　　　　　D. 济南自由贸易试验区
2. 2015 年,国务院同意设立跨境电子商务综合试验区是(    )。
   A. 上海市　　　　　　　　　　　　B. 杭州市
   C. 郑州市　　　　　　　　　　　　D. 重庆市

## 任务三　跨境电子商务的主要模式

#### 任务描述

小张要从事跨境电子商务运营工作,需要先了解跨境电子商务的内容。现在小张需要从进口跨境电商和出口跨境电商两个方面进行学习了解,为从事运营工作打下基础。我们讨论

的跨境电商多指出口跨境电商，对进口跨境电商介绍较少。

### 任务分析

跨境电商最初的商业模式是网上展示、线下交易，并不在网络上涉及任何交易环节，现如今随着移动互联网的快速发展，跨境电商的模式也逐步发展完善。

### 知识要点

#### 一、跨境电子商务的交易模式

**（一）B2B 跨境电子商务**

B2B 是电子商务的一种模式，是指企业间的电子商务，即企业与企业之间通过互联网进行产品、服务和信息的交换。跨境 B2B 电子商务是指分属不同关境的企业对企业，通过电子商务平台达成交易，进行电子支付结算，并通过跨境电商物流送达商品，完成交易的一种国际商业活动。

网经社"电数宝"电商大数据库的监测数据显示，2019 年，在中国跨境电子商务的交易模式中，B2B 跨境电子商务占比达 80.5%，B2C 跨境电子商务占比达 19.5%。在跨境电子商务交易模式的结构上，进出口 B2B 仍然为主要模式，占据 80% 的交易规模；B2C 占据近 20%，但其继续扩大的势头明显。

近年来，跨境电子商务综合试验区主要的发展方向也是以 B2B 为主，出口和 B2B 模式占到跨境电子商务综合试验区跨境电商交易额的 70%，重点在技术标准、业务流程、监管模式和信息化建设等方面开展先行先试。跨境电子商务综合试验区将继续通过开展先行先试，并适用跨境电商零售出口税收、零售进口监管等政策措施。

**（二）B2C 跨境电子商务**

B2C 电子商务是英文 Business-to-Customer 的缩写，是指企业针对个人开展的电子商务活动的总称，如企业为个人提供在线医疗咨询、在线商品购买等。B2C 跨境电子商务是指分属不同关境的企业直接面向消费者个人开展在线销售产品和服务。通过电商平台达成交易、进行支付结算，并通过跨境物流送达商品、完成交易的一种国际商业活动。

**（三）C2C 跨境电子商务**

C2C 电子商务是指个人与个人之间的电子商务活动。C2C 电子商务主要是通过第三方交易平台，实现个人对个人的电子交易活动。C2C 跨境电子商务是指分属不同关境的个人卖方对个人买方开展在线销售产品和服务，由个人卖方通过第三方跨境电子商务平台发布产品和服务，包括售卖产品信息、价格等内容，个人买方进行筛选，最终通过电子商务平台达成交易，进行电子支付结算，并通过跨境电商物流送达商品，完成交易的一种国际商业活动。

#### 二、跨境电子商务平台的商业模式

**（一）跨境电子商务自营平台**

自营平台就是在互联网上搭建一个商场，平台的电商企业以较低的进价购买商品，然后

以较高的售价出售商品,以赚取差价作为盈利模式。自营平台的大多数商品需要平台自己备货,这种经营方式更注重传统商业的本质,是传统商业的转型。在自营平台的经营方式中,从品牌吸引力到商品选择、从购物流程到配送、从售前导购到售后支持,都以使消费者获得良好的购物体验为经营核心。

按其经营的商品不同,自营平台一般分为综合型自营跨境平台和垂直型自营跨境平台两类。

### 1. 综合型自营跨境平台

综合型自营跨境平台经营的商品种类繁多,类似于综合型超市。这类电商企业通常都有自己较为稳定的货品供应商,一般建立在传统商业的基础上。在国内,综合型自营跨境平台的代表商家有来自美国的亚马逊、以沃尔玛作为支撑的1号店,以及本土逐步发展起来的京东商城跨境平台等。其中,亚马逊和1号店在2014年先后宣布落户上海自贸区,开展进口电商业务,它们所出售的商品以保税进口或海外直邮的方式入境;京东商城于2015年7月正式宣布开展跨境业务。

(1)典型案例。1号店于2008年7月11日上线,开创了中国电子商务行业"网上超市"的先河。该公司独立研发出多个具有国际领先水平的电子商务管理系统,并且拥有多项专利和软件著作权,并在系统平台、采购、仓储、配送和客户关系管理等方面大力投入,打造自身的核心竞争力,以确保高质量的商品能以低成本、快速度、高效率的流通,让顾客充分享受全新的生活方式和实惠、方便的购物。2020年7月,1号店正式升级为1号会员店,通过全场自营、精选商品的模式,针对高线市场的中高端人群推出精选商品的付费会员服务,致力为用户提供品质升级、价格低、便捷、省心的会员制购物体验。

(2)优势和劣势。综合型自营跨境平台在跨境经营方式中是非常重要的,有着传统商业的规范流程与雄厚的商业链支持,具有先天优势,但同时它也有不足。其优势是跨境供应链的管理能力强、有强势的供应商管理、有较为完善的跨境物流解决方案、后备资金充裕。劣势是综合型自营跨境平台的业务发展往往会受到行业政策变动的显著影响。

### 2. 垂直型自营跨境平台

与综合型自营跨境平台不同,垂直型自营跨境平台的注意力集中在某些特定的领域或某种特定的需求,提供有关这个领域或需求的全部深度信息和相关服务。具有代表性的垂直型自营跨境平台包括中粮我买网(食品)、蜜芽(母婴)、寺库(奢侈品)、莎莎网(Sasa,化妆品)、草莓网(Strawberrynet,化妆品)等。与跨境电子商务第三方平台不同,跨境电子商务自营平台是由卖方根据自身的业务特点和发展需要搭建与运营的平台。一般认为,跨境电子商务自营平台要求卖家具有较强的行业认知能力和业务拓展能力。

(1)典型案例。蜜芽宝贝创立于2011年,2015年更名为蜜芽,是中国领先的女性生活方式服务平台,覆盖业务集零售、自有品牌和会员营销于一体。目前,蜜芽已服务超过5 000万位中国年轻妈妈,满足母婴、家庭、生活产品和服务等全生活场景的需求。蜜芽致力为亿万女性群体提供简单、放心、美好的品质生活解决方案。从妈妈的品质育儿到全家的品质生活,蜜芽已经服务近5 000万个中国家庭,将30多个国家的2万多种优质产品和服务提供给消费者。

(2)优势和劣势。作为互联网的亮点,垂直跨境电商与网站正引起越来越多人的关注。一般认为,垂直型自营跨境平台提供的产品或服务比综合型自营跨境平台更加专业,平台的供应商管理能力相对较强。其不足是前期需要较大的资金支持。

### (二) 跨境电子商务网上商店

网上商店又称为"虚拟商店""网上商场""电子空间商店"或"电子商场",是电子零售商业的典型组织形式,是建立在互联网上的商店或商场。网上商店都是以自己的名义与消费者达成买卖关系的。跨境网上商店涉及跨境业务,一般有多种形式和经营方式。

在跨境电子商务兴起之后,网上商店的众多形式也不可避免地受到网上商店经营方式的影响,出现了一些跨境电子商务网上商店的经营方式。

**1. 海淘**

海淘,顾名思义,就是海外/境外购物,是指购买人通过互联网检索商品信息,并通过电子订购单发出购物请求,然后填上私人信用卡号码,由海外购物网站通过国际快递发货,或是由转运公司代收货物,再转寄回国。针对不同的支付方式,海淘又分为以下几种形式:

(1) 海外购物网站+外币支付。这是最传统的海淘形式。境内消费者需持有一张外币信用卡,在海外购物网站上注册并支付。

(2) 海外购物网站+人民币支付。消费者在网上直接使用人民币支付到国内获得业务资质的第三方支付平台,由第三方支付平台代其购汇,将人民币转换为外币后直接清算给境外卖家。这样提高了资金清算效率,消除了传统海淘外币信用卡支付的门槛。目前,亚马逊等大型境外购物网站已经支持使用人民币在线支付。

(3) 境内导购网站+人民币支付。海淘市场的逐渐扩大催生了一批海淘导购网站,这些网站与境外商家合作,将境外商品以中文介绍和人民币价格展示给境内消费者,这样境内消费者就可享受与境内购物一样的购物体验,克服了语言障碍与外币卡申请的困难。例如,"没得比"是一家覆盖了亚马逊、eBay(亿贝)、6pm、Carter's(卡特)、Woot等境外知名电商平台的海淘导购网站。用户在该平台上看到心仪的商品时,可点击"直达链接",直接进入商品所在境外网站的中文版页面。继续点击"点击访问海外购页面",就可以进入导购页面,更方便地通过中文浏览商品信息、退换货政策、物流信息(预计送达时间及费用等)、人民币价格信息等。

**2. 海外代购**

海外代购简称海代,是继海淘之后第二个被消费者熟知的跨国网购概念。简单地说,海外代购就是身在海外的人/商户为有需求的国内消费者在当地采购所需商品,并通过跨国物流,将商品送达消费者手中的经营方式。从业务形态上看,海外代购的模式大致可分为以下两类:

(1) 海外代购平台。海外代购平台的运营重点在于,尽可能多地吸引符合要求的第三方卖家入驻,不会深度涉入采购、销售及跨境物流环节。入驻平台的卖家一般是有海外采购能力或国际贸易能力的小商家或个人,他们会定期或根据消费者的订单集中采购特定商品,在收到消费者的订单后,再通过转运或直邮,将商品发往中国。海外代购平台走的是典型的C2C跨境电子商务平台路线。

海外代购平台通过向入驻的卖家收取入场费、交易费、增值服务费等获取利润。其优势主要如下:能为消费者提供较为丰富的海外产品品类选项,且用户流量较大。其劣势主要如下:消费者对于入驻卖家的真实资质持怀疑态度,交易信用环节可能是C2C海外代购平台目前需要解决的问题之一；对跨境供应链的涉入较浅，或难以建立充分的竞争优势。代表性的企业有淘宝全球购、京东全球购、eBay 等。

（2）微信朋友圈海外代购。微信朋友圈海外代购是指依靠熟人、半熟人社交关系，从移动社交平台上自然生长出来的原始商业形态。虽然社交关系对交易的安全性和商品的真实性起到了一定的保障作用，但受骗的例子并不在少数。随着海关政策的收紧，监管部门对微信朋友圈个人代购的定性很可能会从灰色贸易转为走私性质。这只是目前政策等尚未明朗形势下存在的一种形式，在未来海外代购市场格局完成整合后，这种模式恐怕将难以为继。

**3. 导购/返利平台**

导购/返利平台是由引流和商品交易两部分组合完成交易的进口跨境电子商务经营方式。其中，引流部分是指通过导购资讯、商品比价、海外代购社区论坛、用户返利等来吸引用户流量；商品交易部分是指消费者通过站内链接，向海外 B2C 电商或海外代购者提交提单，实现跨境购物。为了提升商品品质、增加商品品类，这类平台通常会搭配海外 C2C 代购模式。因此，从交易关系来看，这种方式可以理解为"海淘 B2C 模式＋代购 C2C 模式"的综合体。导购/返利平台通常会把自己的页面与海外 B2C 电商的商品销售页面进行对接，一旦产生销售，B2C 电商就会给予导购平台 5%～15%的返点。导购/返利平台把返点的一部分作为返利回馈给消费者。

导购/返利平台是一种技术门槛相对较低的跨境电子商务经营方式。这就要求企业在 B 端与境外电商建立合作，在 C 端从用户中获取流量。它的优势在于：定位于对信息流的整合，较容易开展业务；引流部分可以在较短时期内为平台吸引大量海外代购用户，可以比较准确地理解消费者的前端需求。它的不足如下：从长期而言，把规模做大的不确定性较大；对跨境供应链的把控力较弱；进入门槛低，玩家多，相对缺乏竞争优势，若无法尽快达到一定的可持续流量规模，其后续发展可能比较难以维持。代表性商家有 55 海淘、一淘、极客海淘、海淘城、海淘居等。

**（三）跨境电子商务第三方平台**

跨境电子商务第三方平台，也称为第三方电子商务企业，泛指独立于产品或服务的提供者和需求者的第三方企业。它通过网络，按照特定的交易与服务规范，为买卖双方提供服务。服务内容可以包括但不限于供求信息发布与搜索、交易的确立、支付、物流。之所以称之为跨境电子商务第三方平台，是因为这些平台只提供跨境电子商务的基础设施和基础服务，平台本身不参与交易。

例如，成立于 2009 年的跨境电子商务第三方平台——洋码头。该平台上的卖家可以分为两类：一类是个人买手，采用的是 C2C 模式；另一类是商户，采用的是 M2C 模式。"洋码头"移动端 App（Application，应用程序）内有首创的"扫货直播"频道；另一个特色频道"聚洋货"中汇集了全球各地的知名品牌供应商，提供团购项目，认证商家一站式购物，保证海外商品现货库存，全球物流护航直邮。为了保证海外商品能被安全、快速地运送到国内消费者手上，洋码头自建立以来就打造跨境物流体系，全球化布局已经完成，在海外建成了十大国际物流仓储中心，并且与多家国际航空公司合作，实施国际航班包机运输，大大缩短了国内消费者收到国际包裹的时间。

## 任务实施

步骤一：查询数据。查询2015年起，近五年来中国跨境电商出口情况。了解跨境电商商品流转模式，以及跨境电商商品品类结构。

步骤二：了解出口跨境电商。分别按照交易主体分类、服务类型分类、运营方向分类，将跨境平台放在分属的类别当中。

步骤三：进一步上网查询跨境电商的优势，了解更多有关跨境电商的知识。

## 一体化设计

**选择题**

1. 蜜芽专注于在母婴产品领域满足消费者的需求，其所属的跨境电子商务业务类型是（  ）。

   A. 垂直型自营跨境平台　　　　　　B. 跨境电子商务第三方平台

   C. 综合型自营跨境平台　　　　　　D. B2B跨境电子商务平台

2. 下列选项中，不属于综合型自营跨境平台的优势的是（  ）。

   A. 跨境供应链的管理能力强　　　　B. 不会受任何行业政策的影响

   C. 有较为完善的跨境物流体系　　　D. 有强势的供应商管理

## 项目学习成果评价

表6-1　评价表——走进跨境电商

| 学号 | | 姓名 | | 班级 | | |
|---|---|---|---|---|---|---|
| 评价栏目 | 任务详情 | 评价要素 | 分值 | 评价主体 | | |
| | | | | 学生自评 | 小组互评 | 教师点评 |
| 任务功能实现 | 跨境电子商务的内涵与范围 | 任务是否完成 | 15 | | | |
| | 跨境电子商务的发展 | 任务是否完成 | 15 | | | |
| | 跨境电子商务的主要模块 | 任务是否完成 | 15 | | | |
| 知识点运用情况 | 跨境电子商务的特征 | 六项特征是否了解 | 6 | | | |
| | 跨境电子商务的优势 | 知识掌握是否准确 | 2 | | | |
| | 跨境电子商务的范围 | 内容是否完整 | 3 | | | |
| | 跨境电商发展 | 查询资料是否全面 | 3 | | | |
| | 电商平台分类 | 平台分类是否准确 | 4 | | | |
| | 选品平台选择 | 平台选择是否全面 | 3 | | | |
| | 平台数据分析 | 分析结果是否正确 | 3 | | | |
| 项目完成效果 | 方案可执行性 | 执行是否流畅 | 4 | | | |
| | 平台数据查询准确性 | 查询数据准确完整与否 | 4 | | | |
| | 分析结果合理性 | 结果可实操性 | 3 | | | |

续表

| 评价栏目 | 任务详情 | 评价要素 | 分值 | 评价主体 | | |
|---|---|---|---|---|---|---|
| | | | | 学生自评 | 小组互评 | 教师点评 |
| 创新性 | 方案设计思路 | 设计思路是否创新 | 5 | | | |
| | 数据分析思维 | 分析思路是否创新 | 5 | | | |
| 职业素养 | 态度 | 是否认真细致、遵守课堂纪律、学习积极、团队协作 | 4 | | | |
| | 工作规范 | 是否按照业务流程完成工作 | 2 | | | |
| | 设计理念 | 是否设计全面合理的调研方案 | 4 | | | |
| 总分 | | | 100 | | | |

---

### 项目拓展

**综合训练**

1. 实训目标

了解不同通关模式下使用的税种,掌握不同商品对应税种税率的查询方法,以及进口关税的计算方法。

2. 实训情景

某进口跨境电商企业以一般贸易方式从意大利进口了一批完税价格(CIF价格)为10万美元的咖啡机,税号是8516713000,当时美元汇率中间价为6.68。

3. 实训任务

(1) 查询这批咖啡机的进口关税税率、消费税税率和增值税税率分别是多少。

(2) 分别计算这批咖啡机的关税、消费税、增值税及进口关税。

4. 实训步骤

(1) 查询并计算关税。登录中华人民共和国海关总署官方网站。

(2) 查询消费税税率、增值税税率,并计算消费税、增值税。

(3) 计算进口税。

# 项目七

# 跨境电子商务调研与选品

## 项目导读

与国内电商不同,跨境电子商务需要面对非同一的海外市场,同一件产品在不同的国家、不同的市场上有着不同的消费群体,消费者对产品价格、质量、包装、概念和服务的需求各不相同。这就需要跨境电商新手在进入市场之前进行充分的市场调研,结合自身实力,确定目标市场和相应的受众群体,认真研究消费者的需求偏好,选择供应有针对性的产品来满足市场需求。不同国家的文化背景、社会背景和消费习惯千差万别,不同跨境电商平台的基本规则也不同,跨境电商从业人员必须通过大量的针对性调研,进行长时间的分析、研究与判断,才能最终找到准确的市场和产品定位。

## 学习目标

### 1. 素质目标

培养学生精益求精的职业精神、认真细致的工作态度;培养学生动手实践技能和分析问题、解决问题的能力;培养学生具有一定的人际交往能力和沟通能力。

### 2. 知识目标

(1) 了解跨境电子商务调研的目的和主要方法;

(2) 了解跨境电子商务消费者的行为特征,理解跨境电子商务调研的主要内容和步骤;

(3) 掌握跨境电子商务选品的基本规则,熟悉全球速卖通和亚马逊平台的选品要点,能够独立开展跨境电子商务调研与选品。

### 3. 能力目标

在为店铺选品时,能够利用站内、站外等数据调研平台,分析主流市场消费特点,分析跨境电子商务平台消费者购买动机及购买行为;掌握跨境电商选品收集数据的技能。

## 任务一　了解跨境电子商务调研的基本目的与主要方法

### 任务描述

肖雪是某公司运营部的员工。一天，营销部崔经理布置给她一个调研项目，完成某产品的调研任务，需要一周内上交一份市场调研结果报告，经领导审查通过后，后期会根据调研结果在公司的平台店铺进行新品上架。肖雪虽然经常浏览网页，也做过一些线下市场调研工作，但对网络市场的调研形式、策略、技巧等知识了解得很少。她需要尽快收集相关资料，熟悉网络市场调研的实施流程及策略，高质量完成领导交给的任务。肖雪目前需要选择合适的方法准备完成调研任务。通过调研的方式学习和选择，在这一过程中可以培养学生独立思考能力、语言表达能力和分析问题、解决问题的能力。

### 任务分析

要想完成一款新产品的市场调研，首先，要明确为何要进行此项跨境电商方面的调研；其次，掌握市场调研的方式方法；最后，选择适合的调研方法。对于企业提供的资料需要先进行初步分析，明确调研的关键和范围，确定调研的方法和思路。

### 知识要点

#### 一、跨境电子商务调研的基本目的

跨境电子商务市场调研是指运用科学方法，有目的、有系统地收集、记录和整理有关国际市场营销方面的各种情况资料，分析和研究卖方将商品或服务转移给买方的各种情况及趋势。它分析跨境电子商务企业的生产与市场需求之间的内在联系，研究社会需求的特征及变化规律。在国际市场竞争日趋激烈的当代社会，跨境电子商务市场调研的地位不断提高，其作用也越来越明显。

（一）跨境电子商务市场调研是管理者发现商机、做出经营决策的依据

发展跨境电子商务的首要工作在于了解国际市场情况。在激烈竞争的国际市场上，各个行业、各种产品都有着独特的生态系统与生命周期，因此，对于欲进入国际市场的企业而言，需要制订符合市场经营特点的发展计划，而跨境电子商务市场调研为这一目标的实现提供了依据。国际市场调研能够帮助企业了解内外部环境信息，使其在日新月异的国际市场上发现商机、规避风险，使企业管理者对影响市场和营销组合的因素有足够充分的认识，从而能够识别并制定正确的国际经营战略，确定、评价和比较潜在的国际商业机会及其相对应的目标市场选择。

（二）跨境电子商务市场调研是促进企业科技创新的重要因素

伴随着社会经济的发展，科学技术呈现出爆炸式的发展态势，新发明、新创造、新技术层出不穷。在国际市场上，传统的货源竞争、销路竞争、价格战的竞争模式已经逐步转变为对技术、服务、质量的竞争。消费者对产品不再局限于性价比的比较，新生代消费者更追求

个性化、设计感、科技型强的产品。利用跨境电子商务市场调研，企业可以在充分了解各国消费者差异化的需求、各国市场经济动态和相关科技信息的基础上，为新产品的开发与技术研究提供重要的科技情报。

### （三）跨境电子商务市场调研是企业实现精准市场预测的重要手段

预测是企业经营发展的日常工作。预测产品的生命周期以便及时进行产品的转型与升级、预测市场需求与变化以适时开展精准性营销，预测在企业经营中占有举足轻重的地位。跨境电商面临着更广阔、复杂的市场环境，企业必须运用多种手段开展跨境电子商务市场调研，掌握可靠的信息，才能准确地进行预测。因此，可以说，跨境电子商务市场调研是企业实现有效市场预测的前提，使企业能够制订正确的商业计划，确定市场进入、渗透和扩张所需要的各种必要条件，为进一步细化和优化商业活动提供必要的反馈。

## 二、跨境电子商务调研的主要方法

跨境电子商务调研的主要方法有以下几种。

### 1. 网上直接市场调查的方法

网上直接市场调查是指利用互联网技术，通过网上问卷等形式，收集一手资料或原始信息的一种市场调查类型。一手资料又称为原始资料，是对事件（或活动）的首次记录，是事件的实际目击者或参与者所经历的，调查人员通过亲自调查所收集的资料。根据网上调查的载体不同，网上直接市场调查又可分为利用企业网站或卖家店铺调查、利用电子邮件调查、利用社交媒体调查等多种方式。

（1）利用企业网站或卖家店铺调查。网上直接市场调查使用较多的是问卷法。很多企业利用专业的调查网站（如问卷星）进行问卷设计，再利用企业网站或卖家店铺发布问卷，由访问者自行填答后传回。除了问卷法，一些店铺还采用实验法，即从影响调查问题的许多因素中选出一个或两个因素，将它们置于一定条件下进行小规模的实验，然后对实验结果做出分析，研究是否值得大规模推广。其优点是可以获得较正确的原始资料；其缺点是参与实验的市场不易选择，干扰因素多，时间长，成本较高。

（2）利用电子邮件调查。利用电子邮件调查是指直接向被调查者发送电子邮件，将调查问卷发送给一些特定的网上用户，用户填写后又以电子邮件的形式反馈给调查者。这种调查方式比较简单、直接，并且费用非常低。利用电子邮件调查要求企业必须积累有效的客户电子邮件地址，但是顾客的反馈率一般不会太高。采取该方式时，要注意避免引起被调查者的反感，可以通过提供一些奖品作为对被调查者的补偿。

（3）利用社交媒体调查。社交媒体是互联网互动的主要载体之一，能大量聚集用户信息，收集用户对某个事件或某种体验的反馈，是很好的网络调查工具。企业可以将调查问卷通过即时通信软件［如跨境电商平台上的即时通信工具、微信、脸书（Facebook）等］进行发布，来收集用户或市场信息，并且非常便于用户的继续转发分享。企业还可以利用社交媒体直接对用户进行在线访谈调查，调查者与被调查者无须见面，可以消除被调查者的顾虑，使其自由地发表个人的意见。

### 2. 网上间接市场调查的方法

网上间接市场调查是指通过互联网收集有关二手资料进行的市场调查。该方法主要利用搜索引擎和在线数据库、网站跟踪法、第三方专业互联网市场调查公司收集资料。二手资料又称为间接资料,是被引用至少一次以上的关于该事件的叙述,是他人为某种目的已经加工整理好的资料。

(1) 利用搜索引擎和在线数据库收集资料。利用搜索引擎可以收集市场调查所需的大部分二手资料,输入合适的目标关键词,便可以搜索到与关键词相关的商机信息,如供求信息、产品信息、企业信息及行业动态信息等,并且给予搜索者一定的信息分拣引导,以最终满足搜索者的实际需求。利用在线数据库是企业搜集外部信息的重要渠道。对于调查者来说,通过在线数据库,可以搜寻和检索到大量关于市场环境、竞争企业等的资料,便于开展更详细的市场调研。

(2) 利用网站跟踪法收集资料。在跨境电商平台上,每时每刻都涌现出大量的市场营销信息,为店铺提供专业的数据分析资料。每一个跨境电商运营者都应充分掌握数据分析的技能,通过电商平台,搜集竞争者、客户等的信息,为企业营销策略的改进提供决策依据。

(3) 利用第三方专业互联网市场调查公司调查。国内外有很多第三方专业互联网市场调查公司,它们可为具有不同需要的各类客户提供营销调查服务。这些公司一般都具有资深的专业团队,拥有强大的全球平台资源、专有数据信息和敏锐的市场洞悉力,可利用大数据分析平台,对跨境电商市场行情变化进行精准预测与分析,确定高效的解决方案,助力跨境电商企业提升竞争力,以应对跨境市场的各类挑战,提升整体商业价值。当然,这种市场调查往往需要支付不菲的费用,企业需要在综合考量后决定其调研方式。

## 任务实施

步骤一:登录 B2C 跨境电商平台。登录速卖通官方网站 https://www.aliexpress.com/、eBay 平台 https://www.ebay.com/ 等跨境电商平台,了解平台产品具体情况。

步骤二:登录相关行业网站了解产品信息,收集二手资料,主要利用互联网收集与产品相关的市场竞争者、消费者及宏观环境等方面的信息。

步骤三:结合平台和相关行业网站来看,应选择网上直接市场调查和网上间接市场调查相结合的方式完成调研。

## 一体化设计

### 一、选择题

通过互联网收集有关二手资料进行市场调查的方法是(    )。

A. 实验法　　　　　　　　　　B. 网上间接市场调查

C. 网上直接市场调查　　　　　D. 原始资料调查法

### 二、判断题

跨境电子商务的市场要素是指影响企业产品销售的间接因素,如目标市场的文化环境。
(    )

# 任务二 跨境电子商务调研的主要内容

> **任务描述**

肖雪在确定好市场调研的方式后,正式开始网络调研工作。不同的国家和地区在电商市场规模、消费习惯、购物倾向、支付方式、风土人情等方面均有差异,并且不同国家的法规、政策有很大不同。因此,在调研方面需要收集多个平台和网站的数据资料,如:市场需求等情况的了解,竞争对手的优劣势、价格、市场份额等;同时需要分析不同平台跨境电商消费者的特征,最终完成产品的调研工作。通过对于具体调研内容和方案的确定,着重培养学生精益求精的职业精神和认真细致的工作态度。

> **任务分析**

市场调研的内容有很多,包括市场需求调研、竞争者情况调研、本企业经营战略执行情况调研、政策法规情况调研和对产品进行调研,在收集数据和资料后,进行综合整理并撰写调研报告,最后得出调研结论。

> **知识要点**

## 一、跨境电子商务消费者行为及其特征

作为交易主体之一,消费者在跨境电子商务活动中处于重要地位。伴随着跨境电子商务的发展,消费者对于境外商品的消费需求逐渐得到释放。跨境电子商务市场潜力巨大,因此,企业在加大跨境电商市场开发力度时,应该重视对消费者体验的研究,准确地把握跨境电子商务消费者行为及其特征,以制定更有针对性的跨境电子商务运营策略。

### (一)跨境电子商务消费者行为的概念

跨境电子商务消费者行为是指人们为了满足需要和欲望,借助于跨境电子商务平台进行信息浏览、搜索、评估并做出购买决策和实施购买行为的过程。

### (二)跨境电子商务消费者的购买动机

动机是指推动人进行活动的内部原动力(内在驱动力),即激励人行动的原因。跨境电子商务消费者的购买动机是指在跨境网络购买活动中,能使网络消费者产生购买行为的某些内在驱动力。

动机是一种内在的心理状态,不容易被直接观察到或测量出来,但我们可以根据人们的长期行为表现或自我陈述加以了解和归纳。对于跨境电子商务来说,动机研究更为重要。这是因为,企业营销人员无法对网络消费者进行面对面销售,跨境电子商务消费者复杂的、多层次的、交织的和多变的购买行为不能被直接观察到,他们只能通过文字或语言的交流加以想象和体会。跨境电子商务消费者的购买动机主要有以下几类。

**1. 理智动机**

随着电商平台展示产品信息的手段和内容越来越丰富,人们有更加便利的条件在电商平

台上进行反复的搜索和比较,特别是跨境电商消费者,大多具有较高的学历和计算机使用技能,具有较强的分析判断能力,能通过理智地选择和比较,对所要购买的商品的特点、性能和使用方法做到心中有数。理智动机具有客观性、周密性和控制性的特点。跨境电子商务消费者在理智动机驱使下产生购买行为时,首先关注的是商品的性能和质量,其次才关注商品的经济性。另外,他们也会对平台的信誉等信息进行综合比较。这种购买动机的形成基本上受控于理智,消费者能在综合分析的基础上做出购买决策。

### 2. 情感动机

情感动机是由人的情绪和感情所引起的购买动机。这种购买动机可以分为两种形态。一种是低级形态的情感购买动机,它是由人们的喜欢、满意、快乐、好奇引起的。这种购买动机一般具有冲动性、不稳定性的特点。因此,跨境电商平台可以在消费者搜索行为分析的基础上做好个性化推荐。另一种是高级形态的情感购买动机,它是由人们的道德感、美感、群体感引起的。这种购买动机具有较强的稳定性、深刻性特点。很多消费者所处的群体形成了一种较为相似的消费观念。随着跨境电商的发展,物流配送成本逐渐降低,配送周期不断缩短,大大促进了这类购买动机的形成。

### 3. 惠顾动机

惠顾动机是指基于理智经验和情感的,对特定网站、图标广告、商品产生特殊的信任与偏好,而重复、习惯性地前往访问并购买的一种动机。例如,很多消费者对于某类产品有长期使用境外品牌的历史,对一些品牌形成了较深的信任和依赖,从而产生了对这些品牌的惠顾动机。

惠顾动机的形成,可能是由于搜索引擎的便利、图标广告的醒目、站点内容的吸引,或者是由于某个驰名商标具有相当的地位和权威性,或者是由于产品质量在网络消费者心目中树立了可靠的信誉。这样,网络消费者做出购买决策时,先在心目中确立购买目标,并且在各次购买活动中克服和排除其他同类水平产品的吸引与干扰,按照事先确立的目标计划完成购买行为。

具有惠顾动机的网络消费者往往是某个跨境电商平台的忠实浏览者。他们不仅自己经常光顾这一平台,而且对众多网民具有较强的宣传和影响功能,甚至在企业的商品或服务一时出现某种过失时,也能予以谅解。

## (三) 跨境电子商务消费者行为的主要特征

跨境电子商务消费者行为的主要特征如下。

### 1. 选择范围扩大

与线下购物相比,消费者在网购的过程中,搜索的信息更加全面、范围更大、种类更加丰富。跨境电子商务消费者可以在全球范围内进行信息搜寻,他们面临的是整个网络系统的商家,而不是某条街道的几个商场。选择范围扩大,一方面,是由于网络购买渠道具有不受空间限制、选择更加便利的特点;另一方面,是由于人们消费观念的改变,他们越来越希望在购买时可以全面地了解产品。跨境电商平台的形式多种多样,展示的产品信息也越来越丰富,为消费者提供了充足的选择余地。

### 2. 注重技术应用

随着知识、信息和电子技术的快速进步,产品更加复杂,购买者更加老练,产品生命周期更短,消费者在网上购买商品时更注重时效性和技术性。网页加载速度、网站的搜索效率和产品展示信息等对消费者的网上购买行为影响很大。对于跨境电商交易,人们期盼能以熟悉的语言浏览网站信息,能以直观的方式查看产品,能以便捷的方式进行跨境支付,能以最快的速度收到货品,能有方便的退换货途径等。目前,支持产品虚拟展示、直播展示等的技术越来越成熟,在线语言翻译技术、支付技术和物流技术等都在快速进步,为跨境电商的实现提供了强大的技术支撑。

### 3. 主动性更强

跨境电商的消费者往往比较自主、独立性强,这源于现代社会不确定性的增加及人类追求心理稳定和平衡的欲望。消费者会主动通过各种途径获取与商品有关的信息,并对其进行分析和比较,减轻风险感和减少购买后产生后悔感的可能,增强对产品的信任和心理满足。对于满意的产品,消费者会通过网络或其他通信技术,积极主动地与商家取得联系;如果找不到满意的产品,他们可能、可以通过网络系统,向企业主动表达自己对某种产品的欲望和要求,参与和影响企业的生产与经营。消费者不只是被动地接受价格,处于弱势地位的个体消费者有机会联合起来,进行"集体议价"。

### 4. 购物导向多元

购物导向是指个体在购物活动中寻找乐趣和满意的程度。通过网购,消费者不仅能满足实际的购物需求,而且可以获得大量信息和节约体力、时间。灵活的支付方式和快捷的物流配送服务,让消费者体验到传统购物方式无法具备的乐趣,同时又能享受比线下交易更多的价格优惠。因此,在跨境电商平台上,购物已经成为很多消费者在互联网时代必不可少的一种生活方式。

### 5. 追求消费个性

网络消费者的个性化购买正逐步成为主流。每个消费者的需求都呈现出巨大的差异性,他们可以根据自己的个性特点和需求,在全世界范围内寻找满意的商品。同时,网络市场上个性化的产品与服务更能满足消费者的个性心理需求,也使进行网络消费的人群逐渐形成追求个性的特征。在强大的推荐算法基础上建立的个性化推荐是很多跨境电商平台必须具备的功能,为消费者智能化地提供了多种选择机会,降低了他们流失的可能性,同时也尊重消费者的个人隐私。

## (四) 跨境电子商务消费者行为的影响因素

### 1. 跨境电子商务消费者的个体特征因素

跨境电子商务消费者的个体特征一般包括年龄、受教育程度、收入、使用网络的熟练程度、网购感知风险等。

(1) 年龄。不同年龄阶段的网络消费者表现出一定差异,这体现在消费者的数量、购物态度、信息搜集行为等方面。在跨境电商消费者中,一般来说,年轻人的数量多于年长者。他们对待跨境网购的态度不同,与年长者相比,年轻人更倾向于承认跨境网购的方便性,借助于跨境电商平台寻找个人感兴趣的商品。他们网购时的信息搜集方式不同,年轻人比年长者更擅长搜集信息、寻找网络优惠活动,他们会花费更多的时间去搜索商品。

(2) 受教育程度。相对于境内电商,跨境电商涉及的信息量更为庞大,对消费者的信息搜集和处理能力有着更高的要求。因此,在跨境电商业务中,学历较高的消费者占比大。消费者的受教育程度越高,他们越容易了解并掌握互联网方面的知识,也就越容易接受网购观念和方式。受教育程度较高的购买者更加信任网络,其购买行为更少受个体因素的影响,对于网上商品价格的看法也更为理性。

(3) 收入。收入是影响跨境电商消费者的购买行为的一个重要因素。中低收入的消费者在选择购买渠道时,较多地考虑产品价格因素;高收入的消费者对价格并不十分敏感。一般来说,人们普遍认为,跨境产品的生产成本和物流成本等较高,销售价格也普遍较高。因此,低收入人群对跨境电子商务的接受程度还不高。

(4) 使用网络的熟练程度。消费者对互联网的熟悉和使用的熟练程度会影响其购买行为。随着国内网购平台的普及推广、物流快递业的发展,我国网购渗透率越来越高,越来越多的老年消费者、农村消费者等都加入了网购大军。对于跨境电商,人们在认知上还有一定偏差,多数消费者对跨境电商平台的操作应用并不熟练。因此,跨境电商行为相对较少。随着消费者的网购经验越来越丰富,以及跨境电商平台的快速发展和推广,消费者对跨境电商的认知会逐步提高,操作应用也会越来越熟练,并逐步接受跨境电商行为。

(5) 网购感知风险。网购感知风险是指消费者在考虑网购时,对这种购物方式存在的不利后果的严重性和可能性的主观预期。

感知风险是消费者网购的主要障碍。由于互联网具有开放性、虚拟性、数字化等特征,与传统购物方式相比,消费者在网购中的感知风险会较大,在跨境电商购物中的感知风险更大。感知风险影响消费者搜索信息的深度,进而影响其购买行为。消费者一旦感知到某种风险的存在,就会产生焦虑,进而寻求降低该风险的方法,如更长时间地浏览网页、到虚拟社区询问与交流、向线下渠道转移等。他们常常会综合运用各种方式来考察风险大小。当感知风险降低到消费者可以接受的程度或完全消失时,消费者才会做出消费决策。

**2. 外部环境因素**

外部环境因素是指对消费者个体行为具有长期影响的宏观因素,如社会、文化、地域特征等。

(1) 社会因素。家人、同伴、学校和大众传媒等社会因素对于消费者的行为影响巨大。社会影响理论指出,群体是被各种规范所约束的,处于群体中的个体会在一定的压力下服从这些规范,做出被群体认为适宜的行为。社会因素之所以会在网购中产生作用,是因为消费者面对一条新的购物渠道,有更强的卷入感,他们会变得更加谨慎、更加看重来自朋友和家人的经验之谈,并且认为这些具有很高的参考价值。重要的他人也会影响消费者对于购物中经济性和安全性的感知。当个体处于支持跨境网购的社会环境中(如有亲友进行跨境网购或支持其进行跨境网购)时,其跨境网购意向会显著增强。这主要是因为亲友的推荐可以降低消费者对于网购的风险感知水平,从而增强其购买意愿。

(2) 文化因素。文化可以被界定为某个人群共同具有的,关于价值、信仰、偏好和品位等的一套整体观念。它对消费者的购买行为具有最广泛、最深远的影响。具有不同文化背景的人对网购的认知和关注重点不同。不同国家个人主义与集体主义之间的差异会对消费者的网购意愿和行为造成一定影响。表现出强烈的集体主义倾向的人非常强调社会关系,并且在做决定时容易遵从他人的意见。例如,我国消费者更看重口碑的作用,他们在购物网站上的用户讨论区寻找产品信息的行为显著多于美国消费者。

### 3. 跨境电商平台因素

网络载体是指网购平台或在网购平台上运行的零售网店。网络载体的界面设计、购物环境的安全性、客户服务等对消费者的网购行为有显著影响。

(1) 网络载体的界面设计。借助于 VR（Virtual Reality，虚拟现实）技术、虚拟技术等，跨境电商卖家可以在网络店铺里以文字、图片、视频、直播等多种形式更好地展示商品信息。优良的界面设计能够有效地促进消费者购买，其作用主要表现在界面设计的好坏将会对消费者的第一印象产生重要作用；界面的清晰程度、浏览的方便性和有效性会影响消费者的决策；有吸引力的标题、信息量丰富的产品展示能够诱发消费者产生浏览和购买行为。跨境电商平台还可以依据消费者的年龄、性别、爱好、购买偏好等信息，为其提供个性化的交互界面。

(2) 购物环境的安全性。网络安全问题一直制约着网民深层次的网络应用发展，缺乏安全可靠性是消费者放弃网购（特别是跨境网购）的主要原因之一。消费者对网购安全感知越低，风险预期越高，网购的参与程度就越低。目前，很多消费者对网购中的个人信息保护、转账过程中的资金安全等问题都存在担忧。因此，跨境电商平台应营造安全的购物环境。例如，在实现消费者个性化推荐的同时，强调对消费者隐私的尊重和保护；在跨境电商平台网页上，具有明确的消费者隐私保护条文；格外强调对消费者资金安全的保护等。

另外，跨境电商卖家还应树立良好的信誉。各电商平台都在逐渐完善卖家的信誉评价机制。网购平台和网店的信誉等级是电子商务企业在其网络经营活动中所获得的网络信用，反映了商家的经营经验和信用状况。它是消费者衡量和选择网店、形成消费者信任的关键影响因素之一。因此，如果跨境电商卖家具有良好的信誉，则会增加消费者对平台和网店的信任，有利于促进消费者的购买意愿达成。

(3) 客户服务。优质的客户服务是赢得消费者的重要因素。因为跨境电商的流程相对复杂，消费者对跨境电商认知不足，更需要跨境电商平台提供良好的客户服务，包括售前、售中和售后三个不同阶段。售前，要做好营销策略，定期为消费者推荐其感兴趣的商品，网络平台和店铺提供的信息越有效，消费者对其评价越高，购买意愿也就越强；售中，要做好网络咨询，给予消费者恰当的选品指导；售后，要提供良好的在线技术指导、完善的退换货服务等。跨境电商的退换货成本往往较高，卖家应选择合适的物流合作商，以便提供高质量的物流服务。

## 二、跨境电子商务市场调研的主要内容

跨境电商的目标市场都在境外，但是不同的国家和地区在电商市场规模、消费习惯、购物倾向、支付方式、风土人情等方面均有差异，并且不同国家的法规、政策有很大不同。因此，跨境电子商务市场调研的内容比较广泛，尤其是在尚未确定目标市场之前，每个潜在市场都可能是一个全新的市场。对于这些市场的调研，主要可从以下几方面来进行。

### （一）市场环境调研

市场环境主要是指影响企业在目标市场的经营活动的宏观因素，主要包括国际市场上各潜在目标市场的政治与法律环境、经济环境、文化环境。

#### 1. 政治与法律环境

政治与法律环境主要是指目标市场当前的政局稳定性，法律、法规，政府的重要经济政

策,政府对贸易实行的鼓励、限制措施,特别是有关外贸方面的法律、法规(如关税、配额、国内税收、外汇限制、卫生防疫、安全条例等),对电子商务的支持程度,贸易壁垒等情况。由于世界各国的政治与法律、法规差异明显,因此,企业在正式进入目标市场之前,应详细调研关于这些方面的市场信息。

**2. 经济环境**

经济环境主要是指目标市场的经济结构、经济发展水平、经济发展前景、就业、收入分配、人均消费水平、购买力、消费结构、消费意愿、社会经济景气状况、物价水平等因素。其中,居民的经济收入是构成市场容量的重要因素,也是进行市场细分的主要标准之一。经济环境决定了很多产品的市场容量、社会普及率和产品生命周期。

**3. 文化环境**

文化环境主要是指目标市场的使用语言、教育水平、宗教、风俗习惯、价值观念等。文化在跨境电子商务中具有重要的地位,很多专家、学者和一线外贸人员都一致认为,企业跨国商务的失败,90%以上是由于其不了解目标市场的文化环境。随着全球经济一体化的发展,消费者的需求逐渐呈现出个性化、多样化的特点,对文化差异的分析在跨境电子商务中越来越重要。只有"入乡随俗"地进行跨境电子商务市场调研,企业才能为制定正确的经营决策提供有力依据。

此外,企业还需要了解国外的人口、交通、地理等情况。

### (二)市场需求与消费者调研

市场需求是指一定时期内,消费者在一定购买力条件下的商品需求量。供需关系影响商品价格,对国际市场需求的调研已经成为跨境电子商务市场调研的重要内容之一。企业应当利用多种大数据分析平台和跨境电子商务数据分析工具,充分了解目标市场上同类产品的价格、供需关系、市场占有率、消费者偏好、习惯需求等情况。只有通过跨境电子商务市场调研深入地了解市场需求,企业才能迎合目标市场的消费者,培养顾客基础,增强顾客黏性。

### (三)市场竞争对手调研

市场竞争对手调研主要包括竞争对手的产品优劣势、价格、所占的市场份额、市场地位、营销推广策略和消费者对其产品的满意度调查等。只有深刻了解竞争对手的信息,企业才能做到知己知彼,找到市场突破口,促进自身在跨境市场上的健康发展。

### (四)市场要素调研

市场要素是指影响企业产品销售的直接因素,包括产品本身、产品价格、销售渠道及促销推广等。

**1. 产品本身**

企业在推广某类产品之前,应对该产品在目标市场上的接受程度进行考察,了解市场消费者对该产品的印象和改进建议,在可能的情况下,对产品进行适当的改造或升级,具体选品策略将在本项目任务三进行详细介绍。

**2. 产品价格**

我国是一个人口大国,与大多数发达国家相比,具有一定的劳动力优势,但这并不意味着企业可以足够低的价格进行销售。一系列反倾销案件的出现提醒我们,对于国际市场同类产品价格的市场调研尤为重要。

#### 3. 销售渠道

很多中小型企业没有能力直接建立跨境电商平台，需要借助于第三方跨境电商平台。消费者在进行跨境网购时，大多也会选择跨境电子商务平台，但消费者对跨境电商平台的认知有一些差异，平台的类型不同，其对消费者的吸引力也不同。

以面向我国消费者的跨境电商平台来说，很多京东、天猫的客户习惯选择京东国际和天猫国际，认为其平台更值得信任，自己对其购物流程也更熟悉；小红书主要是为年轻女性提供分享护肤美妆、时尚穿搭等话题内容的社区交流平台，同时也为没有明确购物目标的用户提供内容服务，帮助他们做出购物决策，养成用户消费需求。

国内广大跨境电商卖家可以考虑全球速卖通（AliExpress）、亚马逊、eBay 等平台。全球速卖通销售的多为体积小、质量轻、价格相对较低的商品，通常是以"价格"为导向的，低价优势是强大竞争力的保证；亚马逊是以产品为导向的，特别注重品牌概念，其对产品质量和品牌都有很高的要求。

#### 4. 促销推广

促销是营销者和消费者之间的信息沟通与传递活动。促销调研是指对企业在产品（或服务）的促销过程中所采用的各种促销方法的有效性进行测试和评价。促销调研的内容一般包括促销手段的调查和促销策略的可行性研究，其中，主要有广告调查和人员推销调查等。各个跨境电商平台都提供了多种促销途径，很多国家还有一些购物节，如我国的"双十一"购物狂欢节、"京东 618"等。平台一般会推出各种联合促销策略，卖家在配合平台活动的同时，往往也会制定多种促销策略来吸引消费者。

### 三、跨境电子商务市场调研的主要步骤

跨境电子商务市场调研的主要步骤如下。

#### （一）确定市场调研目标

进行跨境电子商务市场调研，首先要确定市场调研目标。市场调研目标不同，调查内容和调查方法都会有所不同。

（1）若市场调研目标是海外电商市场容量及趋势，则调研内容应该包括互联网用户数量、互联网的普及率、移动电话、智能手机、平板电脑等设备的普及率、网购人群规模、年龄段、电子商务销售额、年增长率、移动电子商务销售额等。

（2）若市场调研目标是了解各国平台情况，则调研内容是考察几个关键网站的各国流量占比。例如，亚马逊、全球速卖通在不同国家的流量占比不同，在美国，目前亚马逊的流量占比要远高于全球速卖通；在俄罗斯，全球速卖通的流量占比要超过亚马逊。

（3）若市场调研目标是境外消费者的购物习惯，则调研内容应该包括目的国消费者的网站使用习惯（常用的综合性购物网站、用户体验较佳的 10 个购物网站）、搜索习惯（用户量最大的 10 个购物搜索引擎）、支付习惯（信用卡是美国电商消费者最常使用的支付方式）、购物时间［如美国网购高峰期为感恩节前一周到元旦；电商打折力度最大的时间为感恩节后一天，即黑色星期五（Black Friday）］等。

（4）若市场调研目标是境外电商风险情况，则调研内容应该包括隐私和数据保护、海关和关税、知识产权和标签、在线和移动欺诈等。

（5）若市场调研目标是境外市场竞争者，则调研内容应该包括网络竞争者识别（如行业角度、市场角度、企业竞争角度）、网络竞争者优劣势分析（如产品、研发能力、渠道、资金实力、市场营销、组织、生产经营、管理能力）等。

## （二）设计调查方案

一个完善的市场调查方案一般包括以下几方面内容。

### 1. 调查目的

根据调查目标，在调查方案中列出调查目的的具体要求。

### 2. 调查对象

根据细化后的调查目的，明确调查对象。调查对象一般为消费者、零售商、批发商等。

### 3. 调查内容

调查内容是收集资料的依据，是为实现调查目标服务的，应根据市场调查目的确定具体的调查内容。例如，调查消费者行为时，可按消费者购买、使用和使用后评价三方面列出调查的具体内容项目。调查内容要全面、具体、条理清晰、简练，避免面面俱到、内容过多、过于烦琐，也避免列入与调查目的无关的内容。

### 4. 调查表

如果要进行问卷调查，那么还需要设计调查表。调查表是市场调查的基本工具，其设计质量直接影响到市场调查的质量。设计调查表时要注意以下几点：

（1）调查表的设计要与调查主题密切相关，重点突出，避免出现可有可无的问题。

（2）调查表中的问题要容易让被调查者接受，避免出现被调查者不愿回答或令被调查者难堪的问题。

（3）调查表中的问题要条理清楚、顺理成章、符合逻辑顺序，一般将容易回答的问题放在前面，较难回答的问题放在中间，敏感性问题放在最后；封闭式问题在前，开放式问题在后。

（4）调查表中的内容要简明，尽量使用简单、直接、无偏见的词汇，以保证被调查者能在较短的时间内完成。

### 5. 调查范围

调查范围应与产品销售范围一致。例如，若商家要做亚马逊欧洲平台，那么调查范围主要在欧洲即可。

### 6. 调研方法与流程

建立严格、科学的调研方法与流程。例如，采用直接调查还是间接调查、采用哪些调研平台来获取资料。

## （三）开展调研活动

### 1. 组织领导机构及人员配备

建立市场调查项目的组织领导机构，针对调查项目，成立市场调查小组，负责项目的具体实施工作。

### 2. 调研人员的招聘及培训

对调研人员进行必要的培训。培训内容包括调查的基本方法和技巧、调查的基本情况、实地调查的工作计划、调查的要求及注意事项等。

### 3. 工作进度

将市场调查项目的整个过程安排为一张时间表，确定各阶段的工作内容及所需时间。市场调查一般包括以下几个阶段：调查工作的准备—开展调查—问卷调查的统计处理、分析—撰写调研报告。

### 4. 费用预算

费用主要包括调查费用、调研人员培训费、调研人员劳务费、礼品费、数据统计处理费用等。企业应核定市场调查过程中将发生的各项费用支出，合理确定市场调查总的费用预算。

开展调查时，企业应根据实际情况来制订调研计划。例如，要对目的国的市场环境、商品及营销情况进行详细调查，可以考虑派出调查小组深入国外市场，通过销售、问卷、谈话等形式进行调查（一手资料），或者通过各种媒体（报纸、杂志、新闻广播、计算机数据库等）寻找信息资料（二手资料），或者可以委托国外驻华或我国驻外商务机构进行调查。通过以上调查，企业基本上可以确定应选择哪些产品进入目标市场，以及制定什么样的价格策略。

## （四）统计分析结果

调查结束后，即进入调查资料的整理和分析阶段。收集已经填写的调查表后，由调查人员对其进行逐份检查，剔除不合格的调查表，然后将合格的调查表统一编号，以便进行调查数据的统计。调查数据的统计可以利用 Excel 软件完成，将调查数据输入计算机后，经 Excel 软件运行，即可获得已被列成表格的大量统计数据。利用上述统计结果，就可以按照调查目的的要求，应用 SPSS（Statistical Product and Service Solutions，统计产品与服务解决方案）等统计软件，对调查内容进行全面的分析。

## （五）撰写调研报告

调研报告的基本要求包括客观真实、实事求是、调查资料和观点统一、突出市场调查的目的、语言简明且准确易懂等。

调研报告一般由标题、目录、概述、正文、结论与建议、附件等组成。其中，正文一般包括调研目的、调研背景、调研对象、调研数据与分析、调研结论与理由、解决方案建议、预测风险等。

## 任务实施

步骤一：登录速卖通平台网站，选择调研产品的相应类目下的产品选项，如图7-1所示。

图 7-1　速卖通首页图

步骤二：选择"数据纵横"模块，在"商机发现"下，有"行业情报""搜索词分析""选品专家"；在"经营分析"下，有"成交分析""商品分析""实时风暴"。由此可以进入相应页面进行数据分析，如图 7-2 所示。通过行业情报、成交分析、商品分析、选品专家等选项进行数据的收集工作。

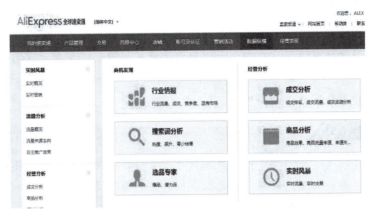

图 7-2　全球速卖通的"数据纵横"模块

步骤三：使用 KeywordSpy 工具分析竞争对手网站。进入 KeywordSpy 首页，在搜索框中输入关键词，选择目标市场"美国"，选中 Keywords 单选按钮，单击进行查询；得到的搜索结果为在美国市场此产品的月搜索量；继续针对此产品查询主要竞争对手的网站列表。卖家需要重点关注原始关键词较多的网站，即重点关注"Organic Competitors"（有机竞争者）列表中的网站。

另外，也可以继续使用 Alexa 工具分析网站进行分析。

步骤四：根据调研数据完成调研报告的撰写。

# 一体化设计

## 选择题

1. 下列选项中，不属于理智动机的特点的是（　　）。
   A. 客观性　　　　B. 周密性　　　　C. 控制性　　　　D. 冲动性
2. 一位消费者是京东的忠实用户，在购买境外商品时选择了京东国际，这种购买动机是（　　）。
   A. 理智动机　　　B. 情感动机　　　B. 惠顾动机　　　D. 实用动机
3. 在影响跨境电商消费者行为的因素中，购物环境的安全性属于（　　）。
   A. 社会因素　　　B. 文化因素　　　C. 消费者个体特征　D. 跨境电商平台因素
4. 在进行市场环境调研时，我们需要了解的目标市场经济环境要素不包括（　　）。
   A. 物价水平　　　　　　　　　　　B. 居民购买力大小
   C. 经济发展水平　　　　　　　　　D. 政府对电子商务的支持程度
5. 下列关于市场调查表设计的说法中，正确的是（　　）。
   A. 调查表应以主观题为主　　　　　B. 调查表中的开放式问题应放在前面
   C. 调查表的设计要与主题相关　　　D. 调查表中的问题应尽可能有一定难度

## 任务三　跨境电子商务选品

### 任务描述

恰当的产品和目标市场是走出跨境电商的第一步。可供选择的产品类目纷繁复杂，什么样的产品真正适合跨境电商企业？企业如何挑选适合不同国家消费者的商品？在肖雪完成产品市场调研后，部门开始为跨境电商平台选品。遵循选品的三个原则，结合科学的选品方法，为公司的平台店铺完成选品工作。

### 任务分析

在选品的时候，往往我们需要考虑多方面的因素，如市场潜力、售后服务、差异化、国际物流和法律法规等。首先，我们确定要收集的数据；接下来，结合选品的策略进行选品。在速卖通平台，通过查看"热销品"、查看"今日热销"、类目选品、直通车选品及全球速卖通后台数据进行选品分析等途径和工具完成数据收集。同时，我们也登录亚马逊平台完成产品数据收集。根据数据统计结果，得出最终合适的产品。

### 知识要点

#### 一、选品的基础

正确的选品策略关乎跨境营销的成败，打造一款畅销产品是大多数卖家的梦想。因此，我们首先应了解跨境电商选品的一些基本要点。

**（一）跨境电商选品宏观上需要考虑的因素**

跨境电商选品宏观上首先要考虑该产品是否适合跨境销售。需要考虑的内容有以下几方面：

（1）市场潜力是否足够大。这主要查看市场规模和未来发展潜力。

（2）利润率是否足够高。这主要查看平均的行业利润率。如果利润率太低且没有增长空间，如对于一些价格低的小件商品，考虑国际物流成本后，其利润率非常低，则应放弃。

（3）是否需要复杂的售后服务。例如，有些产品需要提供现场安装，显然，这类产品不适合跨境营销。对于操作简单的产品，店铺可以提供在线指导，如数码3C产品、需要下载软件的绘画板等。

（4）是否能够体现差异化。与境内交易相比，跨境交易往往需要支付更高的税费和配送费等。因此，消费者更看重在本国无法买到或有足够差异化的产品。例如，对于锅具，消费者非常青睐德国产品，这是因为其在产品质量及功能、外形设计上体现出差异化；而瓶装水就很难体现出设计上的差异化。

（5）国际物流因素。在跨境电子商务中，运输距离长、风险高，物流成本在总成本中占很大的比例。跨境电商企业在选品时，应充分考虑到物流因素，如经营配送周期长短（对需要冷链物流的生鲜类产品尤其重要）、产品是否易碎、轻重如何，因为质量大意味着运费高。

(6) 是否适合目标国家的宗教和文化。企业应考虑到不同国家和地区的宗教文化信仰，在选品及产品描述上都应有所注意。

(7) 是否违反目标国家的法律、法规。每个国家都有自己的法律、法规，企业在选品时，一定要注意目标国家的法律、法规问题，还要考虑是否可能存在知识产权侵权问题。

(8) 是否违反平台规则。一些平台会有一些禁售类目，如果不注意销售了该类产品，则可能导致产品被快速下架，甚至店铺被封禁。如图7-3所示，在某跨境电商平台的办公用品销售飙升榜上，虽然排名第三的商品的销售飙升很快，但它已不能在平台上销售，原因可能是它违反了平台的一些规则。

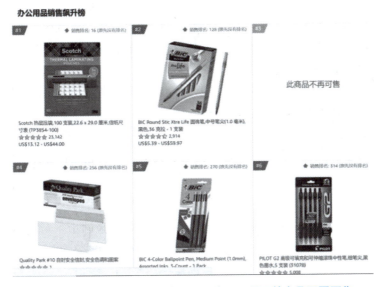

图7-3　某跨境电商平台的办公用品类目下显示某商品不再可售

当然，以上因素并不是绝对的。例如，现如今工业品的跨境营销方兴未艾，有些工业品是需要现场提供安装服务的，这并不意味着不能对它们做跨境电商。现场安装服务只是一个宏观上常规的考虑因素。

### (二) 跨境电商选品需要收集的数据

跨境营销区别于传统营销的一个显著优势就是，可以通过数据进行科学选品。在选品过程中，企业需要收集以下几方面的数据。

(1) 产品潜在用户的数据：潜在用户的年龄、性别、收入水平、所在地区、职业等，以及消费特征数据（如消费偏好、消费决策路径、接触媒体）等。

(2) 产品所属行业的数据：产品所处的生命周期阶段（处于生命周期衰退期的产品是没有前途的）、产品的销售周期、计划推向市场的时间（是淡季还是旺季），以及市场饱和度（该产品市场中如果已经有了足够多的卖家，就很难再进入）。

(3) 产品竞争环境的数据：热销产品的数据，如同行业中顶级销量的产品、产品的销量、主要购买用户的特征、营销方式等；竞争对手的数据，如主要的目标竞争对手、这些竞争对手采取的跨境营销策略、这些策略的优劣势等。

(4) 产品所属类目属性的数据：类目销售总额、类目商家数量、类目成交总量、类目客单价、细分类目数量,以及各细分类目的销售额、销量、商家数量等,类目成长空间,类目平均推广费用。

(5)产品关键属性的数据:产品材质、竞品材质;产品风格,竞品的外观、气质定位,消费者的感受评价;产品规格、竞品的规格和尺寸是否常规(如服装加肥加大);价格区间、竞品的定价区间;产品款式、竞品的款式描述;产品颜色、销量高的竞品的颜色;产品卖点提炼、竞品的核心卖点;产品的功能、性能,竞品的功能、性能描述;产品包装,竞品包装特色;产品复购率、竞品复购率情况;产品销售组合、竞品在销售时所采取的组合销售策略等。

(6)行业顶级卖家店铺的数据:同行业中顶级商家的店铺销售情况,包括销售额、销量、热销产品、客单价、产品定价、产品结构等;店铺装修情况,包括装修风格、店铺文案风格、社交媒体曝光度等;店铺经营策略情况,包括店铺品牌、品牌知名度、店铺定位、店铺差异化经营策略、店铺营销策略等。

(7)产品供应商、竞争对手供应商调查数据:目标供应商能力评估,包括生产能力、品质管理能力、新产品研发能力、仓储物流能力等。

### (三)跨境电商选品的策略

跨境电商选品策略的核心就是,对跨境电商平台上的店铺和产品进行差异化定位,或者在社交媒体营销中,通过内容营销对产品进行差异化定位,以避免同质化价格竞争。这主要体现在以下几方面。

(1)店铺定位:差异化策略。在竞争对手店铺分析的基础上,对店铺进行差异化定位,突出店铺不同于竞争对手店铺的特色,在店铺装修、店铺文案风格、品类规划上做足差异化。

(2)数据化选品策略。利用选品的数据化工具,收集上述产品信息,科学选品,打造畅销款。

(3)用户痛点选品策略。通过社交媒体收集用户痛点,分类整理用户痛点,针对用户未被满足的痛点进行选品。

(4)产品组合策略。在跨境营销中,可通过以某一畅销款产品为核心,拓展其相关产品,进行产品组合销售的策略,打造产品矩阵。

## 二、全球速卖通选品

全球速卖通平台提供了多个选品途径和工具。

### (一)查看"热销品"

在全球速卖通的首页,有Best-selling(热销品)的入口(图7-4)。买家可以查看每周最佳销售产品和热销品,了解全球速卖通平台的热销产品。卖家可以参考这些产品,选择一些类似的产品来作为店铺爆款,这样

图7-4 全球速卖通首页的"热销品"入口

有可能迅速提升店铺的销量和评价数量。

### (二) 查看"今日热销"

Today's Deals（今日热销）是大家比较熟悉的平台活动——全球场。全球场每一期展示的是行业小二在筛选了很多卖家和产品后审核通过的、比较推荐的优质产品。行业小二对整个全球速卖通的市场趋势和客户需求分析比较成熟，在选品上更贴合平台和客户的要求，所以全球场是选品很重要的一个参考因素，并且全球场活动较多，报名条件要求不高。

### (三) 类目选品

根据全球速卖通后台的商铺流量来源分析和商品分析，我们可以发现，很大一部分客户（尤其是新客户）在全球速卖通购物时，都会使用平台的类目导航搜索自己想要的产品。通过分析，我们发现，全球速卖通平台的类目导航到每个三级类目下，产品的排序和关键词搜索界面大致相同，所以类目浏览的流量越来越大，订单转化率往往也会很高。通过分析，我们可以更有针对性地找到一些热销的三级类目，并据此进行选品。

### (四) 直通车选品

全球速卖通的直通车分为两种：一种是快捷推广计划；另一种是重点推广计划。其中，快捷推广计划主要用来进行测款，重点推广计划主要用来打造爆款。

#### 1. 快捷推广计划思路

选5～10款相同类目的产品，做一个快捷推广计划，尽可能地把关键词加满，多加匹配流量词，让这些产品得到最大化的曝光；用7～10天观察产品的数据变化，从商品曝光、点击率、收藏数量、销量、转化率等维度进行分析；按照高曝光、高点击、高收藏的标准，挑出这些产品里表现最好的一款产品，加入重点推广计划。

#### 2. 重点推广计划思路

确定重点推广计划一般步骤如下：添加系统默认推荐的所有关键词；下载数据纵横搜索词，分析热点搜词里与商品匹配度最高的关键词；酌情选择直通车关键词工具中推荐的关键词；根据自身产品特点，选择适合产品的关键词，进行良词推优；调整关键词的出价，保证欲打造爆款的曝光率。

### (五) 运用全球速卖通后台数据进行选品分析

进入全球速卖通后台，选择"数据纵横"模块，在"商机发现"下，有"行业情报""搜索词分析""选品专家"；在"经营分析"下，有"成交分析""商品分析""实时风暴"。由此可以进入相应页面进行数据分析（图7-5）。

图7-5 全球速卖通的"数据纵横"模块

下面通过一个实例来展示全球速卖通数据选品的过程。

（1）单击"选品专家"，进入产品分析页面。单击"热销"，进行"行业""国家""时间"数据筛选，查看气泡图，如图7-6所示。圈的大小表示销售热度，圈越大，则该产品的销量越大。蓝色越深，代表商家竞争越小；红色越深，代表商家竞争越大。

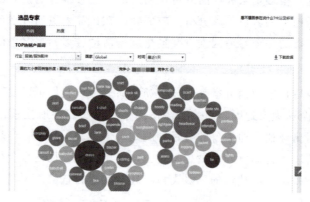

图7-6　"选品专家"分析页面

（2）单击"t-shirt"圆圈，进入此类产品的销量分析页面，如图7-7所示。

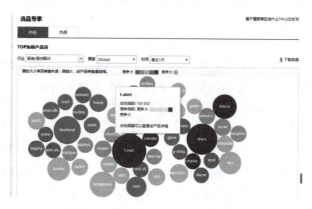

图7-7　某类产品的销量分析页面

（3）进入t-shirt品类，进行t-shirt销量分析，如图7-8所示。圆圈的面积越大，则产品的销量越大；t-shirt关联产品连线越粗，则买家同时关注度越高。

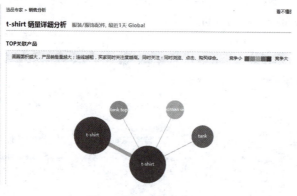

图7-8　关联产品分析

（4）查看 t-shirt 产品热销属性分析，如图 7-9 所示。单击 t-shirt 气泡，进入热销属性分析。不同颜色的圆圈代表不同产品属性类别。单击进入后，我们可以看到不同属性大类下进一步的产品类别细分。

图 7-9　产品热销属性分析

（5）单击子类"clothing"，我们可以看到产品细分有 short、regular、long 三个子类别，如图 7-10 所示。

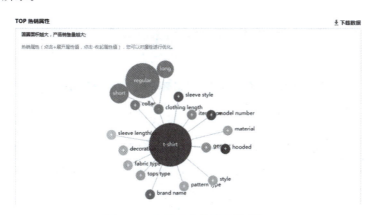

图 7-10　产品子类热销属性分析

（6）单击图 7-10 中右上角的"下载数据"，我们可以得到产品属性值销量分析表，可以进行成交指数整理排序，如图 7-11 所示。

| | A | B | C | D | E | F |
|---|---|---|---|---|---|---|
| 1 | 行业 | 国家 | 商品关键词 | 属性名 | 属性值 | 成交指数 |
| 2 | 服装/服饰配件 | Global | t-shirt | material | cotton | 21234 |
| 3 | 服装/服饰配件 | Global | t-shirt | material | polyester | 15282 |
| 4 | 服装/服饰配件 | Global | t-shirt | material | spandex | 6096 |
| 5 | 服装/服饰配件 | Global | t-shirt | material | modal | 1049 |
| 6 | 服装/服饰配件 | Global | t-shirt | material | lycra | 989 |
| 7 | 服装/服饰配件 | Global | t-shirt | pattern type | print | 11560 |
| 8 | 服装/服饰配件 | Global | t-shirt | pattern type | solid | 6966 |
| 9 | 服装/服饰配件 | Global | t-shirt | pattern type | letter | 3133 |
| 10 | 服装/服饰配件 | Global | t-shirt | pattern type | character | 2471 |

图 7-11　导出数据分析表

根据销量指标分析，卖家就可以选出适合自己经营的货源品类，确定产品的属性。

### 三、亚马逊选品

亚马逊平台上的品类丰富，可选品种超过 500 万个，品牌认同度高，用户流量大，质量较好，对入驻卖家的要求也较高。卖家决定入驻亚马逊后，首先需要确定选品的方向和品类，自己定位要销售什么类目的产品。那么，如何确定呢？可以参考以下几种方式。

**1. 亚马逊畅销产品排行**

在亚马逊买家页面的顶部，有一些购物导航入口，从这些入口进去的流量很大，并且都是优质流量。例如，亚马逊可以提供所有类别和子类别中前 100 种畅销物品的名单（图 7-12）。

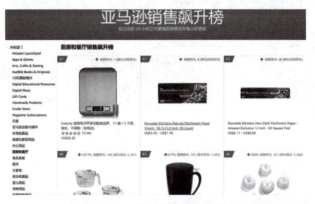

图 7-12　亚马逊平台上展示的畅销商品（厨房和餐厅用品类目）

**2. 差评数据分析法**

以亚马逊平台上热卖商品的差评数据为主，找出客户不满意的地方，然后进行产品改良或选择能处理客户不满的供应商的产品。差评数据分析法侧重于抓取差评数据，同时也注重分析商品的好评数据，分析出客户真正的需求点和期望值。

**3. 选品组合分析法**

以产品组合的思维来选品，即在建立产品线时，规划 20％的核心产品，用以获取高利润；10％的爆款产品，用以获取流量；70％的常态产品，用以互相配合。选品要针对不同的目标客户，不能把所有的产品都选在同一价格段和同一品质上，一定的价格和品质阶梯能带来更多的订单。

**4. 谷歌趋势分析法**

谷歌趋势（Google Trends）是用以分析亚马逊选品的一种工具，能对企业外部的行业信息和内部的经营信息进行分析，能分析品类的周期性特点，能通过其关键词工具发现品类搜索热度和品类关键词，从而挖掘出有价值的信息，以此作为选品参考。例如，通过谷歌趋势输入产品关键词，查看产品在一定时间段内的用户搜索趋势，从而判断出这款产品的市场前景。使用谷歌趋势分析法，除了看行业的整体数据和变动趋势、行业内各品牌的销售情况、各品类的销售和分布、单品的销售数据和价格，还要看行业内至少 3 家核心店铺和主要竞争对手的销售数据（如流量、转化率、跳出率、客单价等）。

除了跨境电商平台自带的选品功能，还有很多第三方的跨境电商平台选品分析工具，其中一些选品平台是需要付费的，但它们可以为跨境电商卖家提供更为智能、全面的选品分析。

## 任务实施

步骤一：站内选品。登录速卖通平台，卖家可以使用数据纵横——行业情报分析工具对某行业现状进行分析。进入"数据纵横"页面，在左侧选择"行业情报"选项，在打开的页面中可以选择目前平台下所有行业的全类目，以及全品类的产品，查询行业数据、行业趋势和行业国家分布。

卖家选定行业后，就要确定要卖这个行业下的哪些类目的产品，也就是类目选品。

除了在行业中选品和在类目中选品，还可以利用数据综合中的选品专家工具，按照"热销"和"热搜"两个维度，在产品中选品。

步骤二：站外选品。参考 eBay 平台的产品，通过 DataCaciques 工具获得信息作为选品的参考。

DataCaciques http://www.DataCaciques.com/

参考小语种网站。

步骤三：完成选品数据分析，得出分析结论。

## 一体化设计

### 多选题

1. 国际市场环境调研包括（　　）。
   A. 经济环境　　　　　　　　　B. 社会环境
   C. 电子商务市场规模　　　　　D. 市场竞争对手情况
2. 在选品的时候，卖家应该坚持的原则包括（　　）。
   A. 从兴趣出发的原则　　　　　B. 从市场需求出发的原则
   C. 从平台特性出发的原则　　　D. 从自我认知出发的原则

## 项目学习成果评价

表 7-1　评价表——跨境电子商务调研与选品

| 学号 | | 姓名 | | 班级 | | | |
|---|---|---|---|---|---|---|---|
| 评价栏目 | 任务详情 | | 评价要素 | 分值 | 评价主体 | | |
| | | | | | 学生自评 | 小组互评 | 教师点评 |
| 任务功能实现 | 掌握跨境电子商务调研的基本目的与主要方法 | | 任务是否完成 | 15 | | | |
| | 确定跨境电子商务调研的主要内容 | | 任务是否完成 | 15 | | | |
| | 完成跨境电子商务选品 | | 任务是否完成 | 15 | | | |

续表

| 评价栏目 | 任务详情 | 评价要素 | 分值 | 评价主体 | | |
|---|---|---|---|---|---|---|
| | | | | 学生自评 | 小组互评 | 教师点评 |
| 知识点运用情况 | 跨境电子商务市场调研基础知识 | 调研方法、内容、目的等 | 6 | | | |
| | 消费者行为特征 | 消费者分析是否准确 | 2 | | | |
| | 跨境电子商务市场调研内容确定 | 内容是否完整 | 3 | | | |
| | 市场调研目标确定 | 目标制定是否合理 | 3 | | | |
| | 调研方案确定 | 方案制定是否合理 | 4 | | | |
| | 选品平台选择 | 平台选择是否全面 | 3 | | | |
| | 平台数据分析 | 分析结果是否正确 | 3 | | | |
| 项目完成效果 | 方案可执行性 | 执行是否流畅 | 4 | | | |
| | 平台数据查询准确性 | 查询数据准确完整与否 | 4 | | | |
| | 分析结果合理性 | 结果可实操性 | 3 | | | |
| 创新性 | 方案设计思路 | 设计思路是否创新 | 5 | | | |
| | 数据分析思维 | 分析思路是否创新 | 5 | | | |
| 职业素养 | 态度 | 是否认真细致、遵守课堂纪律、学习积极、团队协作 | 4 | | | |
| | 工作规范 | 是否按照业务流程完成工作 | 2 | | | |
| | 设计理念 | 是否设计全面合理的调研方案 | 4 | | | |
| 总分 | | | 100 | | | |

## 项目拓展

### 全球速卖通商品发布设置

1. 实训目标

了解全球速卖通平台上发布商品额步骤。

2. 实训情景

某全球速卖通店铺主营消费电子类商品，近期其开发了一新款蓝牙耳机，店铺运营总监要求商品管理部门将这款新品上架到店铺中，并填写详细的商品信息。

3. 实训任务

上架商品，并为商品设置详细的信息描述。

4. 实训步骤

(1) 进入全球速卖通卖家后台，单击"商品"选项卡，在弹出的下拉列表中选择"发布商品"选项。

(2) 进入基本信息设置页面，选择发布语系，输入商品标题，然后选择商品类目。添加商品图片，包括商品正面图、侧面图、细节图等。营销图又称第 7 张图，仅服饰行业类目下才会展现，非必填项。

(3) 设置价格与库存。

(4) 设置商品详细描述，平台提供了新版编辑器和旧版编辑器两种装修工具，卖家可以自行选用。

(5) 设置包装与物流。

# 项目八

# 跨境电商数据分析

## 项目导读

跨境电商数据分析对企业的营销价值是毋庸置疑的,同样数据也可以为企业的精细化运营提供帮助。比如企业可以根据收到的大量用户数据构建一些关于用户体验的检测模型,用来分析关注企业的用户属性;企业可以利用这些模型分析出用户使用产品或用户购物行为的关键接触点,然后检测每个接触点相互间的转化率。电商数据分析可以帮助企业洞悉用户,可以帮助企业进行宏观预测,也可以在整个电商企业运营的过程中起到数据化监控和管理的作用。

本项目结合跨境电商企业中数据运营分析岗位,主要介绍了跨境电商数据分析的指标,数据分析的工具、方法,跨境电商行业数据分析,产品交易数据分析,关键词分析,市场分析、店铺交易数据分析、流量渠道来源分析等。

## 学习目标

### 1. 素质目标

培育学生客观分析,实事求是的职业意识,良好的沟通技巧;培养学生动手实践技能和分析问题、解决问题的能力,开阔学生专业视野。

### 2. 知识目标

(1) 掌握跨境电商数据分析的主要指标;
(2) 理解跨境电商数据分析的基本内容;
(3) 掌握跨境电商行业数据分析和店铺经营分析的主要内容。

### 3. 能力目标

(1) 能够设计电子商务数据分析方案;
(2) 能够确定基本的分析指标;
(3) 能够使用主要的数据分析工具;
(4) 具备行业数据分析和店铺数据分析的能力。

## 任务一　掌握跨境电商数据分析基本知识

### 任务描述

韩梅梅从电子商务专业毕业后进入一家跨境电商公司工作，从事电子商务数据分析岗位工作。自从新型冠状病毒感染疫情暴发以来，公司既往的一些经验已经不适用，市场出现了巨大的变化，各种供需的不平衡、物流的时断时续都导致了跨境电商经营的变化。韩梅梅入职后，主管亟需她帮助企业对供需、市场、行业、产品、物流等进行一系列的数据分析，帮助企业摆脱目前的困境。韩梅梅入职后，需要在电子商务数据分析方面进行大量的学习，以便开展具体的分析工作。

### 任务分析

韩梅梅初入职场，需要掌握基本的电子商务数据分析知识。其主要学习跨境电商数据分析的主要目标、基本内容和基本指标、分析的基本方法和常用工具。

### 知识要点

#### 一、跨境电商数据分析的主要目标

跨境电商业务操作每天都会产生大量的数据，如订单、库存、交易账目、聊天记录、客户资料等。这些数据的潜在价值很大，同时又具有指向性，只对特定的人有效。数据具有历史性，是历史发生的客观事实。对业务人员来说，他们需要的不是数据，而是信息。数据分析是指将数据转变成"有效信息"的过程，即从业务数据中提取有用的信息，实现分析过去、预测未来，然后采取明智的行动。

基于消费者和各种经济数据，大数据不仅可以为消费者"画像"，而且可以给商家提供各式各样的"情报"。例如，国内的商家希望将产品卖到加拿大，通过大数据分析，可以大致预测这种商品一个月可以卖出多少件、定价应该在什么范围内、市面上还有多少商家在卖同样的商品、他们的市场占有率大概是多少等。因此，跨境电商数据分析的主要目标可概括为以下几点：

（1）分析运营现状。通过在跨境电商平台上搜集所属行业的相关数据，对其整理、筛选后再进行数据分析，了解跨境电商企业运营的基本状况、经营指标的完成情况、客户来源情况、业务构成、发展及变动等。

（2）分析运营变化的主要原因。根据数据分析，了解跨境电商企业运营变化的主要原因。例如，去年利润环比下降10%的原因是什么、年度的销量目标为什么未实现等。

（3）预测未来并制定决策。根据数据分析，了解消费者需求的变化，预测未来的市场变化趋势，进而推出更符合消费者需求的产品或服务，并进行有针对性的调整和优化，制定有针对性的跨境电商运营策略。数据分析能帮助跨境电商经营者从猜测演变成决策，减少试错成本，提高成功率。

## 二、跨境电商数据分析的基本内容和基本指标

### （一）数据分析的基本内容

数据如此重要，那么，做跨境电商时，到底应该如何分析数据？应该分析哪些数据？数据分析一般分为两个主要内容：行业数据分析和店铺经营分析。其中，行业数据分析是选好行业、选好产品，让店铺有机会发展起来；店铺经营分析是根据繁多的数据指标，针对店铺和产品开展优化工作、营销活动，为店铺成长提供动力。

另外，我们还可以从不同视角进行数据分析，如维度和粒度。其中，维度是指观察数据的视角，如日期、行业、店铺等；粒度是指观察数据的最小单位，如日期可以分为年、季、月、日、时、分，在店铺里可以看到品类，也可以看到产品。

### （二）数据分析的基本指标

数据分析需要使用各种指标。指标是指数值类的数据，具有标量的特性，如销售额、转化率等。度量值是对指标的运算，如平均值、汇总值等。

**1. 流量总量及来源分析**

流量总量及来源的主要分析指标包括页面浏览量、关键词流量、用户的来源地区、页面访问路径等。

（1）页面浏览量。页面浏览量也称为页面点击量，用户每次刷新即被计为一次。页面浏览量的统计周期通常有小时、天、周和月等，也可以按需设定。

（2）关键词流量。关键词搜索是网络搜索的主要方法之一，要提高访问量，关键词分析很重要。网站通过对各搜索引擎关键词导入的流量及趋势进行分析，可以了解行业概况及竞争对手的情况，并进行关键词优化。

（3）用户的来源地区。用户的来源地区是指根据用户访问时的 IP（Internet Protocol，网际互连协议）地址，判断用户所在的地理位置。例如，百度统计、谷歌趋势分析等工具可以以直观的地图方式显示用户主要来自哪个国家或地区。

了解用户的来源地区，其意义主要表现在以下两方面：

① 可以了解用户最集中的区域，有利于开发者制定有效的城市推广策略。例如，对于用户较多、发展较成熟的城市，需要进行老用户的维护；对于用户较少的城市，可以重点考虑做新用户推广和扩张等。

② 对于部分大型移动 App 来说，开发者需要了解集中了大部分用户的关键城市，对其做增加带宽、增设 CDN（Content Delivery Network，内容分发网络）服务器等策略的调整，保证集中的用户区域能有较好的用户体验。

（4）页面访问路径。页面访问路径分析是了解网站或 App 中不同页面之间的跳转和转化比例情况的方法。用户从打开网站或 App 的首页开始，就会经历一系列页面浏览和跳转，最终从某一页面完全退出网站或 App。任何一位用户都会经历页面访问路径的跳转，不同的是，从某一页面跳转到另一页面的比例不同，从任何一个页面退出网站或 App 的比例也不同。从这些比例数据的差异上，我们可以发现网站或 App 在流程规划、信息架构、页面设计等方面存在的问题，进而引导开发者提出解决方案，实现对网站或 App 的优化。

**2. 流量效率分析**

流量效率主要反映到达网站的流量是否为真实流量，其主要分析指标如下：

(1) 到达率。到达率是指通过点击广告进入被推广网站（或活动页面）的比例。从数值上表示，到达率等于到达量与点击量的比值，统计周期通常有小时、天、周和月等，也可以按需设定。到达率通常反映广告点击量的质量，是判断广告是否存在虚假点击的指标之一。同时，到达率也能反映广告着陆页的加载效率。一般来说，到达率达到80%是比较理想的流量。

(2) 二跳量与二跳率。广告带来的用户在着陆页上产生的第一次有效点击称为二跳，二跳的次数为二跳量。广告二跳量与广告到达量的比值称为二跳率，统计周期通常有小时、天、周和月等，也可以按需设定。

二跳率初步反映广告带来的流量是否有效，是判断广告是否存在虚假点击的指标之一，同时也能反映着陆页对广告用户的吸引程度，以及广告页面上的哪些内容是购买者所感兴趣的，进而根据购买者的访问行径来优化广告页面，提高转化率和线上交易额，大大提升网络广告投放的精准度，并为下一次的广告投放提供指导。

(3) 首页跳出率。

首页跳出率＝仅仅访问首页的访问数/所有从首页开始的访问数×100%

首页跳出率代表所有从首页开始的访问者中，仅仅看了首页的访问者的比值。该指标是所有内容型指标中最重要的，通常认为首页是访问者进入比例最大的页面。对于任意一个网站，如果访问者对首页或最常见的进入页面都一扫而过，这说明网站策划时在某一方面有问题。如果针对的目标市场是正确的，这说明访问者在首页不能找到其想要的东西，或是在网站设计上有问题，如页面布局或链接的文字展示效果不理想；如果网站设计是可行易用的，网站的内容可以很容易地找到，那么问题可能出在访问者的质量上，即市场定位问题。

(4) 转化率。转化率是指在一个统计周期内，完成转化行为的次数占推广信息总点击次数的比率。其计算公式为

转化率＝（转化次数/点击量）×100%

例如，10名用户看到某个搜索推广的结果，其中5名用户点击了某一推广结果，并且网页跳转到目标URL（Uniform Resource Locator，统一资源定位器）。之后，其中2名用户有后续转化的行为。那么，这条推广结果的转化率就是（2/5）×100%＝40%。用户从刚进入到完成某关键环节（如购物），不同步骤之间的转换会发生损耗。例如，用户进入某电商网站，从浏览商品、把商品放入购物车，最后到支付，每一个环节都有很多的用户流失损耗。把商品放入购物车的人数可能是100人，但是最后支付的仅6人，这说明损耗了94人。这一环节的转化率为6%。通过分析转化率，我们可以较快地定位用户在使用产品的不同路径中哪一个存在问题，以此作为改善网站的依据。

转化率是网站最终能否获得盈利的核心，是网站综合运营实力的反映。

**3. 站内数据流分析**

站内数据流分析主要用来考察购物流程是否顺畅、产品分布是否合理，其主要指标如下：

(1) 页面流量排名。页面流量排名主要用于查看产品详情页的流量，特别是首页陈列的产品详情页。参照最终的销售比例，实现优胜劣汰，用以调整销售结构。

(2) 点击率。点击率是指网站页面上某一内容被点击的次数与被显示次数之比。它反映了网页上某一内容的受关注程度，经常用来衡量广告的吸引程度。点击率是网络广告最基本的评价指标，也是反映网络广告最直接、最有说服力的量化指标。点击行为表示准备购买产

品的消费者对产品感兴趣的程度，因为点击广告者很可能是受广告影响而形成购买决策的客户，或者是对广告中的产品或服务感兴趣的潜在客户，即高潜在价值的客户。准确地识别这些客户，并针对他们进行有效的定向广告推送，会对业务开展有很大的帮助。

（3）场景转化分析。首页—列表页—详情页—购物车—订单提交页—订单成功页的数据流分析。

（4）频道流量排名。频道流量排名主要用来分析产品组织的问题。

（5）站内搜索分析。站内搜索分析反映了用户关心的产品有哪些，是产品调整最直接的数据依据。

（6）用户离开页面分析。分析用户在哪些页面最容易离开，是首页还是频道页？是购物车页面还是订单提交页面？若用户突然大比例地离开网站，则往往预示着有问题。

### 4. 网购用户行为特征分析

当消费者在跨境电商平台上使用搜索服务时，平台可以获取用户的网页浏览行为、爱好、消费等数据。基于用户的搜索行为、浏览行为、评论历史和个人资料等数据，通过大数据的挖掘和匹配，跨境电商平台就可以分析消费者的整体需求，有针对性地进行产品生产、改进和营销。用户在电子商务网站上产生购买行为之后，就从网站的潜在客户变成了价值客户。电子商务网站一般都会将用户的交易信息（包括购买时间、购买商品、购买数量、支付金额等）保存在自己的数据库中。因此，对于这些用户，我们可以基于网站的运营数据，对他们的交易行为进行分析，以估计每个用户的价值，以及针对每个用户进行扩展营销的可能性。

用户行为分析是指对用户行为的相关数据进行统计、分析，从中发现用户访问站点的规律，为制定合理的网络营销策略提供依据。用户行为指标主要包括页面浏览数、独立访客数、用户的来源地区、页面访问路径、特定页面的访问、用户的停留时间、跳出率、回访者比率和忠实访问者比率、新访客数、活跃用户和留存用户、启动次数、使用频率和使用时长、不同设备的适配能力、转化率、用户选择的入口方式、关键词等。下面对其中常用的部分指标进行解释。

（1）独立访客数。独立访客数，也称为独立用户数量或独立 IP 数量，是指在一定统计周期内访问网站的用户数量（如每天、每月）。独立访客数是网站流量统计分析中一个重要的数据，与页面浏览数有着密切关系。独立访客数描述了网站访问者的总体状况，无论访问这个网站多少次，每个固定的访问者都只代表一个用户。独立访客数越大，说明网站推广越有效，这是因为独立访客数比较真实地描述了网站访问者的实际数量。它可用于不同类型网站访问量的比较分析，也可用于对同一网站不同时期的网站访问量进行比较分析。

（2）新访客数。新访客数是指第一次访问网站或 App 的独立访客数。对于 App 来说，如果某个用户之前安装过该 App，在卸载之后进行了二次安装，那么只要该用户的设备没有更换或重置，这两次就视为同一个用户，即他在第二次安装后不算作新访客。

按照统计时间跨度的不同，新访客的统计分为日统计、周统计和月统计。新访客数是衡量营销活动开发新用户的效果、营销推广渠道的重要指标。一般来说，新访客数越多，说明网站或 App 的成长越快，推广的效果越好。在通常情况下，网站或 App 发展初期的新访客数非常多。随着市场趋于稳健增长，新访客数逐渐下降。另外，新访客数占活跃用户的比例也可以用来衡量产品健康度。如果某产品的新用户占比过大，这说明该产品的活跃是靠推广达到的。这种情况非常值得关注，尤其是要关注用户的留存情况。

(3) 活跃用户和留存用户。

① 活跃用户。活跃用户是指在某统计周期内启动过 App 的用户。活跃用户通常都会有一个时间范围约束，根据不同的统计周期，可以分为日活跃数（Daily Active User，DAU）、周活跃数（Weekly Active User，WAU）、月活跃数（Monthly Active User，MAU）。该指标是一个 App 用户规模的体现，也是衡量一个 App 质量最基本的指标。结合留存率、流失率、使用时长等指标，它还可以体现用户黏性。该指标也可以衡量渠道质量，排查渠道作弊。每个用户的总活跃天数是指在统计周期内，平均每个用户在 App 的活跃天数。如果统计周期较长（如一年以上），那么每个用户的总活跃天数基本可以反映用户流失之前在 App 上耗费的天数，这是反映用户质量，尤其是用户活跃度很重要的指标。

② 留存用户。留存用户是指在规定时间段 T1 内 App 的新增用户中，经过一段时间 T2，仍然使用该 App 的用户。留存用户占当时新增用户的比例即留存率。其中，T1 和 T2 可以根据 App 自身的实际情况进行设置。留存用户主要用来衡量 App 对用户的吸引程度、用户对 App 的黏性、渠道用户质量和投放效果等。

### 三、跨境电商数据分析的基本方法

进行跨境电商数据分析，需要采用恰当的方法。首先，我们需要在获取大量数据的基础上，通过一定的数据分析方法发现经营中存在的问题，然后找到问题的主要原因，最后总结和发现特征，制定下一步运营的基本决策。

#### （一）发现问题的主要数据分析方法

对比法是发现问题最基本的数据分析方法，在开展分析时，首先使用对比法，可以发现问题。对比法基于某个维度划分，分为横向和纵向两个方向。其中，横向用于分析不同事物之间的差异；纵向用于不同阶段的对比。在跨境电商运营中，使用对比法时，需要了解三类基本数据，即自身数据、竞品数据和行业数据。如图 8-1 所示为某店铺从不同角度（支付金额、访客数、支付买家数和支付子订单数）进行不同时间运营情况的对比分析。

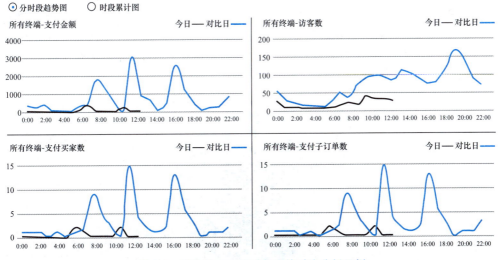

图 8-1 对比法——不同角度的对比分析示例

### (二)找到原因的主要数据分析方法

拆分法是找到原因常用的数据分析方法之一。拆分法是指将某个问题拆解成若干个子问题,通过研究若干个子问题找到原因并解决问题。

拆分分为等额拆分和非等额拆分。等额拆分后的子问题能解释100%的问题;非等额拆分后的子问题可能只能解释80%的问题。例如,我们熟知的电商运营"万能公式",即销售额=访客数×转化率×客单价,而访客数=付费访客数+免费访客数,拆分后的子项可以100%解释父项,这是一种等额拆分。我们经常说做电商运营就是做好点击率、转化率和退款率,因为做好了点击率就不愁流量,做好了转化率就不愁销售额,做好了退款率就不愁利润,但是电商运营中并不是只有这3个比率,因此,这是一种非等额拆分,只是抓了问题的主要原因。

### (三)发现特征的主要数据分析方法

数据分析是通过建立参考系,将数据转变成有效信息的过程,数据思维和商业思维结合在一起才能发生化学反应。在跨境电商运营中,我们常常需要通过各种方法从数据中发现特征。

**1. 数据的预处理及图表表示**

数据的预处理是在对数据进行分类或分组之前必须做的处理,其内容包括数据审核、数据筛选和数据排序等。数据审核是指从完整性和准确性两方面审核数据是否有错误;数据筛选是指根据所要研究的问题,找出需要的某类数据;数据排序是指按照一定的顺序排列数据,以便发现一些明显的趋势,找到解决问题的线索。

在对数据进行预处理后,可以采用图表这种直观、友好的数据表达方法来对数据进行分析。通常的分析包括以下几方面:一是进行各种比较,如目标比较、项目间比较、地域间数据比较等;二是分析构成,如占比构成、各成分分布构成等;三是发现系列,如找到连续、有序类别的数据波动,各阶段递减过程等;四是描述数据,如关键指标、数据分组差异、数据分散、数据相关性、人物或事物之间的关系等。常用的数据分析方法包括以下几种:

(1)分组法。分组法在统计研究中占有重要地位,用于发现事物的特征,可以按类型、结构、时间阶段等维度进行分组。例如,研究速卖通类目,可以采用结构分组。根据速卖通的类目树,将一级类目分为服饰、数码等;服饰又可分为服装、配饰;服装又可进一步分为T恤、衬衫等,可采用饼图来表示,如图8-2所示。

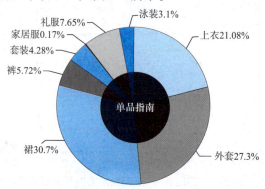

图8-2 用饼图按服装类型分组展示占比情况

(2) 排序法。排序法是常用的数据分析方法之一,是基于某一个度量值的大小,将观测值递增或递减排列,每一次排列只能基于某一个度量值,实现快速获取核心目标信息。例如,选品时,对几类服装商品按其交易指数进行排序,我们可以迅速了解各类型商品的交易情况,见表 8-1。

表 8-1 按交易指数进行排序分析

| 排名 | 品类 | 交易指数 | 在线产品数/件 |
| --- | --- | --- | --- |
| 1 | 连衣裙 | 43 551 | 21 868 084 |
| 2 | 裤子 | 22 664 | 41 053 642 |
| 3 | T恤 | 20 178 | 55 135 570 |
| 4 | 衬衫 | 19 592 | 11 556 930 |

(3) 交叉法。交叉法是对比法和拆分法的结合,是按照有一定关联的两个或两个以上的维度对度量值进行排列和对比分析,从更透彻的观察视角了解问题。在维度不超过三维的情况下,可以灵活使用图表进行展示,如散点图、气泡图、雷达图等;当维度大于三维时,一般选用统计表展示,此时也称为多维分析法。

**2. 降维法与增维法**

(1) 降维法。在进行跨境电商在线信誉评价等多指标综合评价或分析时,我们往往会遇到这样的问题:一是指标多,给计量和分析带来不便;二是多个指标之间可能存在相关性,使它们提供的整体信息容易产生重叠,不易得出基本规律。为了解决这些问题,我们常常采用降维法,在统计学上,常采用的方法是主成分分析法。

因为某一问题涉及的众多变量之间往往有一定的相关性,因此,必然存在起支配作用的共同因素。主成分分析法就是利用降维的思想,在损失很少信息的前提下,将多个指标转化为少数几个综合指标的多元统计方法。通常把转化生成的综合指标称为主成分。其中,每个主成分都是原始变量的线性组合,并且各主成分之间互不相关,这就使主成分具有某些比原始变量更优越的性能。我国跨境电商企业应该广泛引入这种方法,使企业管理者和在线投资者能够对其在跨境电商环境下的经营现状与财务状况做出正确、客观的评价,以判断企业的发展状况,从而为做出在线交易决策提供信息支持。

(2) 增维法。增维法是指在数据集的字段过少或信息量不足时,为了便于业务人员分析,通过计算衍生出更加直观的指标。例如,在分析关键词时,将搜索人气除以商品数量得到一个新的指标,定义为关键词的竞争指数,以便能更有效地分析关键词的竞争情况。

## 四、跨境电商数据分析的常用工具

跨境电商企业既可以自己开展数据分析,也可以利用第三方机构来实现对数据的分析应用。

### (一) 基本数据分析工具

例如,可用 Excel 的公式及数据透视表功能进行统计运算;使用 Power BI,能解决多店铺、多维度、大数据量的分析问题;Python 也被很多企业用来进行数据挖掘和数据分析;

SAS（statistical analysis system，统计分析系统）、SPSS 等统计软件也是非常强大的数据分析工具。

### （二）官方数据平台

各跨境电商平台都提供了数据分析源和分析平台。

全球速卖通平台提供了"数据纵横"工具，其中有庞大的行业数据和卖家自己店铺的所有数据。企业可以运用图表进行直观分析并快速得到结果，为企业的成长提供动力。

亚马逊后台的数据分析包括市场趋势分析、用户行为分析、地理位置数据分析、订单销售数据分析、店铺运作数据分析、用户评论数据等。另外，企业还可以利用很多第三方工具（如 Keepa、Jungle Scout、卖家精灵、船长 BI 等）进行数据分析。

eBay 平台也能为卖家提供流量分析报告，包括访问人数、销售记录、买家访问路径等。通过分析用户的历史浏览记录数据，eBay 能"猜想"用户的消费偏好。利用大数据，eBay 不断优化平台的搜索引擎，更好地理解用户的搜索需求，使商品与需求精准匹配，从而增加在线交易量。根据大数据分析结果，eBay 定期向卖家建议应该销售的商品，如告诉卖家某商品一个月预计的销量、定价的最佳范围、竞争对手有多少、卖家的市场占有率是多少等。

Wish 平台的"您的统计数据"是指针对卖家店铺，每 7 天统计一次产品的浏览数等信息。Wish 的核心竞争力是基于大数据的智能化推荐系统，它可以自动向用户推荐其可能喜欢的产品。对于卖家来说，产品因为被推送给用户而得到曝光，店铺也得到平台推送流量。当然，卖家如果想要自己的产品得到 Wish 的推荐，就必须掌握 Wish 用户推荐的规则，并遵循规则做出调整。

### （三）其他第三方工具

跨境电商的分析工具非常多，可以利用大数据，帮助跨境电商卖家快速实现选品、制定最佳的选品策略，进行更专业、更精准、更有效的数据分析。但并不是所有的数据分析工具都是免费的，这些第三方工具可能会对部分功能模块进行收费，跨境电商经营者可根据自己的运营情况进行选择。

## 任务实施

步骤一：罗列出跨境电商数据分析的主要指标，分析各种指标的作用。
步骤二：从发现问题、找到原因、发现特征三个角度罗列出跨境电商数据分析方法。
步骤三：罗列出常用的数据分析工具，并分析其特点。
步骤四：登录速卖通的数据纵横，了解其应用。

## 一体化设计

### 一、选择题

1. 数据分析的基本指标有（　　）。（多选）
   A. 流量总量及来源分析　　　　　B. 流量效率分析
   C. 站内数据流分析　　　　　　　D. 网购用户行为特征分析
2. 独立访客数，也称为独立用户数量或独立（　　）数量，是指在一定统计周期内访

问网站的用户数量（如每天、每月）。（单选）

  A. IP      B. UV      C. PV      D. 主机

3. 在对数据进行预处理后，可以采用图表这种直观、友好的数据表达方法来对数据进行分析。通常的分析包括（　　）方面。（多选）

  A. 进行各种比较    B. 分析构成    C. 发现系列    D. 描述数据

4. 全球速卖通平台提供了（　　）工具，其中有庞大的行业数据和卖家自己店铺的所有数据。（单选）

  A. 生意参谋    B. 数据纵横    C. 卖家精灵    D. Keepa

## 二、判断题

1. 在跨境电商运营中，使用拆分法时，需要了解三类基本数据，即自身数据、竞品数据和行业数据。（　　）

2. 增维法是指在数据集的字段过少或信息量不足时，为了便于业务人员分析，通过计算衍生出更加直观的指标。（　　）

# 任务二　掌握行业及产品数据分析方法

## 任务描述

通过基本知识的学习后，韩梅梅已经对跨境电商数据分析指标、方法、工具有一定的理解。接下来，公司主管安排其针对公司主要经营的产品类目——女装（暂定）进行行业及产品数据分析，需要从女装行业数据分析、产品交易数据分析、关键词分析着手，确定进入类目，选定爆款产品及关键词。

## 任务分析

从事跨境电商数据分析岗位的业务人员，需要熟悉公司主要经营的产品，对主要类目进行分析。主要包含行业对比分析、行业趋势分析、爆款产品数据分析、长尾开发的数据分析、潮流趋势分析的数据分析、热搜词分析、飙升词分析，通过综合分析得出是否进入该行业类目的结论。

## 知识要点

### 一、行业数据分析

跨境电商经营者需要了解行业的整体情况和行业产品的整体交易情况，并结合关键词进行分析。

#### （一）行业对比分析

行业对比是指与相关行业进行数据趋势对比，一般可利用下面一些指标进行判断。

（1）访客数占比。访客数占比是指在统计时间段内，行业访客数占上级行业访客数的比例。一级行业占比为该行业占全网的比例。

（2）成交额占比。成交额占比是指在统计时间段内，行业支付成功金额占上级行业支付成功金额的比例。

（3）在售商品数占比。在售商品数占比是指在统计时间段内，行业在售商品的数量占上级行业整体在售商品数量的比例。

（4）浏览量占比。浏览量占比是指在统计时间段内，行业浏览量占上级行业浏览量的比例。一级行业占比为该行业占全网的比例。

（5）订单成交数。订单成交数是指在统计时间段内，行业支付成功的订单数占上级行业支付成功的订单数的比例。一级行业占比为该行业占全网的比例。

（6）供需指数。供需指数是指在统计时间段内，行业的商品指数/流量指数。供需指数越小，表明竞争越小。

根据这些指标进行分析，可以判断平台发展品类的方向变化，从而加强对某个行业的投入或避开一些竞争过于激烈的红海市场。

寻找蓝海行业是跨境电商经营者的一种比较明智的选择。蓝海是指未知的、有待开拓的市场空间。蓝海行业是指那些竞争尚不大，但又充满买家需求的行业。蓝海行业充满新的商机。在对不同行业进行对比后，寻找蓝海行业是每一个卖家心中的期盼。蓝海行业给卖家充分的空间和时间去发展团队，并且做强、做精，立于不败之地。当然，蓝海行业和红海行业只是相对而言的，随着时间的推移，新进入的竞争者逐渐增多，流量爆发期过后也会出现价格搏杀的局面。

### （二）行业趋势分析

进行行业趋势分析，首先要选择行业，查看该行业最近 7 天、30 天或 90 天的流量，以及成交转化和市场规模数据，了解市场行情变化情况。

**1. 市场规模分析**

市场规模，即市场容量，主要研究目标产品或行业的整体规模，可能包括目标产品或行业在指定时间内的产量、产值等，具体根据人口数量、人们的需求、年龄分布、地区的贫富度调查所得的结果进行判定。决定市场规模的三个要素是购买者、购买力、购买欲望。通常，我们习惯将一定时间内一个（类）产品或服务在某个范围内的市场销售额作为研究市场规模大小的重要方法。市场规模决定了市场天花板。市场天花板是指行业内企业销售额的极限数字，正常来讲，市场规模越大，市场天花板越高。分析时，可用市场规模和市场头部企业来确定市场天花板。

假如某跨境电商平台某个市场的成交规模是 10 亿元，那么对于行业内的某家企业来讲，销售额的极限数字便是 10 亿元。但从市场经济的角度来讲，这是很难实现的，因为完全垄断市场需要在较高的理想条件下才能存在。我们可以根据"二八定律"做出假设，整个市场由 20 家企业瓜分 80% 的份额，也就是 8 亿元，那么对于这 20 家企业而言，市场天花板平均为 4 000 万元左右。另外，也可以将市场占有率排名第一的企业份额作为市场天花板。假设市场占有率排名第一的企业份额是 6 000 万元，那么 6 000 万元可以看作行业的市场天花板。

除借助于销售额和成交量两个指标外，分析时，还可以利用其他多个指标来描述市场规模，如消费者数量、流量数、销售件数等。市场规模是评判行业的一个维度，但在商业层面分析时，要注意，不能单纯地认为市场规模越大越好。市场规模大小只是一种现状，如何选择市场或如何确定市场策略，需要结合企业的内外部因素才可以准确判断。

一般来说，市场规模越大，相对市场竞争也越大，所需要的市场推广预算就越多；市场规模越小，相对市场竞争也越小，所需要的市场推广预算就越少。实力雄厚的企业应该选择市场规模大的市场，以争取更多的竞争机会、扩大规模；实力不足或新兴企业可以选择市场规模相对较小的市场，以规避风险、保存实力。

### 2. 市场趋势分析

企业在进入市场前或在制定未来的发展规划时，需要掌握市场趋势。市场趋势与企业的发展息息相关，发展趋势好的市场称为增量市场，发展趋势差的市场称为存量市场。分析市场趋势就是要辨别企业处于何种市场。市场趋势分析是根据时间序列图的走势，掌握目前走势规律，并预测未来走势。在通常情况下，根据时间序列图的走势对市场的增幅情况进行判断。如果连续两年增幅超过10%，则可以判定其为增量市场；反之，则可以判定其为存量市场。

市场趋势分析除判断增量与存量外，还需要识别行业的淡旺季及数据拐点。数据拐点是数据趋势发生转折的时间节点。如图8-3所示，市场趋势一般可分为导入期、上升期、爆发期和衰退期四个不同的阶段。

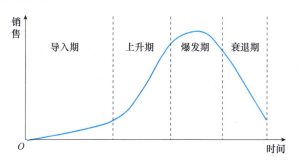

图8-3　将商品投放市场后的不同阶段

（1）导入期。导入期是指消费者需求开始产生的阶段。在此阶段，企业要着手将产品投放市场，这意味着企业需要提前做好产品布局相关的准备工作。

（2）上升期。上升期是指消费者需求开始上升的阶段。在此阶段，企业要投入足够的市场预算，全力抢占市场。

（3）爆发期。爆发期是指消费者需求达到顶峰的阶段。在此阶段，企业要尽量地多出单，使成交量、销售额达到可观数值。

（4）衰退期。衰退期是指消费者需求开始下降的阶段。在此阶段，企业要将库存清理到安全库存的范围内，避免资金被过量占用。

### 3. 市场竞争情况分析

市场竞争是市场经济的基本特征。在市场经济条件下，企业从各自的利益出发，为了取得较好的产销条件、获得更多的市场资源而竞争。通过竞争，可以实现企业的优胜劣汰，进而实现生产要素的优化配置。市场竞争的方式是多种多样的，如产品质量竞争、广告营销竞争、产品价格竞争、产品式样和花色品种竞争等，这也就是通常所说的市场竞争策略。通常，我们从竞争强度和市场集中度两个角度对市场竞争情况进行分析。

（1）竞争强度。竞争强度是指现有企业之间争夺市场地位和竞争优势的激烈程度。它通常用行业内商户的密集程度来衡量，一般认为，竞品越多，竞争越激烈，同时还要看市场的变化趋势，主要观察是否有大量竞争对手涌入市场的趋势。基于主体的不同，也可以使用品牌数量、企业数量、商户数量、商品数量等指标进行分析。假设分析主体是品牌，则分析行业中品牌数量的情况。

（2）市场集中度。市场集中度是指对整个行业的市场结构集中程度的测量指标。它用来衡量企业数量和相对规模的差异，是市场势力的重要量化指标。市场集中度是决定市场结构最基本、最重要的因素，集中体现了市场的竞争和垄断程度。经常使用的市场集中度计量指标有行业集中率、赫芬达尔-赫希曼指数（Herfindahl-Hirschman Index，HHI，以下简称赫芬达尔指数）等，这两个指标也经常用在反垄断经济分析之中。

行业集中率是指在该行业的相关市场内前几家规模最大的企业所占市场份额的总和。赫芬达尔指数基于该行业中企业的总数和规模分布，计算方法是将相关市场上所有企业的市场份额平方后再相加的总和。它是一种测量产业集中度的综合指数，常用来反映行业集中度，指数值越大，表示市场集中度越高，垄断程度也越高；反之，则越低。与规模较小的企业相比，赫芬达尔指数对规模较大的企业给予了更大的权重，因此，赫芬达尔指数对规模较大的前几家企业的市场份额比重的变化反应特别敏感，能真实地反映市场中企业之间规模的差距大小，并在一定程度上反映企业支配力的变化。

例如，现有 A、B、C 三个品牌，其市场占有率分别为 60%、30%、10%，赫芬达尔指数 $=0.6^2+0.3^2+0.1^2=0.36+0.09+0.01=0.46$，对得到的赫芬达尔指数求倒数，得到 $1/0.46\approx2$，这说明市场份额主要集中在前两个品牌。应用时，一般选取市场排名前 100 的品牌、店铺或产品，当赫芬达尔指数接近甚至大于 0.05 时，说明市场趋于集中状态；反之，说明市场趋于自由竞争状态。

## 二、产品交易数据分析

产品交易数据分析一般关注如何选择爆款产品、怎样进行长尾开发和潮流趋势分析等。

### （一）爆款产品的数据分析

#### 1. 产品的热度分析

大多数行业的卖家都需要爆款产品，因为它能吸引大量买家浏览，给店铺带来足够的热度。若产品全部是过季或长尾产品，就很难保证店铺销量的稳定、持续增长。例如，冬天卖遮阳帽，夏天卖羽绒服，这些产品明显热度不够，因为只有南半球的客户会关注。

#### 2. 产品的差异化分析

简单地抄袭爆款产品是很难成功的。对于同样的产品，在别家的销量已经很高的情况下，超越竞争对手是很难的。因此，需要通过数据分析，精准地找出热卖产品的关键点，做出差异化的产品，这才是成功的必由之路。

#### 3. 产品的购买转化率分析

高点击量、低转化率的产品不能给店铺带来实际成交量。必须通过数据分析，找出点击量高而购买量不高的主要原因，精准地解决问题，这样才能将点击真正转化为购买。

#### 4. 产品的关联性分析

找到爆款产品后，不能简单地复制，需要注意产品的差异化，但又需要通过爆款产品来增加店铺热度。因此，可以考虑开发关联性较强的产品。

例如，对于某跨境电商平台上"SD存储卡"类目下的Top1商品，该商品已经获得86 240个用户评分。点击此商品展示页，我们可以观察其产品标题、详细的产品描述、技术细节、评论情况及与其他竞争品的性能对比等（图8-4），分析其热销的主要原因。

图8-4　Top1商品分析

通过分析，我们就能找到当前的热销品，对其中感兴趣的商品进行深入分析，在观察优秀产品的相关属性后提升自己的产品。

### （二）长尾开发的数据分析

长尾产品是指相对于爆款产品而言，具有品类深度的产品。一家成熟的店铺不能只靠两三种产品，关联产品的销售能带来更高的利润。传统的"二八定律"认为，20%的品种带来了80%的销量，但是我们还要关注蓝色的"长尾巴"，这部分可以积少成多，80%的产品能创造超过一半的利润。

长尾产品的开发可以放宽产品开发的条条框框，更需要供应商配合。SKU（SKU在电子商务平台是指按属性值对一款商品进行的编码，便于电商品牌识别商品。例如，一款衣服有多种颜色、多个尺码，则每一种颜色、每一个尺码的SKU编码均不相同）数量庞大的产品备货多了会产生巨大的库存并占用现金流，且往往单个SKU的库存量很低，补货及发货的及时性很难得到保障，供应商配合成为服务好最终用户的必备条件。因此，要开发长尾产品，可以选择优质供应商的商品，按供应商现货情况备库。不能按照打造爆款产品的思路为其添加飙升词和热搜词，想把长尾产品打造成爆款产品是不现实的。

### （三）潮流趋势分析的数据分析

潮流趋势是指平台利用站内外大数据挖掘并整合、分析出的服装、服饰、鞋包、珠宝、手表等类目的流行趋势。潮流趋势推动有一定供应能力和市场敏锐度的卖家开发系列新款商品，实现快速成长，带动潜力增长。因此，具有符合目前流行趋势的特征、描述、关键词、类似图片和款式的产品，就有机会在各站点的潮流趋势频道曝光。一般跨境电商平台的潮流趋势分析都会显示以下几方面的信息：平台内有无类似的产品、目前热门的潮流特征、最新的潮流特征、产品的上新度和热度等。潮流趋势频道开放的类目一般包括服装、服饰、鞋包、童装及珠宝、手表等。平台筛选进入这些频道的产品的原则如下。

#### 1. 图片处理

需要高质量的产品图片，产品图片为模特图片或原始产品单图，且无边框、产品主体突出、背景干净。产品图片与潮流趋势中的图片类似,但严禁盗用潮流趋势中的图片发布产品,一经发现,很多平台将会按网络侵权处理。

**2. 产品标题要求**

标题中含有从潮流趋势中提炼出来的关键词,但关键词必须与本产品相关。

**3. 服务等级要求**

服务等级为及格或及格以上。

## 三、关键词分析

跨境电商平台的完整搜索词分析数据库是制作产品标题的利器。标题是系统在排序时对于关键词进行匹配的重要内容,专业的标题能提升卖家的可信度。

一个优质的标题一般具有如下格式:风格词+产品分类词+特征属性词+颜色+尺码,产品分类词和特征属性词是基本确定的,卖家无法做出更多的选择,需要对产品熟悉并收集汇总自己的词库。风格词往往不具有唯一性。例如,一件衣服是复古风格还是韩版风格,这很难确定,每个人的理解也有很大偏差。卖家应该充分利用标题的规定长度,尽量填写搜索指数高的风格词。搜索词分析指标一般有以下几个方面。

### (一) 热搜词指标说明

**1. 是否为品牌词**

如果是禁限售商品,销售此类商品将会被处罚。对于品牌商品,卖家只有获得授权后才可以进行销售。

**2. 搜索指数**

搜索指数是指搜索该关键词的次数经过数据处理后得到的对应指数。

**3. 搜索人气**

搜索人气是指搜索该关键词的人数经过数据处理后得到的对应指数。

**4. 点击率**

点击率是指搜索该关键词后点击进入商品页面的次数。

**5. 成交转化率**

成交转化率是指关键词带来的成交转化率。

**6. 竞争指数**

竞争指数是指供需比经过指数化处理后的结果。

### (二) 飙升词指标说明

**1. 搜索指数飙升幅度**

搜索指数飙升幅度是指在所选时间段内累计搜索指数比上一个时间段内累计搜索指数增长的幅度。

**2. 曝光商品数增长幅度**

曝光商品数增长幅度是指在所选时间段内每天平均曝光商品数比上一个时间段内每天平均曝光商品数增长的幅度。

**3. 曝光卖家数增长幅度**

曝光卖家数增长幅度是指在所选时间段内每天平均曝光卖家数比上一个时间段内每天平

均曝光卖家数增长的幅度。

### (三) 零少词指标说明

零少词是指具备一定买家搜索热度，但供应商发布产品较少，通常该词下对应的精确匹配产品数量不超过3页，因而同行竞争度较低的关键词。

**1. 曝光商品数增长幅度**

曝光商品数增长幅度是指在所选时间段内每天平均曝光商品数比上一个时间段内每天平均曝光商品数增长的幅度。

**2. 搜索人气**

搜索人气是指在所选时间段内累计搜索人气。

**3. 搜索指数**

搜索指数是指在所选时间段内累计搜索指数。

在销售过程中，系统热搜词在卖家的产品中也有"水土不服"的现象，这是由关键词严重同质化造成的。所有卖家都想用最热的关键词，但是关键词竞争度高了，产品被搜索到的概率反而小了。这时，我们应该更多地运用飙升词库提供的数据来优化标题。

## 任务实施

步骤一：结合公司主营产品拟定进入类目——女装（暂设）。

步骤二：通过速卖通数据纵横或第三方工具对女装类目进行行业对比分析、趋势分析，并形成分析报告，确定是否可进入，如可进入即进行步骤三，如不可进入作重复步骤一、步骤二。

步骤三：对女装（暂定）类目进行爆款产品数据分析、长尾开发的数据分析、潮流趋势分析的数据分析，确定爆款产品并形成报告。

步骤四：通过对爆款产品的热搜词、飙升词分析，进行关键词的选取。

## 一体化设计

### 一、选择题

1. 行业趋势分析包括（　　）。（多选）
   A. 市场趋势分析　　　　　　　　B. 市场竞争情况分析
   C. 市场数据流分析　　　　　　　D. 市场规模分析
2. 爆款产品的数据分析通常从（　　）方面进行。（多选）
   A. 产品的热度分析　　　　　　　B. 产品的差异化分析
   C. 产品的购买转化率分析　　　　D. 产品的关联性分析
3. 搜索词分析指标一般有（　　）方面。（多选）
   A. 热搜词指标说明　　　　　　　B. 飙升词指标说明
   C. 零少词指标说明　　　　　　　D. 属性词指标说明

### 二、判断题

1. 不能按照打造爆款产品的思路为其添加飙升词和热搜词，想把长尾产品打造成爆款产品是不现实的。（　　）

2. 产品分类词和特征属性词是基本确定的，卖家无法作出更多的选择，需要对产品熟悉并收集汇总自己的词库。（     ）

3. 高点击量、低转化率的产品不能给店铺带来实际成交量。必须通过数据分析，找出点击量高而购买量不高的主要原因，精准地解决问题，这样才能将点击真正转化为购买。（     ）

## 任务三　掌握店铺数据分析方法

### 任务描述

通过数据分析，韩梅梅已经为公司确定了运营的类目、爆款产品和关键词选定。经过一段时间的试运营，积累了一定的数据，接下来韩梅梅需要进一步对店铺的运营进行优化，首先要了解店铺的海外市场分布、客单价趋势、店铺销量排名，分析店铺流量，对店铺交易数据进行分析，增加产品的获客和盈利能力。

### 任务分析

韩梅梅需要进一步的优化店铺运营，需要对订单发货地进行分析，确定主要目标国家；对客单价趋势进行分析，提升客单价；对店铺销量排名分析，进行竞争对比；对店铺交易数据进行分析，提升产品的盈利能力；对店铺流量来源进行分析，提升获客能力。

### 知识要点

#### 一、全球市场实时分析

跨境电商需要获取全球市场的行业信息，来为其长远的发展提供参考依据。跨境电商卖家可以通过分析国家的消费者分布图、订单发货地、客单价、店铺销量排名、不同国家采取的主要物流方式等，实时调整店铺的经营战略。这些蕴藏在数据背后的商业逻辑将更好地服务跨境商家，使其了解所处行业的竞争环境。充分了解行业规模与趋势及行业竞争，有助于跨境商家的健康、持续发展。

全球市场实时分析可以帮助跨境商家找到最佳的视角，将问题看清楚。各大跨境电商平台均提供了全球市场实时数据分析，会不定期发布一段时间内全球各大区域的热卖产品情况。

（一）热销国家的消费者分布图

以某跨境电商平台上的护肤品行业为例，对护肤品销售排名前20的国家进行消费者数量分析，纵轴代表买家数，横轴代表国家。我们可以观察到，俄罗斯的消费者占比最大，与排名第二的美国的消费者人数差距较大（图8-5）。基于此，商家可以考虑开发更适合俄罗斯用户群体的产品，结合当地人的使用习惯进行后续研发。这也在一定程度上反映出俄罗斯的护肤品市场发展空间较大。

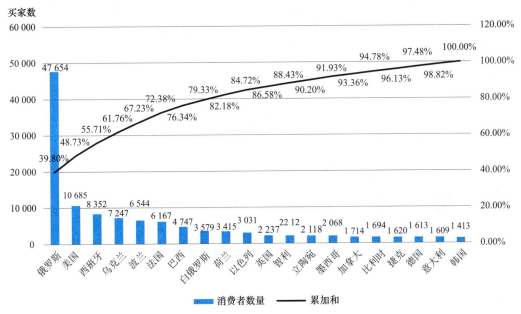

图 8-5　某跨境电商平台上销售排名前 20 的国家的消费者分布图（护肤品行业）

## （二）订单发货地分布图

以某跨境电商平台上 2020 年 4—7 月的护肤品行业数据为例，选择了每个月排名前三的发货地进行分析，4—6 月排名前三的国家分别是中国、俄罗斯和西班牙；7 月排名前三的国家分别是中国、俄罗斯和法国。经过数据分析，我们可以观察到，中国的护肤品代加工厂众多，所以发货地多集中在中国，但发货地数量有缓慢下降趋势；俄罗斯的发货地数量呈上升趋势（图 8-6）。

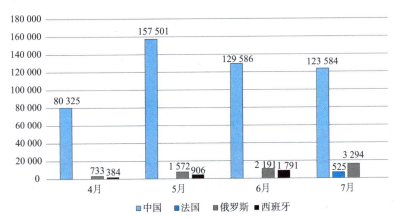

图 8-6　某跨境电商平台上护肤品行业的订单发货地分布图

## （三）客单价趋势图

客单价是指店铺中每一个顾客平均购买商品的金额，即平均交易金额。其计算公式为

$$客单价 = 销售总额 / 成交顾客总数$$

根据数据分析，我们发现，2020 年 4—7 月护肤品行业的客单价呈上升趋势，2020 年 7 月

达到 60.17 美元，均价达 37.4 美元，5 月更是环比增长超 160％（图 8-7）。这一上升趋势说明，高品质的商品逐渐受到消费者的青睐。对于跨境电商卖家而言，要注重产品的品质，销售满足当前消费者预期的高品质商品。

图 8-7　某跨境电商平台上护肤品行业的客单价趋势图

### （四）店铺销量排名

通过分析某跨境电商平台上护肤品行业 2020 年 7 月的 TOP10 店铺，我们观察到，50％的店铺的销售额增幅较 2020 年 6 月超过 40％。其中，Home & Beauty City 呈指数级增长，增幅达 2 903.82％（表 8-2）。跨境电商企业可以参考同行业中的佼佼者，借鉴它们的经营理念，创新自己的发展路径。

表 8-2　某跨境电商平台上护肤品行业 2020 年 7 月的 TOP10 店铺

| 店铺名称 | 订单数量 | 销售金额 | 增幅 |
| --- | --- | --- | --- |
| Foreverlily store | 15 576 | 290 086.16 | −43.42％ |
| Ckeyin Fashion Store | 20 318 | 271 444.75 | 158.66％ |
| Foreverlily Official Store | 14 303 | 216 702.97 | −10.92％ |
| Home & Beauty City | 24 391 | 213 351.42 | 2903.82％ |
| Mofajiang Official Store | 21 792 | 200 777.16 | −17.42％ |
| Dearbeauty Store | 12 489 | 170 574.52 | −83.37％ |
| Iebilif Global Store | 7 149 | 158 720.28 | 57.02％ |
| Zwellbe Makeup Store | 16 407 | 114 420.14 | −50.79％ |
| Beauty Health Export | 16 484 | 111 978.45 | 1703.5％ |
| Rnissheart Official Store | 3 594 | 103 331.49 | 41.55％ |

## 二、店铺交易分析

### （一）店铺概况分析的主要内容

每一位跨境电商卖家，无论入驻哪个跨境电商平台，都需要实时掌握自己店铺的情况，特别是流量询问、转化数据，以及市场的变化等。各大跨境电商平台均能提供这样的分析工具，使卖家可以查看每日的实时数据，如每天的成交额、排名情况，并且额外关注曝光量、浏览量、访客数、订单数、成交订单数、成交转化率、成交金额等，如图 8-8 所示。

项目八　跨境电商数据分析　131

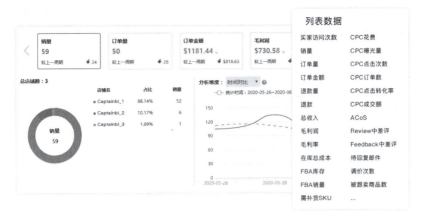

**图 8-8　某店铺的概况分析**

### （二）对其他店铺概况的分析

除了自己的店铺，对于很感兴趣的其他店铺，卖家也可以通过数据分析工具抓取其基本信息，对其店铺情况进行分析，如经营资质、粉丝数、店铺商品数、总销售额等。除此之外，卖家还可以进店分析，对其所有商品信息进行下载，观察其商品的客单价分层是怎么做的、哪种产品的销量最高、新上传的商品是什么。另外，卖家可以通过销售分析观察其销售情况，如近 180 天的销售额、平均日销售额、平均成交价等。

商家需要将所获得的数据经过一系列的过程转化为有用的信息，如店铺的浏览量、被关注收藏量、日营业额和退货率等。除跨境电商平台提供的分析工具外，还有很多第三方跨境电子商务数据分析平台，它们可以帮助店铺进行更加智能化的综合数据分析。例如，船长 BI 专门针对亚马逊店铺进行数据分析等。在掌握详细的店铺概况后，建立不同的参考对象，如过去的自己、同期的行业和同期的对手。获取数据后，商家能从历史的数据中找到解决问题的思路，降低试错率。

### （三）店铺概况实例分析

某跨境电商女装店铺 2020 年 8 月的销售额为 10 万美元，该数据意味着什么呢？我们需要建立一个参考系，与过去的自己、同期的行业和同期的对手进行对比。

首先，过去的自己。该店铺 2019 年 8 月的销售额为 15 万美元，但 2020 年 7 月的销售额为 8 万美元。在与过去的自己对比时，我们发现，营业额下降。这时，应分析下降的原因，思考店铺运营的哪个环节出现了问题、是哪个平台的销量下降还是哪个业务员的销量下降，拆分问题，并找出解决办法。

其次，同期的行业。当后台给出相关数据时，与同期的行业相比，店铺的销售额超过了 90％以上的店铺。此时，不知道排前几名店铺的具体营业额及与其之间的差距。

最后，同期的对手。查看销量排前几名的店铺，通过数据的对比，思考是行业大环境的问题还是个别店铺的问题。如图 8-9 所示为与同行同层平均及同行同层优秀的对比图。我们发现，该店铺从 1 月 27 日开始低于平均值。此时，应该梳理调整运营的环节，及时纠错；在与同行同层优秀比较时，我们观察到差距在不断扩大，店铺的问题更加严重，管理人员应作出相应调整。

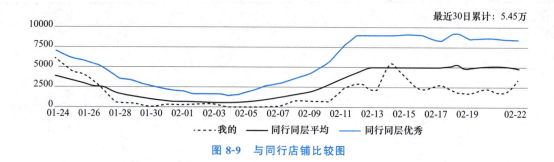

图 8-9 与同行店铺比较图

因此,进行店铺概况分析时,跨境电商需要从多个视角进行原因分析,根据店铺情况,具体问题具体分析。

### 三、店铺流量来源分析

店铺流量来源分析的核心指标主要是访客数。在跨境电商平台的后台,一般都可以看到总的访客数,并且可以看到不同地区的访客数排序,还可以查看店铺的流量、访问深度、访问时间和跳失率的变化等指标。

#### (一)平均访问深度

平均访问深度是指该来源带来的访客每次进店后在店铺内的平均访问页面数,即人均访问页面数。一段时间内的访问深度=每天访问深度的日均值,即每天访问深度的平均值。

#### (二)平均访问时间

访问时间是用户在一次访问内访问店铺页面的时长。平均访问时间是所有用户每次访问时间的平均值。

#### (三)跳失率

跳失率是指只访问了该店铺的一个页面就离开的次数占总进店次数的比例。一段时间内的跳失率=每天跳失率的日均值,即每天跳失率的平均值。

#### (四)购买率

购买率是指在访问该页面的访客中,当天下单的访客占访问该页面的总访客数的比值。

#### (五)流量来源贡献率

流量来源贡献率是指各流量来源渠道对店铺的贡献。

### 四、自有商品分析

最后,我们要对经营的自有商品进行详细分析,在后台抓取商品信息后,观察商品的基本信息,包括总销量、收藏次数、评价次数、各商品的热销国家、销量排名前几的国家分布情况,特别需要关注用户评价内容(尤其是一些差评),注重舆情分析。另外,我们还应借鉴平台上其他店铺同类产品的运营经验。

自有商品分析常用的指标说明如下:

(1)曝光量。曝光量是指搜索曝光量,即商品在搜索或类目浏览下的曝光次数。

(2)浏览量。浏览量是指该商品被买家浏览的次数。

(3) 搜索点击率。搜索点击率是指商品在搜索或类目曝光后被点击的比例，即搜索点击率＝浏览量/曝光量。

(4) 询盘次数。询盘次数是指买家通过该商品点击站内实时沟通工具与站内信的次数。

(5) 平均停留时长。平均停留时长是指买家访问该产品所有详情页的平均停留时长。

(6) 添加购物车次数。添加购物车次数是指该商品被买家添加到购物车的次数。

(7) 添加收藏次数。添加收藏次数是指该商品被买家收藏的次数。

(8) 成交订单数。成交订单数是指该商品在选定时间范围内支付成功的订单数，与选定时间范围内风控关闭的订单数的差值。

(9) 成交买家数。成交买家数是指选定时间范围内成功购买该商品的买家数。

(10) 成交金额。成交金额是指该商品在选定时间范围内产生的交易额。

(11) 成交转化率。成交转化率是指成功购买该商品的买家数占访问买家总数的比值，即成交转化率＝成交买家数/访客数。

(12) 未成功支付比率。未成功支付比率是指该商品在选定时间范围内未成功支付的订单数与创建成功的订单数的比值。

自有商品分析是根据各项指标，找出店铺商品的缺陷，给出解决方案。表8-3所示为采用部分关键指标进行自有商品分析时考虑的主要因素和解决方案。

表8-3 进行自有商品分析的关键指标、主要因素和解决方案

| 关键指标 | 主要因素 | 解决方案 |
| --- | --- | --- |
| 曝光量 | Listing排名（搜索、类目） | 优化标题，优化结构化描述（属性） |
| 点击率 | 主图 | 优化主图 |
| 转化率 | 价格、产品描述、客户服务 | 优化供应链、优化产品描述和客户服务 |
| 停留时间 | 产品详情页 | 丰富产品详情页，主要是图片 |

通过以上对行业和店铺的数据分析，我们可以了解整体的营销效果，检验营销活动是否取得了预期效果，并采取有针对性的改进策略，提升跨境电商的运营绩效。

## 任务实施

步骤一：对订单发货地进行分析，确定主要目标国家。
步骤二：对客单价趋势进行分析，提升客单价。
步骤三：对店铺销量排名分析，进行竞争对比。
步骤四：对店铺交易数据进行分析，提升产品的盈利能力。
步骤五：对店铺流量来源进行分析，提升获客能力。

## 一体化设计

### 一、选择题

1. 每一位跨境电商卖家，无论入驻哪个跨境电商平台，都需要实时掌握自己店铺的情况，特别是（　　）。（多选）

A. 流量查询　　　　　　　　　　B. 转化数据
C. 跳失率　　　　　　　　　　　D. 市场的变化

2. 店铺流量来源分析的核心指标主要是（　　）。（单选）
A. 销售量　　　　B. 浏览量　　　　C. 访客数　　　　D. 成交量
3. 进行自有商品分析的关键指标包含（　　）。（多选）
A. 曝光量　　　　B. 点击率　　　　C. 转化率　　　　D. 停留时间

## 二、判断题

1. 客单价是指店铺中每一个顾客平均购买商品的金额，即平均交易金额。其计算公式：客单价＝产品单价×订单内商品数量。（　　）
2. 搜索点击率是指商品在搜索或目曝光后被点击的比例，即搜索点击率＝浏览量/曝光量。（　　）
3. 平均访问深度是指该来源带来的访客每次进店后在店铺内的平均访问页面数，即人均访问页面数。（　　）

---

### 项目学习成果评价

表 8-4　评价表——跨境电商数据分析

| 学号 | | 姓名 | | 班级 | | |
|---|---|---|---|---|---|---|
| 评价栏目 | 任务详情 | 评价要素 | 分值 | 评价主体 | | |
| | | | | 学生自评 | 小组互评 | 教师点评 |
| 任务功能实现 | 掌握跨境电商数据分析基础认知 | 任务功能是否实现 | 10 | | | |
| | 掌握行业及产品数据分析方法 | 任务功能是否实现 | 15 | | | |
| | 掌握店铺数据分析方法 | 任务功能是否实现 | 15 | | | |
| 知识点运用情况 | 数据分析基本指标 | 根据任务制定分析指标 | 2 | | | |
| | 数据分析工具和方法 | 数据分析工具和方法是否掌握 | 2 | | | |
| | 行业对比分析 | 访客数、成交额、在售商品数、供需指数等 | 4 | | | |
| | 产品交易数据分析 | 爆款产品、长尾产品、潮流趋势分析 | 4 | | | |
| | 关键词分析 | 热搜词、飙升词 | 4 | | | |
| | 店铺交易数据分析 | 店铺交易数据 | 4 | | | |
| | 店铺流量来源分析 | 店铺流量渠道 | 4 | | | |
| 项目完成效果 | 行业及产品数据分析 | 分析指标、方式是否得当，分析结论是否合理 | 6 | | | |
| | 店铺运营数据分析 | 分析指标、方式是否得当，分析结论是否合理 | 6 | | | |
| | 业务跟进 | 跟进是否及时 | 4 | | | |

续表

| 评价栏目 | 任务详情 | 评价要素 | 分值 | 评价主体 | | |
|---|---|---|---|---|---|---|
| | | | | 学生自评 | 小组互评 | 教师点评 |
| 创新性 | 工作流程 | 工作流程是否创新 | 5 | | | |
| 职业素养 | 态度 | 是否认真细致、遵守课堂纪律、学习积极、团队协作 | 5 | | | |
| | 操作规范 | 是否按照国际贸易业务流程进行 | 5 | | | |
| | 解决问题 | 是否合理解决工作中遇到的问题 | 5 | | | |
| | 总分 | | 100 | | | |

---

## 项目拓展

### 海外仓全流程设计分析

1. 实训目标

掌握海外仓全流程的设计分析。

2. 实训情景

如何以最少的成本获取最多的新客户,是每个企业在运营的各个阶段都应思考的问题。产品获客能力作为跨境电商经营活动的关键能力之一,能够帮助企业衡量产品为店铺或平台获取客户的能力。双十一即将到来,某女装品牌决定从速卖通店铺的卫衣类目中挑选一款打造爆款,作引流之用。为此,韩梅梅以最近一个月的运营数据为准,分析卫衣产品获客能力,作为引流产品选择的一个重要指标。

3. 实训任务

产品获客能力是用来衡量产品为店铺或平台获取客户的能力,客户包括新客户与老客户,具体分析时不能简单地以占比高低来评判,因此韩梅梅在具体操作时将新客户分析的重点放在了新客点击量上,老客户分析的重点放在了重复购买率上,并根据店铺的拉新成本及老客户唤醒成本,对"新客点击量""重复购买率"两个指标给出了相应的权重,进而通过计算综合评判各个卫衣产品的获客能力。

4. 实训步骤

利用产品获客能力分析来指导定位引流产品,其操作步骤及关键节点成果展示如下:

(1) 数据获取。获取企业近一个月关于卫衣类产品的运营数据表,以个人为单位,将数据添加至 Excel 工具中,添加后效果如图 8-10 所示。

(2) 新客点击量占比计算。添加"新客点击量占比"字段,利用公式"新客点击量占比=新客点击量/点击量"计算出各产品的新客点击量占比,如图 8-11 所示。

| | A | B | C | D | E | F | G |
|---|---|---|---|---|---|---|---|
| 1 | 统计周期 | 产品名称 | 点击量 | 新客点击量 | 支付买家数 | 复购客户数 | 支付金额 |
| 2 | 2019-09-01 ~ 2019-09-30 | 卫衣女秋冬2019新款连帽 | 14435 | 6661 | 325 | 9 | 35509.05 |
| 3 | 2019-09-01 ~ 2019-09-30 | 双面金丝绒中长款卫衣女 | 15229 | 9307 | 349 | 17 | 45311.73 |
| 4 | 2019-09-01 ~ 2019-09-30 | 秋冬潮ins加绒卫衣女网红款 | 18863 | 9918 | 472 | 32 | 95435.43 |
| 5 | 2019-09-01 ~ 2019-09-30 | 韩版宽松慵懒风长袖卫衣女 | 11704 | 7315 | 244 | 22 | 42171.87 |
| 6 | 2019-09-01 ~ 2019-09-30 | 拉链羊羔毛女装韩版卫衣秋冬外套 | 11786 | 9607 | 309 | 13 | 66847.56 |
| 7 | 2019-09-01 ~ 2019-09-31 | 秋冬卫衣女2019新款连帽外套 | 7981 | 3132 | 111 | 9 | 11979.00 |
| 8 | 2019-09-01 ~ 2019-09-32 | 抖音同款加绒连帽简约卫衣 | 11628 | 7702 | 216 | 19 | 15436.00 |
| 9 | 2019-09-01 ~ 2019-09-33 | 红色新款ins加绒加厚上衣卫衣 | 10926 | 6495 | 218 | 25 | 17459.00 |

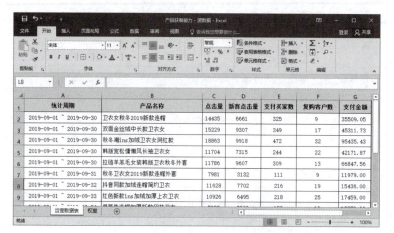

图 8-10　某企业卫衣类产品运营数据表

| | A | B | C | D | E | F | G | H |
|---|---|---|---|---|---|---|---|---|
| 1 | 统计周期 | 产品名称 | 点击量 | 新客点击量 | 支付买家数 | 复购客户数 | 支付金额 | 新客点击量占比 |
| 2 | 2019-09-01 ~ 2019-09-30 | 卫衣女秋冬2019新款连帽 | 14435 | 6661 | 325 | 9 | 35509.05 | 46.14% |
| 3 | 2019-09-01 ~ 2019-09-30 | 双面金丝绒中长款卫衣女 | 15229 | 9307 | 349 | 17 | 45311.73 | 61.11% |
| 4 | 2019-09-01 ~ 2019-09-30 | 秋冬潮ins加绒卫衣女网红款 | 18863 | 9918 | 472 | 32 | 95435.43 | 52.58% |
| 5 | 2019-09-01 ~ 2019-09-30 | 韩版宽松慵懒风长袖卫衣女 | 11704 | 7315 | 244 | 22 | 42171.87 | 62.50% |
| 6 | 2019-09-01 ~ 2019-09-30 | 拉链羊羔毛女装韩版卫衣秋冬外套 | 11786 | 9607 | 309 | 13 | 66847.56 | 81.51% |
| 7 | 2019-09-01 ~ 2019-09-31 | 秋冬卫衣女2019新款连帽外套 | 7981 | 3132 | 111 | 9 | 11979.00 | 39.24% |
| 8 | 2019-09-01 ~ 2019-09-32 | 抖音同款加绒连帽简约卫衣 | 11628 | 7702 | 216 | 19 | 15436.00 | 66.24% |
| 9 | 2019-09-01 ~ 2019-09-33 | 红色新款ins加绒加厚上衣卫衣 | 10926 | 6495 | 218 | 25 | 17459.00 | 59.45% |

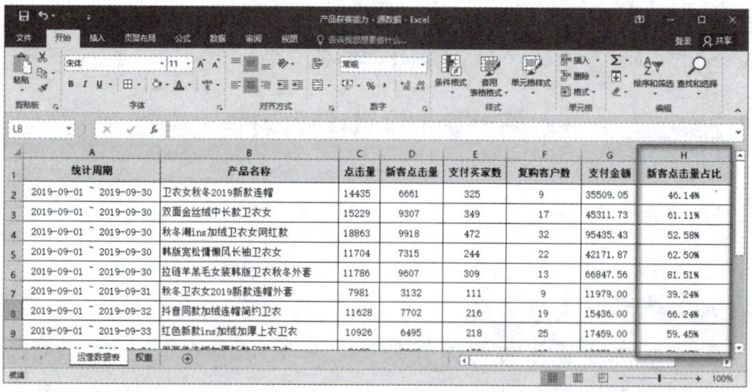

图 8-11　新客点击量占比计算

（3）复购率计算。添加“复购率”字段，按客户数量计算，利用公式“复购率＝重复购买客户数量/客户总数量×100%”计算出各产品的复购率，如图 8-12 所示。

| | A | B | C | D | E | F | G | H | I |
|---|---|---|---|---|---|---|---|---|---|
| 1 | 统计周期 | 产品名称 | 点击量 | 新客点击量 | 支付买家数 | 复购客户数 | 支付金额 | 新客点击量占比 | 复购率 |
| 2 | 2019-09-01 ~ 2019-09-30 | 卫衣女秋冬2019新款连帽 | 14435 | 6661 | 325 | 9 | 35509.05 | 46.14% | 2.77% |
| 3 | 2019-09-01 ~ 2019-09-30 | 双面金丝绒中长款卫衣女 | 15229 | 9307 | 349 | 17 | 45311.73 | 61.11% | 4.87% |
| 4 | 2019-09-01 ~ 2019-09-30 | 秋冬潮ins加绒卫衣女网红款 | 18863 | 9918 | 472 | 32 | 95435.43 | 52.58% | 6.79% |
| 5 | 2019-09-01 ~ 2019-09-30 | 韩版宽松慵懒风长袖卫衣女 | 11704 | 7315 | 244 | 22 | 42171.87 | 62.50% | 9.02% |
| 6 | 2019-09-01 ~ 2019-09-30 | 拉链羊羔毛女装韩版卫衣秋冬外套 | 11786 | 9607 | 309 | 13 | 66847.56 | 81.51% | 4.20% |
| 7 | 2019-09-01 ~ 2019-09-31 | 秋冬卫衣女2019新款连帽外套 | 7981 | 3132 | 111 | 9 | 11979.00 | 39.24% | 8.11% |
| 8 | 2019-09-01 ~ 2019-09-32 | 抖音同款加绒连帽简约卫衣 | 11628 | 7702 | 216 | 19 | 15436.00 | 66.24% | 8.80% |
| 9 | 2019-09-01 ~ 2019-09-33 | 红色新款ins加绒加厚上衣卫衣 | 10926 | 6495 | 218 | 25 | 17459.00 | 59.45% | 11.47% |

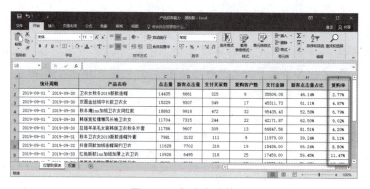

图 8-12　复购率计算

（4）加权计算。单击该工作簿中的“权重”工作表，查看韩梅梅企业给出的各指标权重，如图 8-13 所示。返回“运营数据表”工作表中，添加“综合得分”字段，利用加权计算得出各产品的综合得分，如图 8-14 所示。

|   | A | B | C |
|---|---|---|---|
| 1 | 指标 | 新客点击量占比 | 复购率 |
| 2 | 权重 | 55% | 45% |

图 8-13　指标权重

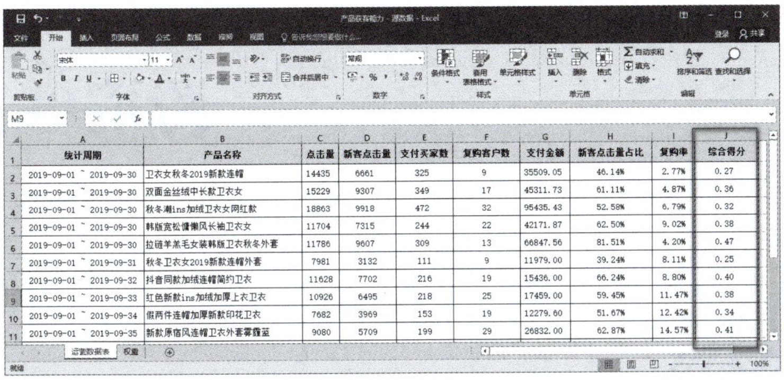

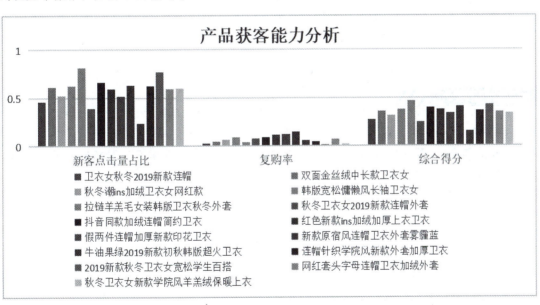

图 8-14　加权计算

(5) 柱形图制作。插入二维簇状柱形图，完成行列数据互换、图表标题修改、坐标轴格式设置等操作，如图 8-15 所示。

图 8-15　柱形图制作

# 项目九

# 跨境电商物流

## 项目导读

跨境电商物流的发展与跨境电子商务的发展是互相影响的,跨境电商的发展促进着跨境物流行业发展速度的增长。跨境电商的发展是物流、信息流和资金流的协调发展,跨境电商物流作为重要的一个环节,其发展状况影响着整个跨境电商的发展。

本项目结合时代背景,需要认知跨境电商物流概念与特征,了解跨境电商与国际物流的关系,掌握跨境电商物流模式、海外仓管理等知识。

## 学习目标

1. 素质目标

培育学生遵守规范的职业意识、良好的沟通技巧,培养学生动手实践技能和分析问题、解决问题的能力,开阔学生专业视野。

2. 知识目标

(1) 掌握跨境电商与国际物流的关系;

(2) 掌握跨境电商物流现状与发展趋势;

(3) 掌握海外仓的优点、缺点及常见模式。

3. 能力目标

(1) 具备简单的国际物流方案设计能力;

(2) 具备简单的海外仓运营能力。

## 任务一　熟悉国际物流与跨境电商物流

### 任务描述

李雷从电子商务专业毕业后进入一家跨境电商公司工作，主要从事跨境物流岗位工作。自从新型冠状病毒感染疫情暴发以来，跨境物流与运输受到了很大程度的影响。因此这几年，跨境电商物流成了公司的业务瓶颈。李雷进入公司后需要了解国际物流与跨境电商的相关知识，区分国际物流与跨境电商的区别，更快地理解跨境电商物流的现状与发展趋势。

### 任务分析

初入跨境电商物流工作岗位人员需熟悉物流相关知识，熟悉跨境电商物流的由来，以及国际物流与跨境电商物流的区别、业务模式、现状与发展，并提高外语和产品知识。

### 知识要点

#### 一、国际物流

**（一）国际物流的概念**

国际物流在广义上是指国际贸易及非贸易物流、国际物流投资及合作等；在狭义上，是指存在于两个不同关境的交易主体的物流服务模式。

广义的国际物流研究的范围包括国际贸易物流、非贸易物流、国际物流合作、国际物流投资、国际物流交流等领域。其中，国际贸易物流主要是指定组织货物在国际间的合理流动；非贸易物流是指国际展览与展品物流、国际邮政物流等；国际物流合作是指不同国别的企业完成重大的国际经济技术项目的国际物流；国际物流投资是指不同国家物流企业共同投资建设国际物流企业；国际物流交流则主要是指物流科学、技术、教育、培训和管理方面的国际交流。

狭义的国际物流（International Logistics，IL）主要是指当生产消费分别在两个或在两个以上的国家（或地区）独立进行时，为了克服生产与消费之间的空间间隔和时间距离，对货物（商品）进行物流性移动的一项国际商品或交流活动，从而完成国际商品交易的最终目的，即实现卖方交付单证、货物和收取货款，而买方接受单证、支付货款和收取货物的贸易对流条件。

国际物流的实质是根据国际分工的原则，依照国际惯例，利用国际化的物流网络、物流设施和物流技术，实现货物在国际的流动与交换，以促进区域经济的发展与世界资源的优化配置。国际物流的总目标是为国际贸易和跨国经营服务，即选择最佳的方式与路径，以最低的费用和最小的风险，保质、保量、适时地将货物从某国的供方运到另一国的需方。

**（二）国际物流的特点**

国际物流与国内物流相比，在物流环境、物流系统、信息系统及标准化要求四个方面存在差异。国际物流的主要服务对象是国际贸易和跨国经营。国际物流的一个非常重要的特点是物流环境的差异,这里的物流环境主要是指物流的软环境。不同的国家有不同的与物流相适应的法律,这使国际物流的复杂性增强;不同国家不同经济的科技发展水平,使国际物流处于不同的科技条件的支撑下,甚至会因为有些地区根本无法应用某些技术,导致国际物流全系统运作水平下降;不同国家的不同标准会使国际物流系统难以建立一个统一的标准;不同国家的国情特征,必然使国际物流受到很大的局限。

由于物流环境的差异,迫使一个国际物流系统需要在多个不同法律、人文、习俗、语言、科技环境下运行,无疑会大大增加国际物流动作的难度和系统的复杂性。

### (三)国际物流的业务流程

国际物流的业务流程如图 9-1 所示。

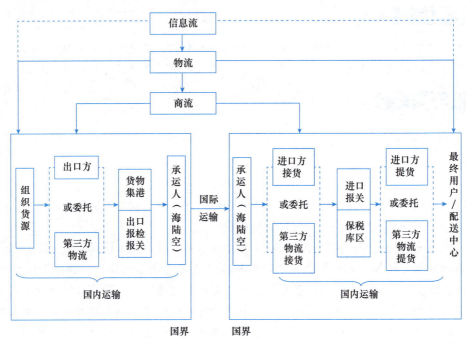

图 9-1 国际物流的业务流程

## 二、跨境电商物流

### (一)跨境电商物流的提出

《物流术语》(GB/T 18354—2021)中将物流定义如下:根据实际需要,将运输、储存、装卸、搬运、包装、流通加工、配送、信息处理等基本功能实施有机结合,使物品从供应地向接收地进行实体流动的过程。物流作为供应链的重要组成部分,是对商品、服务及相关信息从产地到消费地的高效、低成本流动和储存进行的规划、实施与控制的过程,目的是满足消费者的需求。

电子商务物流是利用互联网技术,尽可能地把世界范围内有物流需求的货主企业和提供物流服务的物流公司联系在一起,提供中立、诚信、自由的网上物流交易市场,促进供需双方高效达成交易。跨境电商物流的不同之处在于,交易的主体分属于不同关境,商品要跨越不同的国界，才能够从生产者或供应商手中到达消费者手中。因此，跨境电商物流是指采用现代物流技术，利用国际化的物流网络，选择最佳的方式与路径，以最低的费用和最小的风险，实现在不同国家或地区之间货物与信息的有效流动、仓储计划的实施及控制管理的过程。

### （二）跨境电子商务物流的特征

区别于传统国际物流，跨境电商物流有着反应快速化、功能集成化、作业规范化、信息电子化、服务系统化等特征；相较于国内物流，跨境电商物流具有广阔性、国际性、高风险性、高技术性、复杂性等特征。

跨境电子商务物流的基本特征表现在以下几个方面。

#### 1. 周期长

由于跨境电商物流是分属于不同关境的交易主体的活动，因此，距离远、时间长是跨境电子商务物流与国内物流的标志性差异。

#### 2. 成本高

与国内的一般电商物流相比，跨境电商物流由于客观的地理距离，不仅要承担本国境内的物流运输成本，而且要兼顾国际物流的运输，同时还涉及物品在通过海关时产生的清关费用。因此，跨境电商物流的成本高。

#### 3. 流程复杂

跨境电商物流除涉及包装、国内头程交货、国际运输、产品配送外，还涉及清关报关等一系列税务问题。在国际物流运输过程中，物流作业流程更加复杂。

#### 4. 形式多样化

由于跨境电商物流所涉及的环节较多，因此，在各个层级诞生了诸多形式，如头程清关可分为海运、陆运、空运、国际专线等。

## 三、跨境电商物流的现状与发展趋势

### （一）跨境电子商务物流的现状

近年来，我国跨境电商发展迅速，跨境包裹数量持续、快速增长。UPS、DHL（敦豪航空货运公司）、FedEx（联邦快递）、TNT 集团等国际物流快递公司是跨境包裹的主要承运商。除快递公司外，马士基集团等国际海运公司也参与其中。中国邮政速递物流股份有限公司（以下简称中国邮政速递物流）开通了国际 e 邮宝服务，顺丰速运上线了 SFBuy（海购丰运），进入海淘转运市场。此外，一些电商平台也推出了整合物流服务，如敦煌网上线了在线发货专线物流服务，为外贸商家提供快递服务；PayPal 在邮政、速递、海外仓等方面与多家国际知名服务商合作，推出了 14 条海外专线物流解决方案。

#### 1. 国家政策的大力支持

我国跨境电商物流行业起步较晚，相关政策、法规正在逐渐普及。近年来，我国不断出台促进跨境电子商务发展的相关政策制度，以促进跨境电商的有效发展。在自 2019 年 1 月 1 日起施行的《中华人民共和国电子商务法》中，进一步规范了电子商务活动的实施，使电子商务活动有法可依。同时，国家相关管理部门也逐渐对一些新生的中小型跨境物流服务公司提供政策性扶持，促使跨境电商有力地发展。

### 2. 跨境电商物流市场规模不断壮大

当前,越来越多的企业进军到跨境电商领域,这使跨境电商交易额不断提高,进一步激发了跨境电商物流的发展活力,市场规模不断扩大。据预算,2024年,我国跨境电商交易额将达到17.9万亿元,市场的扩大为跨境电商物流提供了机会,进一步促进了国际贸易与国际物流产业的发展。

### 3. 跨境电商物流模式呈现多元化

目前,我国跨境电商呈现多元化形势,跨境电商交易产品多样化和物流方式多样性,运输不同价值与规模的跨境商品的物流体系也有所区别。跨境电商物流模式多种多样,以海外仓模式、第三方物流模式等为主要的跨境电商物流模式。未来,随着跨境电商模式的创新驱动,跨境电商物流模式也会革新转变。

## (二)我国跨境电商物流发展存在的问题

### 1. 当前国际物流发展速度与跨境电商需求不匹配

我国跨境电商的发展速度十分惊人,与之相对应的物流企业中,从事跨境电商物流服务的较少,大多数由国际快递企业完成物流配送服务。面对如此大的物流量,仅仅靠国际快递企业是远远不够的,尤其是在购物旺季,经常会出现快递积压、爆仓等现象,这就给跨境电商的发展带来了巨大障碍。

### 2. 我国的物流基础设施不完善

当前,我国的整体物流环境有待进一步提升,特别是在跨境电商的发展背景下,现有的传统物流配送时效、配送设备、配送服务等都难以满足跨境电商的发展需要。跨境电商涉及的仓储、配送、运输、报关、核税等一系列问题需要建立合理、高效的物流体系,并且需要配置更先进、完备的物流设施。

### 3. 缺乏第三方物流提供专业化服务

我国第三方物流企业数量较多,但是大型、专业化程度较高的较少。当前,为跨境电商提供国际快递服务的企业中,除FedEx、DHL、中国邮政速递、顺丰速运等传统物流快递企业外,专业的第三方物流企业也正在崛起。但与跨境电商高速发展的形势相比,市场上还是较为缺乏专业的第三方物流企业。

### 4. 跨境电商物流的信息化水平不高

在市场经济不断进步与发展的过程中,信息技术的实质性作用越发显著。然而,当前跨境电商物流的信息化水平还需提高,物流信息的录入不够完整,并且物流信息的跟踪更新速度与实际的物流情况并不完全匹配,整合信息资源能力比较薄弱,信息化物流体系的建设尚待完善。国内外信息共享平台不够完善,导致商品在运送过程中出现问题,这也在很大程度上影响了跨境电商物流的效率。信息化水平的高低决定了跨境电子商务的发展程度,也决定了跨境电商物流的发展水平。

## (三)跨境电商物流的发展趋势

### 1. 跨境电商物流将面临行业的洗牌

随着行业的发展,选择权转移到消费者手中,消费者对消费体验的要求越来越高,跨境电商物流行业必将优胜劣汰,面临行业洗牌。

## 2. 跨境电商巨头和中型平台物流系统继续共存

随着跨境电商平台的发展和市场细分的跨境电商中小型企业日趋成熟，相应的跨境电商物流也逐渐分化，出现了跨境电商平台的自营物流和中小型平台的第三方综合服务物流。因此，跨境电商巨头和中型平台物流系统的持续共存是一个必然趋势。

## 3. 第三方物流综合服务体系崛起

随着市场分割，越来越多的中小型跨境电商平台出现。中小型跨境电商平台主要集中在产品销售和客户维护上，因此，它们没有足够的资金建立自己的物流系统，只能依靠第三方物流企业。这是促进第三方物流综合服务体系发展的理由。

### 任务实施

步骤一：通过登录海关网站，了解最新的国际物流政策，分析给跨境电商业务带来哪些影响。

部分国家海关网址如下：

BY 白俄罗斯 海关网址 http://www.customs.gov.by/ru/

RU 俄罗斯 海关网址 http://eng.customs.ru/

HU 匈牙利 海关网址 http://en.nav.gov.hu/

DE 德国 海关网址 https://www.zoll.de/EN/Home/home_node.html

AT 奥地利 海关网址 https://english.bmf.gv.at/customs/Customs.html

CH 瑞士 海关网址 http://www.ezv.admin.ch/?lang=en

GB 英国 海关网址 http://customs.hmrc.gov.uk

IE 爱尔兰 海关网址 http://www.revenue.ie/en/customs/index.html

NL 荷兰 海关网址 https://www.belastingdienst.nl/

BE 比利时 海关网址 http://www.belgium.be/en/taxes/registration_duties/

FR 法国 海关网址 http://www.douane.gouv.fr/

IT 意大利 海关网址 https://www.adm.gov.it/portale/

ES 西班牙 海关网址 http://www.agenciatributaria.es/

PT 葡萄牙 海关网址 http://www.dgaiec.min-financas.pt/

US 美国 海关网址 http://www.cbp.gov/

CA 加拿大 海关网址 http://www.cra-arc.gc.ca/menu-eng.html

MX 墨西哥 海关网址 http://www.sat.gob.mx/sitio_internet/home.asp

AU 澳大利亚 海关网址 http://www.customs.gov.au/

NZ 新西兰 海关网址 http://www.customs.govt.nz/Pages/default.aspx

VN 越南 海关网址 http://www.customs.gov.vn/English/Default.aspx

LA 老挝 海关网址 http://www.customs.gov.la/

KH 柬埔寨 海关网址 http://www.customs.gov.kh/en_gb/

TH 泰国 海关网址 http://www.customs.go.th/

MM 缅甸 海关网址 https://www.customs.gov.mm/

MY 马来西亚 海关网址 http://www.customs.gov.my/

SG 新加坡 海关网址 https://www.customs.gov.sg/

ID 印度尼西亚 海关网址 http://www.beacukai.go.id/websitenewV2/index.html
PH 菲律宾 海关网址 http://customs.gov.ph/
步骤二：通过登录主要的跨境电商网站了解各网站最新的物流政策。
亚马逊 https://www.amazon.com/
eBay https://www.eBay.com/
速卖通 https://www.aliexpress.com/
Wish https://www.wish.com/
Shopee https://www.shopee.com/
Lazada https://www.lazada.com.my/
Cdiscount https://www.Cdiscount.com/
Joom https://www.joom.com/

### 一体化设计

**选择题**

1. 跨境电子商务物流的基本特征表现在（　　）。（多选）
   A. 周期长　　　　B. 成本高　　　　C. 流程复杂　　　　D. 形式多样化
2. 我国跨境电子商务物流的现状有（　　）。（多选）
   A. 国家政策的大力支持　　　　　　B. 跨境电商物流市场规模不断壮大
   C. 跨境电商物流模式呈现多元化　　D. 跨境电商物流处于世界一流水平
3. 我国跨境电商物流发展存在的问题有（　　）。（多选）
   A. 当前国际物流发展速度与跨境电商需求不匹配
   B. 我国的物流基础设施不完善
   C. 缺乏第三方物流提供专业化服务
   D. 跨境电商物流的信息化水平不高

## 任务二　掌握选择跨境电商物流模式的方法

### 任务描述

一周后，李雷已经理解了跨境电商、国际物流的相关概念，对各国海关政策也有了一定的了解。在这期间公司从国内采购了 20 000 套蓝牙耳机，通过 eBay、Amazon、Wish、Aliexpress、Shopee 等平台进行销售，主要客户端集中在北美市场和印尼市场。公司物流主管要求李雷选择合适的物流模式保证销售业务的顺畅。

### 任务分析

从事跨境电商物流岗位的业务人员，需要熟悉公司的业务形式、主要销售产品及主要目标国家，要理解跨境电商物流对跨境电商业务支持保障的绝对性，要根据公司业务掌握跨境电商物流模式的选择，在邮政物流、国际快递、跨境专线物流或海外仓方式中进行选择。

> **知识要点**

跨境电商卖家接到订单后,他们需要考虑的问题是怎样选择快递物流把货物运输到境外。一般来说,小卖家可以通过平台或选择国际小包等渠道发货。但是大卖家或独立平台的卖家需要优化物流成本、考虑客户体验、整合物流资源并探索新的物流模式。因此,我们首先要了解跨境电商物流模式的类型。

## 一、邮政物流

邮政网络基本覆盖了全球,比其他任何物流渠道都要广。这主要得益于万国邮政联盟和卡哈拉邮政组织。万国邮政联盟是联合国下设的一个关于国际邮政事务的专门机构,通过一些公约法规来改善国际邮政业务,发展邮政方面的国际合作。由于万国邮政联盟会员国众多,并且各会员国之间的邮政系统发展很不平衡,因此,很难促成会员国之间的深度邮政合作。于是,2002年,邮政系统相对发达的6个国家和地区(中国、美国、日本、澳大利亚、韩国及中国香港)的邮政部门在美国召开了邮政CEO(Chief Executive Officer,首席执行官)峰会,并成立了卡哈拉邮政组织。后来,西班牙和英国也加入了该组织。卡哈拉邮政组织要求所有成员国的投递时限要达到98%的质量标准。如果货物没能在指定日期投递给收件人,那么负责投递的运营商要按货物价格的100%赔付客户。这些严格的要求都促使成员国之间深化合作,努力提升服务水平。据不完全统计,我国出口跨境电商70%的包裹都是通过邮政系统投递的,其中中国邮政速递占据50%左右。

### (一)邮政物流的优点及缺点

邮政网络基本覆盖了全球,物流渠道广阔。由于邮政一般为国营企业,有国家税收补贴,因此,价格非常低。但是,邮政物流一般以私人包裹的方式出境,不便于海关统计,也无法享受正常的出口退税,同时,速度较慢,丢包率高。

### (二)邮政物流的主要类型

邮政物流包括各个国家和地区邮政局运营的邮政小包、邮政大包,以及中国邮政速递物流的国际及我国港澳台地区特快专递、国际e邮宝等。

#### 1. 国际及我国港澳台地区包裹业务

现行的国际及我国港澳台地区包裹业务主要分为航空包裹、空运水陆路包裹、水陆路包裹三种基本业务类型。其中,航空包裹是指利用航空邮路优先发运的包裹业务;空运水陆路包裹是指利用国际航班剩余运力运输,在原寄地和寄达地之间按水陆路邮件处理的包裹;水陆路包裹是指全部运输过程中利用火车、汽车、轮船等交通工具发运的包裹。此外,为了适应我国与周边国家边贸市场发展的需要,近年来,邮政在部分设有边境口岸的地区还开办了边境包裹业务。边境包裹业务是指以双边协商的方式开办的特定处理方式、结算价格和服务标准的区域性包裹业务。

(1)中国邮政航空小包(China Post Air Mail)。中国邮政航空小包俗称"中邮小包""空邮小包"或"航空小包",是指质量在2千克以内,外包装的长、宽、高之和小于90厘米,且最长边小于60厘米,通过邮政空邮服务寄往目的地的小邮包。邮政小包可以分为平常小包(Normal Air Mail)和挂号小包(Registered Air Mail)两种。其主要区别在于挂号小包需要支付挂号费用，并且邮政会提供大部分目的地的物流实时跟踪服务；平常小包则不提供。

中国邮政航空小包的时效正常为 15 个工作日左右，空运水陆路小包为 1 个月左右，水陆路小包为 1~2 个月。中国邮政航空小包的运费低，首重 50 克，续重 1 克，清关能力强，能邮寄的物品较多。但是，中国邮政航空小包也具有一些缺点，如限制质量 2 千克，运送时间较长，对于到达许多国家的货物状态无法在网站上查询跟踪。总体来说，中国邮政航空小包属于性价比较高的物流模式，适合寄递质量较轻、价格要求实惠且对时效性和查询要求不高的商品。

（2）中国邮政航空大包。中国邮政航空大包是中国邮政为了适应大抛货的国际物流业务需求而开发的一项服务。它适合邮寄货重大于 2 千克、小于等于 30 千克（部分国家和地区限重 10 千克或 20 千克）的包裹。

中国邮政航空大包的优势在于价格低、不计体积重、无燃油附加费。中国邮政航空大包的清关能力强、全球覆盖面广，对于对时效性要求不高而稍重的货物，可以选择此方式发货。

### 2. 国际及我国港澳台地区特快专递

国际及我国港澳台地区特快专递是指中国邮政速递物流与各国（地区）邮政合作开办的一项邮件快递服务，可为用户在国际与地区间快速传递各类文件资料和物品，同时提供多种形式的邮件跟踪查询服务，其本质是由邮政创办的商业快递。

邮政国际快递的特征如下：计费简单，以人民币结算；通关能力强，可发名牌产品、电池、手机、MP3、MP4 等；全世界通邮，可到达全球 210 个目的地；无燃油附加费、偏远附加费；在时效上有保障，对于东南亚、南亚地区 3 天内可以妥投，对于澳大利亚 4 天可以妥投，对于欧美国家 5 天能妥投；可为邮寄物品投保，提高安全系数。

### 3. 其他国家或地区的邮政小包

邮政小包依托万国邮政联盟的网点覆盖全球，对于质量、体积、禁限物品要求等方面均存在很多的共同点。然而，不同国家和地区所提供的邮政小包服务或多或少地存在一些差别，这主要体现在价格、时效标准及对于承运物品的限制等方面。因此，跨境电商卖家需要时刻关注各类小包渠道的最新信息，并进行组合使用。例如，新加坡小包价格适中、服务质量高，是目前常见的手机、平板电脑等含锂电池产品的运输渠道；瑞士小包价格较高，但欧洲线路时效快、欧洲通过能力强、欧洲申根国家［《关于逐步取消共同边界检查》（又称为《申根公约》《申根协定》）的成员国也称"申根国家"或"申根公约国"，成员国的整体又称为"申根区"。签署《申根公约》的目的是取消各成员国相互之间的边境检查点，并协调对申根区之外的边境控制。］免报关；瑞士小包价格较低；俄罗斯通关及投递速度较快。香港邮政小包一般 7~12 个工作日可送达，其优点是运费低、全球统一价，以 10 克为计量单位。

### 4. 国际及我国港澳台地区的电子商务业务

国际及我国港澳台地区的电子商务业务是指中国邮政速递物流为了适应跨境电子商务的需要，整合中国邮政速递物流网络优势资源，与主要电商平台合作推出的寄递解决方案。目前，针对跨境电商市场不同的寄递需求，中国邮政速递物流跨境电商产品以经济实惠的资费及稳定的发运质量吸引了众多忠实客户，并且已经发展为跨境电商首选的物流模式之一。

目前，中国邮政速递物流跨境电商产品有国际 e 邮宝、国际 e 特快等。同时，中国邮政速递物流还推出了中邮海外仓（跨境电商出口）和中邮海外购（跨境电商进口）的一站式综合物流解决方案。

## 二、国际快递

国际快递主要是指 UPS、DHL、FedEx、TNT 四大巨头。这些国际快递服务商通过自建的全球网络，利用强大的 IT 系统和遍布世界各地的本地化服务，为网购用户带来极好的跨境购物物流体验。

国际快递的优势是速度快、服务好、丢包率低，尤其是发往欧美等发达国家时非常方便。其劣势是价格高，并且资费变化较大。一般跨境电商卖家只有在客户强烈要求时效性的情况下才会使用国际快递，并且会向客户收取运费。

### （一）主要国际快递

**1. UPS 快递**

UPS 成立于 1907 年，总部设于美国佐治亚州亚特兰大市，是全球领先的物流企业，业务网点遍布全球 220 多个国家和地区。不同于 DHL 的全球化，UPS 业务的基石是美国本土的快递服务。

UPS 旗下主打四种快递方式：第一种是 UPS Worldwide Express Plus（全球特快加急），资费最高；第二种是 UPS Worldwide Express（全球特快）；第三种是 UPS Worldwide Saver（全球速快），是普通快递，又称为"红单"；第四种是 UPS Worldwide Expedited（全球快捷），是最慢的快递，且资费最低，又称为"蓝单"。

UPS 的强项在美洲等线路，它在美国、加拿大、英国、日本等较有优势，适用于发快件。但是，UPS 要计算产品包装后的体积重，运费较高，对于托运物品的限制也比较严格。

**2. DHL 快递**

DHL 于 1969 年在美国创立。从 2002 年开始，德国邮政控制了其全部股权，并把旗下的敦豪航空货运公司、丹沙公司（Danzas）及欧洲快运公司整合为新的敦豪航空货运公司。2003 年，德国邮政收购了美国的空运特快公司（Airborne Express）。2005 年，德国邮政又收购了英国的英运公司，并将其整合到敦豪航空货运公司中。至此，敦豪航空货运公司速递公司拥有了较为完善的速递网络，可以到达 220 个国家和地区的 12 万个目的地。1986 年 12 月 1 日，DHL 与中国对外贸易运输（集团）总公司各注资 50%，在北京正式成立中外运-敦豪国际航空快件有限公司。它是我国成立最早、经验最丰富的国际航空快递公司。

DHL 可送达国家网点较多、速度快，到欧洲一般用 3 个工作日，到东南亚一般用 2 个工作日。网站对于货物状态的更新也比较及时，遇到问题时解决速度快。对于 21 千克以上物品，更有单独的大货价格，部分地区的大货价格比国际及我国港澳台地区特快专递低。其缺点是走小货时价格较高，需要考虑产品体积重，对托运物品限制也比较严格，拒收许多特殊商品。

**3. FedEx 快递**

FedEx 是一家国际性速递集团，提供隔夜快递、地面快递、重型货物运送、文件复印及物流服务等，总部设于美国田纳西州。其品牌商标 FedEx 是由公司原来的英文名称 Federal

Express 合并而成的。

FedEx 快递分为优先（International Priority，IP）服务和经济（International Economy，IE）服务两种。FedEx IP 服务的递送时效是 2~5 个工作日，可服务全球超过 200 个国家和地区；FedEx IE 服务的递送时效是 4~6 个工作日，可服务全球超过 90 个国家和地区。FedEx IP 服务的时效较短，相对来说，价格也较高；FedEx IE 服务的时效较长，但相对而言，价格较低。FedEx 快递网站信息更新快、网络覆盖全、查询响应快，但价格较高，需要考虑产品体积重，对托运物品限制也比较严格。

**4. TNT 快递**

TNT 快递成立于 1946 年，是全球领先的快递和邮政服务提供商，总部设在荷兰阿姆斯特丹。其国际网络覆盖世界 200 多个国家，在欧洲和亚洲可提供高效的递送网络，且通过在全球范围内扩大运营分布来优化网络效能。一般 3~5 个工作日可送达。

TNT 提供全球门到门、桌到桌的文件和包裹的递送服务。除速度较快、可送达国家较多、查询网站信息更新快、遇到问题响应及时等优点外，它在一些政治、军事不稳定的国家有很大的优势。但是，在国际快递四大巨头中，它是实力相对较弱的一个，也需要考虑产品体积重，对所运货物限制也比较多。

**（二）选择国际快递需考虑的因素**

**1. 时效性**

时效性是需要考虑的首要因素。一般来说，如果销售的商品有保质期或买家对于商品的到达时间有特殊要求，则卖家需要在尽可能短的时间内将商品递送给买家。同时，如果卖家递送商品的时间迅速，则会大大提高买家的满意度与购物体验，提升卖家的市场认可度。

**2. 价格**

跨境电商企业在经营过程中，从各个环节降低成本都会增加企业的利润，而跨境物流成本的支出在企业成本中所占的比例较大，所以，跨境电商企业会在保证服务质量的前提下，选择价格较低的快递服务。

**3. 业务覆盖范围**

虽然不同的国际快递企业都可以在世界范围内进行服务，但是其核心业务地域有所不同。UPS 快递主要在东南亚地区有明显的优势；DHL 快递主要在欧美地区、非洲地区、南美地区有很大的优势；FedEx 快递价格较高，但在中亚、东欧地区有清关能力强的优势。跨境电子商务企业会根据目标市场的地域范围，选择适合的国际快递企业。

### 三、跨境专线物流

跨境专线物流是指针对特定国家和地区推出的跨境专用物流线路。它具有"五固定"的特征，即物流起点、物流终点、运输工具、运输路线、运输时间基本固定。按照运输工具的不同，跨境专线物流可分为航空专线、港口专线、铁路专线、大陆桥专线、海运专线及固定多式联运专线。按照服务对象的不同，跨境专线物流可分为跨境电商平台企业专线物流和国际物流企业专线物流，其中，跨境电商平台企业专线物流是大型电商平台专门为平台内的中小卖家开发的物流项目，通过在国内设立仓库，实现操作简单且成本较低的跨境电商物流服务，如敦煌网的在线发货 e-ulink 专线物流是这类物流的典型代表；国际物流企业专线物流是专门往返于某一国家或地区的物流运输线路，如专业从事中俄两国物流的俄速通。

### （一）国际专线物流的优势

**1. 时效快**

因为专线物流都是点对点的线性运输方式，不会由停靠、中转、中途卸货等其他因素造成时间延误，同时，专线物流公司一般拥有自主专线，可控性强，一般采用固定的班次，所以其时效性比国际邮政小包短。

**2. 成本低**

专线物流选择的都是经济、合理的运输线路和运输方式，尽可能减少运输环节，缩短运输里程，力求花最少的费用，把商品运到目的地，降低物流成本。同时，专线物流还能够集中大批量货物发往目的地，通过规模效应降低单位成本。因此，其物流成本较国际快递低。

**3. 安全性**

专线物流不会中转停靠，很难出现货物丢失或中途卸错货物的情况，能保证把商品准确无误地送到收件者手中。专线物流在运输过程中也能确保商品的使用价值，不会因为过多的装卸或装卸不当而让一些货物失去使用价值，成为废物。

**4. 清关高效**

国际专线物流大部分采用关税预付的方式，这种方式能够提高货物的清关效率，解决卖家担心的清关问题，整体的物流时效也就上升了。

**5. 可承接的物品种类丰富**

国际专线物流可以承接的物品种类丰富，可以满足不同产品类型的需求。例如，电池产品渠道，电池产品、化妆品、纯电池等物品，都有相应的渠道可以运输。

### （二）国际专线物流的劣势

**1. 无标准赔偿方案**

国际专线物流与商业快递和邮政相比，没有标准的赔偿规定。出现丢件的情况时，没有一个衡量的标准，赔偿力度较低，托运人寄件的风险较大。

**2. 航班不固定**

国际专线物流是通过集中货量进行发货的，为了节省运输成本，很多物流承运商没有固定的航班。在一般情况下，它们通过收到的货量达到预估值再安排航班进行发货。因此，这可能会影响货物的时效。

**3. 物流信息不详细**

国际专线物流的网点较少，因此，跟踪信息不详细，货主不能及时获得物流的信息动态。

### （三）常用的国际专线物流

**1. 中国俄罗斯专线**

网购的低成本、方便性、产品类目丰富等特点，使越来越多的俄罗斯买家选择网购。供不应求的网络交易需求也催生了中国俄罗斯专线物流的繁荣。目前，至少有10家专线物流服务商。

**2. 中东专线**

中东地区的互联网普及率较高，人们跨境网购的热情也非常高。中东地区之所以能成为较理想的跨境电子商务市场，还有一个很重要的原因就是物流和支付顺畅。Aramex 作为中东地区知名的快递公司，成立于 1982 年，是第一家在纳斯达克上市的中东地区公司，提供全球范围内的综合物流和运输解决方案。

**3. 欧洲专线**

欧洲专线是跨境电子商务链条中的重要一环，其发展前景广阔。欧洲进出口贸易需求非常大，因此，跨境电子商务物流成为推进贸易持续发展的重要保障。中外运-西邮标准小包是中外运空运发展股份有限公司联合西班牙邮政，针对全球速卖通商家的质量在 30 千克以下且申报价值不超过 15 英镑（按照当前汇率，约合 135 元）的货物，共同推出的国际商业快递干线＋末端西班牙邮政快递派送的标准小包业务，运送范围为西班牙全境。

**4. 澳大利亚专线**

中国电子商务的发展带来了广阔的市场前景，促进了中澳跨境电子商务物流的旺盛需求。澳大利亚地广人稀，对普通包裹难以跟踪，配送效率较低，丢包破损率高，这对物流商提出了更高的要求。UBI 利通智能包裹澳大利亚专线是利通物流集团为中国 eBay 商家量身定做的、可接受实际质量在 30 千克以下的专线业务。

**5. 南美专线**

南美洲电子商务增长迅速，已经成为跨境电子商务的下一个重点对象。南美洲电子商务市场目前正面临着巨大的瓶颈——物流。菜鸟网络科技有限公司推出的无忧物流南美专线获得了智利、墨西哥、哥伦比亚等国家邮政的大力支持，将有效地为智利、墨西哥、哥伦比亚的买家提供更加高效、快捷的物流服务。随着无忧物流南美专线的开通，南美洲业务的时效缩短了 50% 以上，服务覆盖人群超 2 亿名南美洲消费者。

## 四、海外仓

### （一）海外仓基础知识

**1. 海外仓的概念**

海外仓也称为海外仓储，是近几年发展最快的跨境物流模式。海外仓是指从事出口跨境电子商务的企业在国外自建或租用仓库，将货物批量发送至国外仓库，实现国外销售、配送的跨国物流形式。

确切地说，海外仓的整个流程应该包括头程运输、仓储管理和本地配送三个部分。其中，头程运输是指中国商家通过海运、空运、陆运或联运等方式，将商品运送至海外仓库；仓储管理是指中国商家通过物流信息系统，远程操作海外仓的货物，实时管理库存；本地配送是指海外仓储中心根据订单信息，通过当地邮政或快递将商品配送给客户。

**2. 海外仓的优势**

（1）降低物流成本。通过使用海外仓，跨境卖家的物流成本将会大大降低。海外仓是提前将货物放到海外仓库，再从当地海外仓进行发货，物流成本会相当于国内的快递费。同时，它具有自动、高效的退货处理流程，客户退货时直接退到海外仓库即可，免去了国内外来回双清的成本、时效、弃货等各方面损失。

（2）提高包裹时效。跨境电商卖家从海外仓提前备货，可以节省从中国到国外的时间，现如今可以直接从当地海外仓发货，大大缩短了包裹邮寄时间，从而加快了物流的时效性。发货周期缩短，发货速度加快，可以降低跨境物流的缺陷交易率。

（3）提高店铺的满意度。客户下单之后最关心的就是售后服务，这里包括物流时效、退货、换货等。当客户遇到这些问题时，我们可以利用海外仓提供售后服务，解决客户的后顾之忧，从而提高店铺的满意度。

（4）提高产品的曝光度。如果平台或店铺在境外有自己的仓库，那么当地的客户在选择购物时，一般会优先选择当地发货，因为对于买家而言，这样可以大大缩短收货的时间。海外仓的优势也能够让卖家拥有自己特有的优势，从而提高产品的曝光率，提升店铺的销量。

（5）有助于拓展市场。海外仓更能得到国外买家的认可，有助于卖家扩大产品SKU，提高市场占有率。另外，如果卖家注重口碑营销，自己的商品在当地不仅能够获得买家的认可，而且有利于卖家积累更多的资源去拓展市场，扩大产品的销售领域与销售范围。

**3. 海外仓的劣势**

虽然海外仓在跨境物流上有许多优势，但是它也存在一些劣势。在使用海外仓时，卖家首先需要支付海外仓的仓储费用。不同国家和地区的仓储费用不同，跨境卖家需要计算成本。海外仓要求卖家有一定的库存量，由于库存压力大、仓储成本高，如果销量不理想，则会导致货物滞销、增加仓储成本、资金周转不便。将货物发到海外仓后，卖家就无法接触到货物。因此，卖家无法像管理自己的仓库一样管理海外仓。海外仓服务商的本土化服务和团队管理也是一个难题。

**4. 适合使用海外仓的产品**

（1）尺寸大、质量重的产品。对于这些产品，使用小包、专线邮递时规格会受到限制，使用国际快递时费用高，而使用海外仓时会突破产品的规格限制和降低物流成本。

（2）单价、毛利润高的产品。高质量的海外仓服务商可将破损率、丢件率控制在很低的水平，为销售高价值商品的卖家降低风险。

（3）货物周转率高的产品。货物周转率高的产品也就是我们常说的畅销品。对于畅销品，卖家可以通过海外仓更快速地处理订单，回笼资金；对于滞销品，它在占用资金的同时，还会产生相应的仓储费用。因此，相比之下，货物周转率高的产品比较适合使用海外仓。

**（二）常见的海外仓模式**

**1. 第三方海外仓**

第三方海外仓是指由第三方企业（多数为物流服务商）建立并运营的海外仓，可以提供跨境电商企业的清关、入库质检、接受订单、商品分拣、配送等服务。很多海外仓还可以提供FBA退换货、转仓、重打或代贴标签、产品检测、代缴关税等服务。

跨境电商卖家与第三方海外仓的合作方式有两种：租用和合作建设。其中，租用方式会存在操作费用、物流费用、仓储费用；合作建设方式会产生物流费用。从出口形势来看，海外仓的需求越来越明显，并且很多卖家开始呼吁提供更多如加工、金融、客服等海外仓增值服务。

### 2. 亚马逊 FBA 仓

FBA 仓是亚马逊提供的，包括仓储、拣货打包、派送、收款、客服与退货处理等的一条龙式物流服务。FBA 仓的物流水平是海外仓行业内的标杆，其日发货量、商品种类、消费者数量等都远远超过第三方海外仓，因此，FBA 面临巨大的管理难度。除运费高、退货麻烦外，FBA 几乎让卖家无可挑剔。

从各个维度来观察，我们发现，FBA 的优势主要有以下几方面：

（1）提高 Listing 排名，帮助卖家成为特色卖家和抢夺"黄金购物车"，提高客户的信任度，提高销售额。

（2）具有多年丰富的物流经验，仓库遍布全世界，采取智能化管理。

（3）仓库大多靠近机场，配送时效快。

（4）具有亚马逊专业客服，可以提高用户体验。

（5）抹掉由物流引起的差评纠纷。

同时，FBA 也不是尽善尽美的，其劣势主要表现在以下几个方面：

（1）一般来说，FBA 费用比国内发货稍高（特别是第三方平台的 FBA 发货）。

（2）客服不到位，灵活性差（FBA 只能用英语与客户沟通，并且用邮件沟通，回复不像第三方海外仓的客服那么及时）。

（3）退货地址只支持美国（如果卖家是做美国站点的 FBA）。

### 3. 自营海外仓

目前，第三方海外仓的服务水平比较初级，不能满足客户的个性化需求，FBA 也非尽善尽美，所以有不少电商企业选择自营海外仓。自营海外仓仅为本企业的产品提供仓储、配送等服务。换言之，整个跨境物流过程都是由跨境电商企业自身控制的。

自营海外仓最大的优势是灵活，跨境电商企业可以自己掌控系统操作和管理；但风险和成本会更高，海外仓涉及的关务、法务、税务等问题都比较烦琐。另外，如果体量不大，则没有规模优势，很难争取到好的当地配送价格。自营海外仓最大的问题在于管理具有不同文化背景的员工。对于国外团队和国内团队，要采用完全当地化的管理手段和管理思路。

## （三）海外仓的费用

海外仓的费用是指把仓库设立在海外而产生的一系列费用，包括头程费用、处理费、仓储费、尾程运费、税金等。

### 1. 头程费用

头程费用是指跨境电商卖家将货物从国内运送至海外仓过程中产生的运费，主要包括航空运输、快递运输、海洋运输和铁路运输等所产生的费用，清关费用及其他相关费用等。

### 2. 处理费

处理费是指在买家下单后，由海外仓人员对其订单进行拣货打包而产生的费用。

### 3. 仓储费

仓储费是指海外仓代替卖家负责商品的储存、分类、包装与物流运输的服务而收取的费用。一般来说，海外仓服务商为了提高商品的动销率，会按周收取费用。

**4. 尾程运费**

尾程运费是指在买家下单,由海外仓服务商完成打包后指派物流公司配送至买家收货地址所产生的费用。

**5. 税金**

税金是指将货物出口到某地,需按照该地的进口货物政策支付的一系列税金,如关税、增值税及其他税金等。

## 任务实施

步骤一:通过店铺销售数据分析,确定蓝牙耳机销售的主要目的国,确定主要客户群体对时效性的要求。

步骤二:通过物流费用分析,选择经济性较高、时效性较好的物流方式。

步骤三:根据主要销售目的国分析、物流时效性分析、物流费用分析,为不同的目的国选择相应的物流模式。

## 一体化设计

### 一、选择题

1. 国际快递主要是指(    )巨头。(多选)
A. UPS                          B. DHL
C. FedEx                        D. TNT

2. 国际专线物流的劣势有(    )。(多选)
A. 无标准赔偿方案                B. 航班不固定
C. 物流信息不详细                D. 丢包率较高

3. 海外仓的整个流程应该包括(    )。(多选)
A. 头程运输                      B. 仓储管理
C. 本地配送                      D. 目的国运输

### 二、判断题

1. 选择国际快递,卖家递送商品的时间迅速,则会大大提高买家的满意度与购物体验,提升卖家的市场认可度。(    )

2. 邮政物流一般以私人包裹的方式出境,不便于海关统计,也无法享受正常的出口退税,同时,速度较慢,丢包率高。(    )

3. 邮政小包对于到达许多国家的货物状态无法在网站上查询跟踪。(    )

4. 国际专线物流大部分采用关税预付的方式,这种方式能够提高货物的清关效率,解决卖家担心的清关问题,整体的物流时效也就上升了。(    )

5. FBA仓是eBay提供的,包括仓储、拣货打包、派送、收款、客服与退货处理等的一条龙式物流服务。(    )

## 项目学习成果评价

**表 9-1　评价表——跨境电商物流**

| 学号 | | 姓名 | | 班级 | | | |
|---|---|---|---|---|---|---|---|
| 评价栏目 | 任务详情 | | 评价要素 | 分值 | 评价主体 | | |
| | | | | | 学生自评 | 小组互评 | 教师点评 |
| 任务功能实现 | 熟悉国际物流与跨境电商物流 | | 任务功能是否实现 | 20 | | | |
| | 掌握跨境电商物流模式选择 | | 任务功能是否实现 | 20 | | | |
| 知识点运用情况 | 国际物流 | | 国际物流业务流程是否掌握 | 2 | | | |
| | 跨境电商物流 | | 跨境电商物流特点是否掌握 | 2 | | | |
| | 邮政物流 | | 理解邮政小包的优劣 | 5 | | | |
| | 国际快递 | | 掌握主要国际快递的优劣 | 5 | | | |
| | 跨境专线物流 | | 理解各国跨境专线物流的优劣 | 5 | | | |
| | 海外仓 | | 掌握海外仓的优劣、三种模式及费用 | 4 | | | |
| 项目完成效果 | 各国物流政策调研 | | 内容是否全面 | 6 | | | |
| | 物流模式选择数据分析 | | 方法是否正确、决策是否合理 | 6 | | | |
| | 业务跟进 | | 跟进是否及时 | 5 | | | |
| 创新性 | 工作流程 | | 工作流程是否创新 | 5 | | | |
| 职业素养 | 态度 | | 是否认真细致、遵守课堂纪律、学习积极、团队协作 | 5 | | | |
| | 操作规范 | | 是否按照国际贸易业务流程进行 | 5 | | | |
| | 解决问题 | | 是否合理解决工作中遇到的问题 | 5 | | | |
| 总分 | | | | 100 | | | |

## 项目拓展

### 海外仓全流程设计分析

1. 实训目标

掌握海外仓全流程的设计分析。

2. 实训情景

天津锐拓电子商务有限公司从广州采购了 8 000 套尤克里里，该产品由广州生产厂商逐一进行包装。该产品主要通过 Amazon 和 eBay 平台销售到美国、加拿大及英国，由于该产品体积较大，利润空间较高，物流采用海外仓形式。公司需要设计整个物流环节的流程。

3. 实训任务

根据相关背景及资料，以天津锐拓电子商务有限公司物流岗业务员身份，制订一套详细的物流计划，包含头程物流的选择、海外仓的选择、目的国直线快递选择、物流及仓储费用计算。

# 项目十

# 跨境电商客服

## 项目导读

跨境电商客服是承载着客户投诉、订单业务受理（新增、补单、调换货、撤单等）、通过各种沟通渠道获取参与客户调查、与客户直接联系的一线业务受理人员。作为承上启下的信息传递者，客服还肩负着及时将客户的建议传递给其他部门的重任。例如，来自客户对于商品的建议、线上下单操作修改反馈等。

跨境电商客服通过与客服的交流，可以逐步地了解商家的服务和态度，让公司在客户心目中逐步树立起店铺的良好形象。通过客服良好的引导与服务，客户可以更加顺利地完成订单，提高订单的成交率。当客户在客服的良好服务下，完成了一次良好的交易后，当需要再次购买同样商品的时候，就会倾向于选择他所熟悉的卖家，从而提高重构率。同时，客服可以成为用户在网上购物过程中的保险丝，用户线上购物出现疑惑和问题的时候，客服的存在给用户带来更好的整体体验。

本项目结合跨境电商企业中的客服岗位，主要介绍跨境电商客服的职能、应具备的技能、客户服务的技巧、咨询接待、促成交易、沟通模板、订单催付、物流跟踪、关联销售、退换货处理、纠纷处理、评价管理等。

## 学习目标

1. 素质目标

（1）养成良好的礼仪修养及沟通素养；

（2）具有踏实、勤奋、积极、主动、负责的职业素养；

（3）培养团队协作、组织、协调、决策的职业素养；

（4）具备恪守信用、严守机密的职业素养；

（5）培养主动学习、提升自我的职业素养；

（6）培养诚实守信的价值观；

（7）培养良好的心理素质。

2. 知识目标

（1）了解跨境电子商务客户服务的工作范畴和目标；

(2) 熟悉跨境电子商务客户的分类及相应的策略、客户的特点和沟通技巧；
(3) 掌握跨境电子商务售前、售中、售后沟通与服务的技巧。

### 3. 能力目标
(1) 具备客服的基本素养；
(2) 能够独立运用沟通技巧开展跨境电商售前、售中、售后沟通与服务。

## 任务一　了解跨境电商客服岗位工作技能

### 任务描述

小天大学毕业刚刚进入一家跨境电商企业，她应聘的是跨境电商客服岗位。小天能够流利地讲英语、德语两门外语，但是没有客服的工作经验，对外国客户更是没有了解。所以，小天要进行为期两周的培训学习。她将要通过培训理解客服的意义、职能、应具备的技能及要具备一定的客服技巧。

### 任务分析

小天首先要理解客服及其价值，然后需要学习客服应具备的职能及作为一名合格的客服应该具备哪些技能，最后还要学习客户服务中的技巧。

### 知识要点

#### 一、理解客服

跨境电商客服是承载着客户投诉、订单业务受理（新增、补单、调换货、撤单等）、通过各种沟通渠道获取参与客户调查、与客户直接联系的一线业务受理人员。作为承上启下的信息传递者，客服还肩负着及时将客户的建议传递给其他部门的重任（图 10-1）。

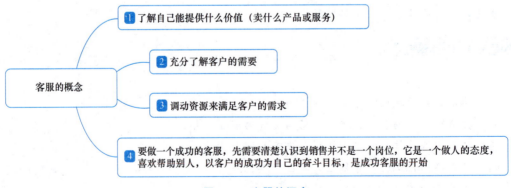

图 10-1　客服的概念

#### 二、客服意义

客服的一言一行都关系着客户对店铺的理解和感受，一个善解人意的客服能给客户留下一个信任的印象，从而树立起店铺的良好形象（图10-2）。

图 10-2　客服的意义

## 三、客服职能

客服具备的职能如图10-3所示。

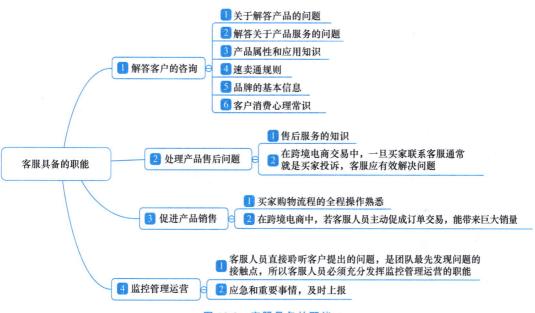

图 10-3　客服具备的职能

### （一）解答客户的咨询

跨境电子商务与传统贸易大相径庭。跨境电子商务以互联网技术为支撑，在物流方式、交易流程和结算方式等方面都与传统贸易有所不同。在跨境电子商务中，客户进行商品浏览、商品订购和商品支付等操作时，都是在网上进行的。互联网的快速与便捷使跨境交易中的卖家可以直接面对来自不同国家和地区的买家，这就需要跨境电子商务的卖家招聘专门的客服人员，解答来自各个国家和地区的消费者有关商品的各种问题。跨境电商客服人员也需要了解不同国家和地区的语言、地域特色、气候条件、主流价值观、风俗习惯、文化、消费习惯乃至贸易政策等方面的内容。只有客户服务人员向客户提供专业的、精准的服务，客户才能与卖家建立信任，从而有效地促成跨境业务。

## （二）处理商品售后问题

根据全球速卖通平台的官方统计，在跨境电子商务卖家每天收到的邮件中，有将近70%都是关于商品和服务的投诉的。售后服务是影响买家满意度的重要因素，因此，做好售后服务是极为重要的。

首先，跨境电子商务客户服务人员要在发货、物流、收货和评价等交易过程中，及时、主动地与客户联系。及时、有效的沟通能够建立客户对卖家的信任，也能够让客户体验到卖家的重视，从而提高客户的满意度。

其次，跨境电子商务客户服务人员应该能够处理并解决纠纷。在跨境电商中，纠纷是难以避免的。客服人员积极、主动地与买家沟通，解决纠纷，这在很大程度上体现出卖家的诚意。除处理纠纷外，积极处理不良评价也是客户服务人员的重要工作内容。客服可以通过积极的举措（如补发物品或适度赔偿等），来消除买家在购物过程中的不满情绪，并赢得买家的谅解，使买家消除差评。

## （三）促进商品销售

跨境电商客服通过与客户的交流，可以让客户逐步地了解商家的服务和态度，让公司在客户心目中逐步树立起店铺的良好形象。通过客服良好的引导与服务，客户可以更加顺利地完成订单，提高订单的成交率。客户在客服的良好服务下，完成了一次良好的交易后，当需要再次购买同样商品的时候，就会倾向于选择他所熟悉的卖家，从而提高重购率。

## （四）监控管理运营

客服可以成为用户在网上购物过程中的保险丝，用户线上购物出现疑惑和问题的时候，客服可以将客户的购物感受、商品意见等信息汇总，报告给主管，有益于服务的改进、商品的优化。客服是数据的收集者，对企业运营起到监管和反馈的作用。

## 四、合格客服应具备的技能与能力

合格客服应具备的技能与能力如图10-4所示。

图10-4　合格客服应具备的技能与能力

## 五、客户服务的技巧

做好客户服务的技巧如图 10-5 所示。

图 10-5　做好客户服务的技巧

### (一) 提高买家满意度

提高买家满意度如图 10-6 所示。

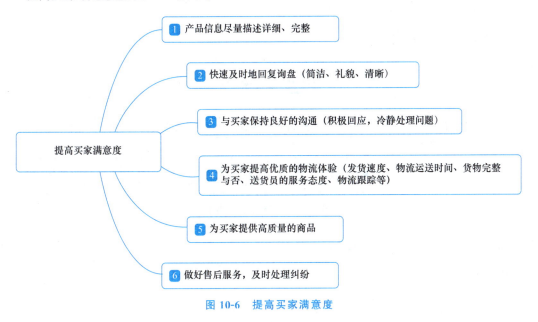

图 10-6　提高买家满意度

### (二) 寻找重点客户

寻找重点客户如图 10-7 所示。

图 10-7　寻找重点客户

### (三)做好二次营销

做好二次营销如图 10-8 所示。

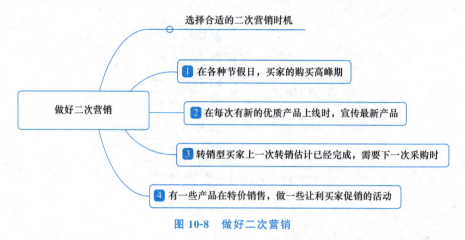

图 10-8　做好二次营销

### (四)注意沟通时间点

注意沟通时间点如图 10-9 所示。

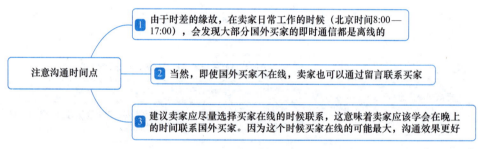

图 10-9　注意沟通时间点

### (五)利用工具主动联系老客户

利用工具主动联系老客户如图 10-10 所示。

图 10-10　利用工具主动联系老客户

## (六)客服服务要求

客服服务要求如图 10-11 所示。

1 反应及时(关键字:反应快、训练有素)
　1 顾客首次到访打招呼的时间不能超过15秒
　2 每次回答顾客问题,顾客等待时间不能超过20秒

2 热情亲切(赞美、热情、亲昵称呼、自然、真诚)
　用语规范,礼貌问候,让顾客感觉热情,不是很生硬的话语,做到亲昵称呼,自然亲切

3 了解需求(细心、耐心、有问必答、准确、找话题)
　对顾客的咨询、顾客需求给予准确的回应,并快速提供顾客满意的答复,需求不明确时做到引导顾客产生需求

4 专业销售(自信、随需应变、舒服)
　以专业的言语、专业的知识、专业的技能,回答顾客异议,让顾客感觉我们是专家并感受上帝般的舒服

5 主动推荐和关联销售
　善于向顾客推荐公司主推款,并给予关联推荐,乃至达成更高的客单价

6 建立信任(建立好感、交朋友)
　通过经验,找到和顾客共鸣的话题,想顾客所想,给顾客恰当建议,建立销售的信任

7 转移话题,促成交易
　碰到顾客刁难、啰嗦或公司弱点问题,迅速转移话题,引导销售,并以促成交易为目的

8 体验愉悦(解决问题、强化优势、欢送)
　服务过程给顾客找准记忆点,强化顾客记忆,给顾客良好的体验并留下愉悦的回忆

图 10-11　客服服务要求

## 任务实施

步骤一:理解客服及其价值。
步骤二:学习客服应具备的职能。
步骤三:学习合格的客服应该具备的技能。
步骤四:学习客户服务中的技巧。

## 一体化设计

### 一、选择题

1. 客服的主要意义有(　　)。
A. 代表店铺和公司形象　　　　B. 商品专家和形象专家
C. 了解顾客需求,引导话题　　D. 让顾客记住店铺特色的某一点

2. 客服的职能有(　　)。
A. 解答客户咨询　　　　B. 处理商品售后问题
C. 促进商品销售　　　　D. 监控管理运营

3. 寻找重点客户的方法有(　　)。
A. 分析客户的购买记录　　B. 查询客户资料
C. 分析客户的评价　　　　D. 市场调研问卷

### 二、简答题

1. 一名合格客服应具备的技能有哪些?
2. 客户服务的技巧有哪些?

## 任务二　掌握跨境电商售前沟通与服务

**任务描述**

通过基本知识的学习后，小天已经理解了作为一名跨境电商客服需要掌握哪些技能，接下来小天要进入实战训练了。她要掌握跨境电商售前沟通与服务的技能，并通过训练积累经验。

**任务分析**

从事跨境电商客服售前沟通与服务的过程，需要掌握咨询接待的方法，这需要熟悉所售商品并能够提供针对性的咨询服务；同时售前咨询中要掌握促成交易的方法；为提高工作效率需要提前学习售前话术模板。

**知识要点**

### 一、咨询接待

一个完整的跨境电子商务客户服务流程应当至少包括售前服务、售中服务和售后服务三个部分。售前服务是客服人员在顾客接触商品之前所开展的各种刺激顾客购买欲望的服务工作，包括迎接客户，推荐商品，回答客户（包括潜在客户）对商品质量、性能、技术方面的咨询，以及为顾客提供下单指引等内容。售前服务是营销与销售之间的桥梁和纽带，直接影响订单的完成率，具有至关重要的作用，不容忽视。

#### （一）熟悉所售商品

跨境电子商务客服人员首先需要熟悉自己的公司和公司销售的商品，只有这样，他们才能从更加专业的角度解答客户提出的关于商品质量、规格、使用方法、用途、保养、注意事项、税费等问题。客服人员在解答顾客的问题时，应该使用简明扼要、清晰流畅的语言，切勿堆砌令人费解的专业术语和行业专用的概念，否则会给客户造成理解上的不便。

#### （二）提供售前咨询

**1. 价格回复**

当有客户询价时，跨境电子商务客服人员应该及时回复，并在回复中感谢对方的询问，表达出与对方建立联系的意愿，并报价。示例如下：

Dear Sir/ buyer/ customer,

Thanks for your inquiry. We cherish this opportunity to do business with you. If you order a quantity of 500, we can offer you the bulk price of USD ×× with free shipping.

I look forward to your reply.

Regards,

(Your name)

## 2. 运费回复

当有客户提出希望能够免运费时,若卖家不同意支付运费,则可以这样回复:

Dear Sir/ buyer/ customer,

I'm sorry that free shipping is not available for orders sent to America/England, but we can give you a 5% discount of the shipping cost.

Regards,

(Your name)

## 3. 物流回复

当遇到节假日,物流时效有变化时,客服人员可以这样回复:

Dear Sir/ buyer/ customer,

Logistics arrangements are upgraded to make up the delay for the Chinese New Year holiday. The products will reach you in about 7−10 days.

We hope you would like our products. Welcome to visit us again.

Best regards,

(Your name)

## 二、促成交易

售前服务的主要目的是帮助顾客做好需求分析,使商家所销售的商品能够最大限度地满足客户的需求,促成交易。售前服务的内容包括多个方面,从提供信息、市场调查预测、商品定制、加工整理,到咨询服务、接受电话订货和邮购、提供财务服务等。促成交易是跨境电子商务售前服务的具体表现。

促成交易主要表现为以下几方面。

情境一:客户已经询价,但是该货物库存不多,客服人员应该催促客户尽快下单。例如:

Dear Sir/ buyer/ customer,

Thank you for your inquiry.

We have this item in stock. But, right now, we only have ×× lots of the ×× color in stock. Since the items are very popular, they have a high risk of selling out soon, please place your order as soon as possible. Thank you.

Best regards,

(Your name)

情境二:客户下单后,没有及时付款,客服人员应该及时联系客户,使其尽快付款。例如:

Dear Sir/ buyer/ customer,

Thank you for purchasing from us. However, we noticed that you haven't made the payment. This is a friendly reminder for you to complete the payment as soon as possible. The earlier you pay, the sooner you will get the item.

If you have any problems making the payment, please let us know. We can help you resolve the payment problem or cancel the order if you want.

Thanks again! Looking forward to hearing from you soon.

Best regards,

(Your name)

另外,客服人员也可以给客户提供折扣,争取让客户尽快付款。例如:

Dear Sir/ buyer/ customer,

We appreciate your order from us. The goods you chose are one of the best selling goods in our store. It's very popular for its good quality and favourable price. Currently, we only have ×× lots of the ×× color left. The products have a high risk of selling out.

We notice that you haven't made the payment. If you buy the products now, we'd like to offer you a 10% discount on your order. And we will ship out your items within 24 hours once your payment is confirmed. If you have other questions, please let us know.

Best regards,

(Your name)

情境三:在交易过程中,如果发生断货的情况,客服人员应该及时告知客户,并向客户推荐其他商品。例如:

Dear Sir/ buyer/ customer,

We are sorry to inform you that the item you chose is out of stock at the moment. We will contact the factory to see whether they are producing more products. Also, we would like to recommend to you some other items which are of the same style and of the same price. The link is listed below.

http://www.aliexpress.

Please let me know if you have any questions. Thanks.

Best regards,

(Your name)

情境四:客服人员可以向客户告知折扣,争取促成订单。例如:

Dear Sir/ buyer/ customer,

Thank you for your message.

The price we offer is very low. As you know, the shipping cost is really high, our profit margin for this product is very limited. However, we can offer you a 10% discount if you purchase more than ×× pieces in one order.

Best regards,

(Your name)

情境五:节假日是推销商品的重要时刻。客服人员应把握好节假日的绝佳时期,在节假日进行营销,并给予优惠。

Dear Sir/ buyer/ customer,

As Christmas/Chinese New year is approaching, we found ×× has a large potential market. Many customers are purchasing them for resale on eBay or in their retail stores because of the high profit margin. Currently, we have sufficient goods in stock. Please click the following link if you are interested. Meanwhile, we can give you a wholesale price of

USD ××,if you buy more than 10 pieces in one order. Thanks.

Best regards,

(Your name)

### 三、沟通模板

#### (一) 客户询问商品细节的问题

**1. 关于商品尺寸**

不同国家对于尺码的表示方法不同，境外客户可能会向客服人员咨询，以便获取准确的商品信息。

例如，客户问题如下：

Hello seller,

I wear US size 8. Could you give me some advice on which size I should buy from you?

客服回复如下：

Dear customer,

Thank you for your inquiry. Size M of this dress will fit you pretty well. Please feel free to contact us if you have any other questions.

Best regards,

(Your name)

**2. 关于合并运费**

当买家一次性购买多件商品时，他可能会向客服人员提出合并运费的要求。客服人员可以通过修改并发送电子发票（Invoice）的形式，对买家购买的多件商品只收取一次运费。在电子发票发送成功后，客服人员应及时告知买家运费已合并，让买家直接通过电子发票进行支付。

例如，客户问题如下：

Dear seller,

Can the shipping fee be paid together as I've bought several items from you? Please send me just in one package, thanks!

客服回复如下：

Dear customer,

Thanks for your inquiry. We have combined the shipping already and only charge you the shipping fee once. You can check the invoice I've just sent to you and please make the payment through the invoice directly. Please feel free to contact us if you have any other questions. Thanks!

Best regards,

(Your name)

#### (二) 关税问题

客户可能不了解购买商品时是否需要缴纳出口或进口关税，客服人员应该向客户作出解释，如小件物品不收取出口关税，或者低价物品不收取出口关税。但是，在一些国家，买家购买物品时需要缴纳进口关税，具体情况需要向当地海关部门咨询。

例如，客户问题如下：

Dear seller,

Are there any import taxes or customs charges that I need to be aware of if I purchase this product and have it shipped to Louisiana in the United States?

客服回答如下：

Dear customer,

Thank you for your inquiry. I understand that you are worrying about any possible extra expense for this item. According to past experience, extra expenses are not involved at buyer side for small or low cost items. Please do not worry about it too much.

However, in some individual cases, buyer might need to pay some import taxes or customs charges in import countries. As to specific rates, please consult your local customs office. I appreciate for your understanding.

Yours Sincerely,

（Your name）

### （三）关于大量订单询价

例如，客户问题如下：

Dear seller,

I want to order×× pieces for this item, how about the price?

客服回答如下：

Dear buyer,

Thanks for your inquiry. We cherish this chance to do business with you very much. The order of a single sample product costs USD×× with shipping fees included. If you order 80 pieces in one order, we can offer you the bulk price of 50 USD/piece with free shipping.

I look forward to your reply.

Regards,

（Your name）

### （四）支付方式

客户有可能会向客服人员咨询支付方式，客服人员可以推荐客户使用 PayPal 进行付款。

例如，客户问题如下：

Dear seller,

Do you accept check or bank transfer? I do not have a PayPal account.

客服回答如下：

Dear buyer,

Thank you for your inquiry.

For the sake of simplifying the process, I suggest that you pay through PayPal. As you know, it always takes at least 2—3 months to clear international check so that the dealing and shipping time will cost too much time.

PayPal is a faster, easier and safer payment method. It is widely used in international on line business. Even if you do not want to register a PayPal account, you can still use your credit card to go through checkout process without any extra steps.

Hope my answer is helpful to you.

Yours Sincerely,

(Your name)

## (五) 还价

在跨境电子商务中，客户通过电子邮件等方式向客服人员讨价还价的情况时有发生。客服人员既可以接受对方的报价，也可以不接受对方的报价，并在盈利范围内给予其一些折扣，以留住客户，完成订单。

例如，客户问题如下：

Dear seller,

Hello, I can give 100 dollars. Is it OK?

客服回答如下：

Dear buyer,

Thank you for your interest in my item.

We are sorry we can't offer you that low price you bargained. In fact, the price listed is very reasonable and has been carefully calculated and our profit margin is already very limited.

However, we'd like to offer you some discount if you purchase more than 5 pieces in one order, 10% discount will be given to you.

Please let me know if you have any further questions. Thanks!

Yours Sincerely,

(Your name)

### 任务实施

步骤一：学习咨询接待的方法，熟悉所售商品并能够提供针对性的咨询服务。

步骤二：学习售前咨询促成交易的方法。

步骤三：学习售前话术模板。

步骤四：开展售前话术模拟。

### 一体化设计

#### 一、问答题（使用英文）

1. 当有客户提出希望能够免运费时，若卖家不同意支付运费，该如何回复？

2. 客户问题如下：

Hello seller,

I wear US size 8. Could you give me some advice on which size I should buy from you?

客服如何进行回复？

3. 客户问题如下：

Dear seller,

Hello, I can give 100 dollars. Is it OK?

客服如何进行回复？

## 二、简答题

售前服务是客服人员在顾客接触商品之前所开展的各种刺激顾客购买欲望的服务工作，其包含哪些内容？

# 任务三　掌握跨境电商售中沟通与服务

### 任务描述

通过跨境电商售前沟通与服务的学习后，接下来小天要进入售中沟通与服务的实战训练了。她要掌握跨境电商售中沟通与服务的技能，并通过训练积累经验。

### 任务分析

从事跨境电商客服售中沟通与服务的过程，需要掌握订单催付、物流跟踪、关联销售等内容；为提高工作效率需要提前学习售中话术模板。

### 知识要点

跨境电子商务售中服务阶段是指从客户下单到客户签收货物这个阶段。这个阶段的客户服务与沟通能力直接体现出卖家的服务质量，决定了订单的数量。

跨境电子商务售中沟通与服务的主要工作内容包括订单催付、物流跟踪、关联销售等。在售中服务阶段，客户服务与沟通的主要形式包括邮件交流、在线交流和部分口语交流。在回答客户的问题时，客服人员应该礼貌、热情、细致、耐心、专业，为客户提供优质的解决方案，打消客户购买物品时的疑惑及顾虑，促使顾客下单购买。

## 一、订单催付

客户在下单之后，可能出于某些原因没有及时付款。针对客户下单后半天内没有付款、2天内没有付款的情况，客服人员可以通过站内信、订单留言或其他相关聊天工具进行催付款，以提高商品的付款率。如果客户在下单后超过2天还没有付款，则该客户的购买欲望并不强，可以放弃该顾客，不再催付。

若客户及时付款，则客服人员需告知客户发货信息。若客户付款后，未通过平台的基金风控审核，或者卖家因无库存而无法及时发货，则客服人员应及时与客户沟通。

### （一）等待客户付款

**1. 提醒客户付款**

在一般情况下，客户下单后没有及时付款，可能是因为其对商品的价格、尺寸、颜色或

使用方法等有所顾虑。客服人员可以及时告知,并提醒客户尽快完成付款。示例如下:

Dear Sir/ buyer/ customer,

We have got your order of ××, but the order is still unpaid. If you have anything I can help with the price, size, color or usage, please feel free to contact us.

Once the payment is confirmed, I will process the order and ship the product out as soon as possible. Thanks.

Yours Sincerely,

(Your name)

### 2. 客户拍下商品半天后没有付款

客户拍下商品半天后还没有付款,可能是因为其正在犹豫不决。客服人员可以在回复中强调商品的质量和服务,以便打消客户心中的疑虑。示例如下:

Dear Sir/ buyer/ customer,

Half a day has passed, and you haven't made the payment. If you have any concerns about the quality of our products, please let us know. It is well known that our company has five-year experience of sports products in China. All the products are carefully examined before shipment. If there is a quality problem, please take pictures and send them to us. Once the problem is confirmed, we will replace a new one for free. We hold the belief that excellent service is the foundation of business. We sincerely hope that we can be a good business partner of yours soon.

Yours Sincerely,

(Your name)

### 3. 客服人员修改价格后,客户仍未付款

有时,客户向卖家提出降低价格的要求,卖家同意后便修改价格。若客户仍未付款,则客服人员可以再次催付。示例如下:

Dear Sir/ buyer/ customer,

We have reset the price and given you a 5% discount based on the original price. The price we offer is already lower than the market price and the shipping fee is really high, so our profit margin is very limited. Please feel free to contact me if you have other problems.

Yours Sincerely,

(Your name)

## (二)客户已付款

### 1. 客户已付款,但无库存

如果客户付款后,客服人员发现无库存,则应立即向客户说明,并推荐类似的商品,同时告知客户取消订单的流程。示例如下:

Dear Sir/ buyer/ customer,

Thanks for your order. However, the product you chose is out of stock now. Would you mind considering the following products?

http://www.ebay.com/store/product/×××××1.html

http://www.ebay.com/store/product/××××××2.html

If you don't need them, please apply for "cancel the order", and please choose the reason of "Buyer Ordered Wrong Product". After that, your payment will be returned in 7 business days.

I'm sorry for the trouble and thanks so much for your understanding.

Yours Sincerely,

(Your name)

### 2. 客户下单,客服人员应尽快告知物流信息

示例如下:

Dear Sir/ buyer/ customer,

The products you ordered have been shipped out and the tracking number is ××.

The shipping status is as follows:××. You will get it soon. Thanks!

Yours Sincerely,

(Your name)

## 二、物流跟踪

在货物发出后,客服人员需要跟踪物流,并把物流进展及时告知客户,以便提升客户的购物体验。客服人员可以从两个方面为客户提供物流信息:货物途中的情况和货运进展情况。

### (一)货物途中的情况

#### 1. 物流信息没有及时更新

示例如下:

Dear Sir/ buyer/ customer,

It is all known that it's the busiest part of the shopping season and the logistics companies are running at maximum capacity. Your delivery information has not been updated for days and please don't worry. We will let you know as soon as the information is updated.

Thank you for your patience and understanding.

Yours Sincerely,

(Your name)

#### 2. 确认收货超时,但仍未妥投

示例如下:

Dear Sir/ buyer/ customer,

We checked the tracking information and found your package is still in transit. This is caused by the overwhelming demand for logistics in the shopping season.

We have extended the time period for you to confirm delivery.

Please feel free to contact us if you have any problems and please do not submit a refund request.

We will do our best to meet your needs.

Sorry for the trouble caused and thank you very much.

Yours Sincerely,

(Your name)

### 3. 货物丢失

如果货物丢失,则客服人员应该主动与客户联系,告知其实情,并请客户申请退款或重新下单。如果客户愿意重新下单,则客服人员可以给予其一些折扣,以示歉意。示例如下:

Dear Sir/ buyer/ customer,

I am sorry to tell you that the tracking information is not available and the package might be lost by China Post. If you still want to buy the products, you can place another order and I will offer you a 15% discount. If you don't need the items, you can apply for refund.

Sorry for the trouble caused and thank you for your understanding.

Yours Sincerely,

(Your name)

## (二) 货运进展情况

客服人员可以在以下几个关键点及时联系客户,提升客户的购物体验。

### 1. 货物到达海关

示例如下:

Dear Sir/ buyer/ customer,

I am sending the message to update your order status. It is shown that the package was handed to customs on Feb. 17. The tracking number is ×× and you can check it on website ××.

The product is approaching you and I hope you like it.

Yours Sincerely,

(Your name)

### 2. 货物到达邮局

示例如下:

Dear Sir/ buyer/ customer,

I am sending this message to update your order status. The information shows the package is transferred by Sydney post office. The tracking number is ×× and you can check it on website ××.

The product is approaching you and I hope you like it. Please give me a positive feedback, which is really important to me. Thank you very much.

Best wishes,

(Your name)

### 3. 货物妥投

示例如下:

Dear Sir/ buyer/ customer,

I am very glad that your order has been delivered successfully. Please make sure the products are in good condition and confirm the delivery.

If you are satisfied with our products and service, please give us a five-star feedback. We will highly appreciate it.

If you have any questions, please let us know. And we will do our best to solve the problems.

Best wishes,

(Your name)

### 三、关联销售

关联销售能够最大限度地利用珍贵的流量，提高转化率，降低推广成本。

#### (一) 推荐关联商品

在很多时候，会有一些顾客对某跨境电子商务店铺里的某款商品感兴趣，他们会在站内信里留言或通过即时聊天工具向客服人员咨询。客服人员应该帮助顾客解除疑问，以增加顾客购买的概率。同时，客服人员也可以顺势利导，把与该商品相关联的其他商品推荐给顾客。

**1. 顾客对商品不满意，客服人员进行关联销售**

示例如下：

Dear Sir/ buyer/ customer,

I am sorry that you are not satisfied with the item you inquired. Based on your information, I would like to recommend some other items of the similar styles and I hope you would like them. They are our best-sellings right now. Please click the link to get more information.

Please feel free to contact us if you have other questions.

Best wishes,

(Your name)

**2. 在顾客下单后，向顾客推荐关联商品**

示例如下：

Dear Sir/ buyer/ customer,

Thank you for choosing our product. The packet has been shipped today and you will get it in about 10 days.

Besides, we are selling a very nice scarf which is compatible with your coat. You can click ×× for more information.

Please feel free to contact us if you have other problems.

Best wishes,

(Your name)

#### (二) 推荐订阅店铺

客服人员可以向顾客推荐店铺，让顾客订阅，这样更有利于商品的推广，最终起到提高销量的目的。

### 1. 向新顾客推荐店铺

客服人员向新顾客推荐店铺时，应主要强调店铺可以向顾客推送最新的商品和促销信息。示例如下：

Dear Sir/ buyer/ customer,

Thank you for your interest in my items. You will be offered a better service and be updated with the latest promotions and products if you could subscribe to my store. Please refer to http：//××××××,if you have any problems.

Best wishes,

(Your name)

### 2. 向老顾客推荐店铺

客服人员向老顾客推荐店铺时，应主要强调订阅店铺后可以享受的服务和积分折扣。示例如下：

Dear Sir/ buyer/ customer,

Thank you for subscribing to my store. You can enjoy our VIP service such as the latest updates from new arrivals to best-selling products on a weekly basis. Since you are our old friend, you can enjoy our discount and marks accumulation after you subscribe to our store. Please refer to http：// ××××××,if you have any problems.

Best wishes,

(Your name)

## 四、沟通模板

跨境电子商务客服人员在售中服务阶段，除对客户的订单进行正常的跟踪外，还会遇到一些特殊情况，即特殊订单。特殊订单是指由发货、物流、海关等导致的不能正常出货或退货的订单。

发货前，发货困难和包邮政策等问题可能会导致出现特殊订单。在货物发出后，由节假日或不可抗力造成的错发货/漏发货等情况也可能导致出现特殊订单。跨境电子商务客服人员在遇到特殊订单时，应该主动与客户沟通，解决相关问题，避免不必要的纠纷。

### (一) 发货前的特殊订单

#### 1. 无法包邮

卖家常常推出小件商品包邮的促销手段。有些客户可能在同一订单中购买很多商品，导致包裹整体过重，从而无法享受包邮服务。这时，客服人员应该提醒顾客，建议顾客将订单拆分或选择其他快递方式。示例如下：

Dear Sir/ buyer/ customer,

I'm afraid that your order might not enjoy our free-shipping service, because the goods weighs ×× kg in all, heavier than the required 3 kg. If you still want to enjoy the free-shipping service, you can reselect all the goods, add them to cart, and place separate orders. Make sure the weight of each order, including the package, is no more than 3 kg. If you do not want to place separate orders, we are pleased to introduce to you the ×× shipping service, which is fast and economical.

Please let us know your decision. Your support and understanding would be highly appreciated.

Best wishes,

(Your name)

### 2. 发货困难

有些客户来自战乱或疫情严重的国家或地区，导致货物暂时无法投递。客服人员应该及时与顾客沟通，商量解决方案。示例如下：

Dear Sir/ buyer/ customer,

I'm sorry that the shipment service is not available in your country/region now. We are very glad to offer you our products and services if you agree that we ship your items to your neighboring countries or regions. Your understanding is greatly appreciated. Please feel free to contact us if there is anything we could do for you.

Best wishes,

(Your name)

### （二）发货后的特殊订单

有时，旺季或恶劣的天气可能会造成物流延误。客服人员应该本着对顾客认真、负责的态度，及时通知顾客，并采取给予优惠或折扣的方式对其进行补偿。示例如下：

Dear Sir/ buyer/ customer,

We shipped your order on Monday, but we are terribly sorry that due to the peak season/ bad weather, the package may be delayed. We will keep you informed of the updated delivery. Also, we would like to offer you a ×× dollar coupon to make up for the possible inconvenience. We highly appreciate your understanding.

Please feel free to contact us if there is anything we can do for you. Thank you!

Best wishes,

(Your name)

## 任务实施

步骤一：学习订单催付方法。

步骤二：学习物流跟踪方法。

步骤三：学习关联营销方法。

步骤四：开展售中话术模拟。

## 一体化设计

### 问答题（使用英文）

1. 客服人员可以及时告知其未付款，并提醒客户尽快完成付款。

2. 如果货物丢失，客服人员主动与客户联系，告知其实情，并请客户申请退款或重新下单。如果客户愿意重新下单,则客服人员可以给予其一些折扣。

3. 顾客对商品不满意,客服人员进行关联销售,请举例。

## 任务四　掌握跨境电商售后沟通与服务

### 任务描述

通过跨境电商售中沟通与服务的学习后,接下来小天要进入售后沟通与服务的实战训练了。她要掌握跨境电商售后沟通与服务的技能,并通过训练积累经验。

### 任务分析

从事跨境电商客服售后沟通与服务的过程,需要掌握退换货处理、纠纷处理、评价管理等内容;为提高工作效率需要提前学习售后话术模板。

### 知识要点

#### 一、退换货处理

如果客户对商品不满意,卖家首先要知道客户感到不满意的地方是哪里,做好客户反馈。

在这种情况下,常见的退货原因有商品破损、卖家发错货或颜色不对、客户长时间未收到货等。处理方式如下:

(1) 先向客户道歉,请求对方谅解。

(2) 可以具体地向客户说明,对于商品外观上出现的问题,一般可能是物流刮痕或运输损坏等造成的。

(3) 对于卖家发错货和客户长时间未收到货的情况,卖家可以与客户协商退货或退款。

(4) 卖家表达要委婉,让对方提供所收到商品的图片,以便卖家后续进行改进,给客户带来更好的购物体验。

需要说明的是,根据亚马逊的退货政策,FBA 订单中的大部分品类都是可以 30 天内无理由退货的。

#### 二、纠纷处理

纠纷是令很多卖家头疼的事情。纠纷是指在平台交易过程中产生了误会,或者一方刻意隐瞒,造成无法正常交易的情况。纠纷会直接影响店铺的服务指标,店铺纠纷多,其排名就会靠后,曝光率就会下降,浏览人数就会减少,订单也会减少,从而直接影响店铺的运营。

##### (一) 物流纠纷

**1. 货物在运输途中**

货物运输在承诺的时间内仍在运输中,买家未收到货物。示例如下:

Dear Sir/ buyer/ customer,

Your order was mailed (order No：××) on December 20th. However, the tracking information shows the package is still on the way. The package did not arrive you due to a shipping delay from the delivery company. If you do not receive your item before December 30th, we can send your order again or you can apply for a full refund. Please feel free to contact us if there are other problems.

Thank you for your patience.

Best wishes,

(Your name)

### 2. 包裹被扣关

包裹在通过海关时，有可能会被扣关，通常在缴清关税后就可以顺利放行。如果包裹在海关被扣关，跨境电子商务客服人员需要联系买家，请买家联系海关进行清关。示例如下：

Dear Sir/ buyer/ customer,

We checked your tracking information and found your package has arrived at your country's customs agency. Please consult your local customs office if your package is delayed. Please feel free to contact us if there are other problems.

Best regards,

(Your name)

### 3. 包裹损坏

货物在运输途中损坏，买家收到货物后投诉卖家。卖家应首先表明质量欠缺不是由卖家造成的，而是由物流不当造成的，恳请买家原谅，并承诺给予其一定的优惠，以便让客户接受。示例如下：

Dear Sir/ buyer/ customer,

I am sorry for the trouble caused. Please trust me that I did carefully check the order and the package to make sure everything was in good condition before having it shipped out. I suppose the damage might have happened during transportation. I'm still very sorry for the inconvenience caused and I promise that I will give you more favourable discounts to make it up when you shop next time.

Thank you for your understanding.

Best regards,

(Your name)

## （二）货不对版纠纷

### 1. 货物与卖家的描述不符

买家收到的货物与卖家的描述不符，卖家收到投诉后，可以请求买家提供货物与描述不符的证据。示例如下：

Dear Sir/ buyer/ customer,

We are really sorry that items you've received in order ×× are not as the same as the description. We really want to resolve the dispute. Would you please make a video recording to show the problem and send the video to my email：××? You could also take some photos to show the problem and send it to the above mentioned email：××. This will allow us to verify the problem and resolve the problem to your satisfaction.

We really apologize for the inconvenience and look forward to hearing from you.

Best regards,

(Your name)

### 2. 货物数量不对

买家投诉收到的货物数量不对，卖家收到投诉后如果确认少发货，可以给买家一些补偿。示例如下：

Dear Sir/ buyer/ customer,

I am terribly sorry for the trouble caused. I need to check the weight of parcel to check the quantity with the shipment staff. Could I give you a good discount or send a nice gift to you? Or if you ask for instant refund, could you give me your PayPal account?

I am really sorry for all the inconvenience.

Best regards,

(Your name)

### 3. 商品质量欠佳

卖家收到买家发来的关于商品质量欠佳的视频或照片，经核实后，如果确实是卖家的质量问题，卖家可以承诺给买家退款或赠送优惠券。示例如下：

Dear Sir/buyer/customer,

We have received your photos/video. Sorry that the item was not in good quality. You can apply for a full refund. If you accept the item this time, we would like to offer a favourable discount for your next order.

Sorry for the inconvenience caused and please feel free to contact us if you have other problems.

Best regards,

(Your name)

## (三) 买家自身的原因

买家买错了，或者已经在其他店铺买了这款商品，或者找到了价格更低的店铺，从而要求退货。如果卖家同意退货，买家需要承担物流费用，以降低卖家的成本。示例如下：

Dear Sir/ buyer/ customer,

You can send it back for refund. Please send the item back to the following address××. Please be aware of that you must pay for the shipping fee.

Thanks for your understanding.

Best regards,

(Your name)

## 三、评价管理

售后评价是指在跨境电子商务平台上，客户对卖家提供的商品和服务给出的最后的证明与反馈。售后评价分为好评、中评和差评。很多顾客非常关心所购买的商品的售后评价,对于差评较多的商品,大部分顾客都会选择放弃。对于以 B2C 模式为主的跨境电子商务平台而言,商品的售后评价不仅直接影响顾客的购物决定,而且关系到顾客花费的数额。有调查结果显示,人们愿意多花 30% 以上的价格来购买服务等级为优的商品。由此可见,良好的评价对于卖家来说非常重要。

### (一)好评回复

好评率是一个成熟的跨境电商店铺追逐的目标。好评率越高,顾客购买该店铺里的商品的概率就会越大。因此,对于跨境电子商务来说,用户好评是至关重要的。如果卖家收到好评,客服人员一定要对顾客表达感谢,有助于买家再次转化。示例如下:

Dear Sir/buyer/customer,

Thank you very much for your positive feedback. Your satisfaction is of great importance to us. We will offer a good discount when you shop next time.

Thank you very much.

Best regards,

(Your name)

### (二)催促评价

有些客户收到商品后习惯性地不给予评价。这时,客服人员可以和客户沟通,必要时,告诉客户评价的步骤。客服人员也可以借此机会询问客户的购物体验,增加客户的亲切感和信任感,从而提高回头率。示例如下:

Dear Sir/buyer/customer,

The items have been delivered to you successfully. I hope you are satisfied with our products and services. Please feel free to contact us if there is something we could do for you.

If you don't mind, please leave a positive feedback, which is very important to our company.

By the way, if you are not satisfied with our products, please do not leave a negative feedback. And please contact us for solution.

Thank you very much.

Best regards,

(Your name)

### (三)修改评价

**1. 客户给予中评,对商品不满意**

客户给予中评,这说明他对商品并不是百分之百满意。跨境电子商务客服人员应该主动与客户联系,让其明白客户评价对于店铺的重要性,并恳请客户修改评价。示例如下:

Dear Sir/buyer/customer,

I am very sorry that you did not give a positive comment. Please trust me, I have been doing business on Aliexpress for many years and the products you bought were of great quality.

Aliexpress offers Buyer Protection service which means the payment won't be released to us until you are satisfied with the product and agree to release the money. We sincerely look forward to establishing long business relationship with you.

Would you please leave positive feedbacks to us, which is of great importance to us?

Thank you for your understanding and kindness.

Best regards,

(Your name)

### 2. 客户给予差评，对商品不满意

有时，客户对购买的商品不满意，就会给予差评。客服人员一定要主动联系客户，询问清楚到底是商品的质量问题，还是物流太慢导致客户不满意，这样也有助于卖家有的放矢地解决问题。遇到客户给予差评时，客服人员可以先与客户沟通，恳请客户修改评价。如果客户置之不理，则一周之后再联系客户，可以考虑给客户返款5美元，或者下次给予10%的优惠，用真诚感动他们。示例如下：

Dear Sir/buyer/customer,

It is really a pity that you left a negative comment for us. I really hope that you could revise the negative feedback, since positive comments are very important to us. I could give you 5 dollars as a compensation, or if you refer, I could give you a 10% discount when you buy our products next time. I hope I can solve the problem to your satisfaction.

I would like to apologize again for all the inconvenience caused.

Thank you for your understanding and kindness.

Best regards,

(Your name)

## 任务实施

步骤一：学习退换处理方法。
步骤二：学习纠纷处理方法。
步骤三：学习评价管理方法。
步骤四：开展跨境电商售后沟通服务模拟训练。

## 一体化设计

### 一、问答题（使用英文作答）

1. 买家投诉收到的货物数量不对，卖家收到投诉后如果确认少发货，如何与客户沟通？
2. 客户收货后不给予评价，客服该如何与对方沟通？

### 二、简答题

买家对商品不满意，客服通常会有哪些处理方式？

## 项目学习成果评价

表 10-1 评价表——跨境电商客服

| 学号 | | 姓名 | | 班级 | | | |
|---|---|---|---|---|---|---|---|
| 评价栏目 | 任务详情 | 评价要素 | 分值 | 评价主体 | | | |
| | | | | 学生自评 | 小组互评 | 教师点评 | |
| 任务功能实现 | 了解跨境电商客服岗位工作技能 | 任务功能是否实现 | 6 | | | | |
| | 掌握跨境电商售前沟通与服务 | 任务功能是否实现 | 10 | | | | |
| | 掌握跨境电商售中沟通与服务 | 任务功能是否实现 | 10 | | | | |
| | 掌握跨境电商售后沟通与服务 | 任务功能是否实现 | 10 | | | | |
| 知识点运用情况 | 客服的技能与技巧 | 客服应具备技能，客户服务中技巧 | 4 | | | | |
| | 接待咨询 | 熟悉所售商品，提供售前咨询，模板话术运用 | 4 | | | | |
| | 促成交易 | 促成交易话术运用 | 2 | | | | |
| | 订单催付 | 订单催付话术运用 | 2 | | | | |
| | 物流跟踪 | 物流跟踪话术运用 | 2 | | | | |
| | 关联销售 | 关联销售话术运用 | 2 | | | | |
| | 退换货处理 | 退换货处理话术运用 | 4 | | | | |
| | 纠纷处理 | 纠纷处理话术运用 | 4 | | | | |
| | 评价管理 | 评价管理话术运用 | 4 | | | | |
| 项目完成效果 | 了解跨境电商客服岗位工作技能 | 掌握客服技能与技巧 | 3 | | | | |
| | 掌握跨境电商售前沟通与服务 | 掌握售前咨询、促成交易话术 | 3 | | | | |
| | 掌握跨境电商售中沟通与服务 | 掌握订单催付、物流跟踪、关联销售话术 | 3 | | | | |
| | 掌握跨境电商售后沟通与服务 | 掌握退换货处理、纠纷处理、评价管理话术 | 3 | | | | |
| | 业务跟进 | 跟进是否及时 | 4 | | | | |
| 创新性 | 工作流程 | 工作流程是否创新 | 5 | | | | |

续表

| 评价栏目 | 任务详情 | 评价要素 | 分值 | 评价主体 | | |
|---|---|---|---|---|---|---|
| | | | | 学生自评 | 小组互评 | 教师点评 |
| 职业素养 | 态度 | 是否认真细致、遵守课堂纪律、学习积极、团队协作 | 5 | | | |
| | 操作规范 | 是否按照国际贸易业务流程进行 | 5 | | | |
| | 解决问题 | 是否合理解决工作中遇到的问题 | 5 | | | |
| 总分 | | | 100 | | | |

---

### 项目拓展

**处理 eBay 店铺客服投诉**

1. 实训目标

通过训练，学生掌握处理 eBay 店铺投诉的常用话术。

2. 实训情景

小天进入平台客服的实训阶段，她要真实地处理一起 eBay 平台的店铺客户投诉。

3. 实训任务

小天使用所学的纠纷处理话术来解决当前遇到的问题。

Q1. The product I purchased has been transported for many days, but I haven't received it. Why?

Q2. The goods I received are different from those in your pictures. I want to return them and make compensation, and I will complain to you.

Q3. I have used this product for a period of time and found that it has design problems. I don't want to return it, but I must return my fees.

# 项目十一

# 跨境电商收款与结汇

## 项目导读

资金是企业维持生产和扩大运营规模的重要支撑。在跨境电商中,涉及资金的环节主要包括收款和结汇。收款方式会影响卖家获得货款的时间和提现成本,因此,选择合适的收款方式对于卖家来说非常重要;而结汇涉及货币的转换,关系到卖家资金回笼的问题。

B2C跨境电商交易具有订单频率高、单个订单金额较低的特点。因此,在B2C跨境电商交易中,卖家通常通过线上渠道收款,最常用的收款方式包含信用卡、网络银行支付和第三方支付工具等。

结汇是指企业或个人按照汇率将买进外汇和卖出外汇进行结清的行为。在出口跨境电商交易中,结汇是指卖家将销售商品所得的外币,按照国家公布的外汇牌价售予外汇银行而折合成本国货币。

货款支付是跨境电商交易过程中的重要环节,跨境支付参与者众多,不仅涉及跨境交易的直接参与者,还涉及支付机构、银行等间接参与者,在整个支付环节中会产生一定风险。

本项目结合跨境电商企业中运营岗位,主要介绍跨境电商收款与结汇的工作范畴,包含跨境电商支付流程、主流跨境电商支付方式、结算汇率风险及防范方法。

## 学习目标

1. 素质目标

(1) 养成良好的礼仪修养及沟通素养;
(2) 具有踏实、勤奋、积极、主动、负责的职业素养;
(3) 培养团队协作、组织、协调、决策的职业素养;
(4) 具备恪守信用、严守机密的职业素养;
(5) 培养主动学习、提升自我的职业素养;
(6) 培养诚实守信的价值观;
(7) 培养良好的心理素质。

2. 知识目标

（1）了解跨境电子商务支付与结算活动及其原理；

（2）掌握主流跨境电子商务支付方式；

（3）掌握跨境电子商务结算汇率风险与防范。

3. 能力目标

（1）能够使用国际支付宝、PayPal等主流跨境电子商务支付方式完成注册、绑定、支付、结算；

（2）能够识别跨境电子商务支付预结算风险；

（3）能够针对跨境电子商务结算汇率风险进行防范。

# 任务一　掌握跨境电商支付业务流程与主流支付方式

## 任务描述

李雷进入跨境电商企业工作后的一段时间，对运营的相关业务有一定的了解，通过不懈的努力，终于成功开设店铺，李雷很高兴地在跨境电商平台上架了产品，正准备开始经营，但是店铺的支付结算仍然没有确定，于是，李雷开始了跨境电商支付相关知识的学习，对相应跨境电商支付结算业务开展了学习。

## 任务分析

李雷需要掌握跨境电商支付结算相关知识，选择合适的跨境支付方式以便店铺的正常运营，并将开单后的资金转汇至国内账户，其主要学习跨境电商支付产生的背景、第三方支付、跨境电商支付流程、跨境电商主流支付方式等知识。

## 知识要点

### 一、跨境电商支付的产生与现状

#### （一）跨境电商支付产生的背景

**1. 传统外贸向跨境电商的转型**

在跨境电商发展之前，我国国际贸易主要以传统外贸出口为主。自跨境电商发展至今，国内大多数外贸企业已经完成从传统外贸向跨境电商的转型。尤其是在2008年全球金融危机之后，人民币升值和劳动力成本持续上升的双重影响下，我国传统外贸行业遭受很大的打击，进出口增速明显下跌，很多外贸企业（尤其是中小型外贸企业）纷纷倒闭。与此形成鲜明对比的是，跨境电子商务因为具有中间环节少、价格低和利润率高等优点，呈现出良好的发展势头。

传统外贸出口通常包括中国工厂—中国出口商—外国进口商—外国批发商—外国零售商—外国消费者六个环节。在该模式下，最大的利润份额被流通中介获得。引入跨境电子商务后，出口环节可以简化为中国工厂—外国零售商—外国消费者，或者进一步简化为中国工厂—外国消费者，绕开了很多外贸中间商，出口商品的利润增加。一方面，这可以弥补人民币升值和劳动力成本上升的利润缺失；另一方面，出口商品的价格可以进一步下降，提高我国商品在国外市场上的竞争力。同时，这对于国有品牌出口、掌握市场终端都非常有益。由此，传统外贸向跨境电商的转型是不可逆转的趋势。

### 2. 跨境电商支付的转变

随着传统外贸出口企业向跨境电商企业的转型，企业结构、业务形式、结算方式等都发生着改变。近些年来，随着国际经济环境的变化、信息技术的进步，特别是网络的普及和电子支付工具的完善，传统外贸"集装箱"式的大额交易正逐渐被小批量、多批次、快速发货的外贸订单需求所取代，跨境电子商务得到了极大的发展。跨境电商的迅猛增长也带动了与跨境电商密切相关的跨境电商支付的发展与改革。传统的结算方式（如信用证、电汇、付款交单等）由于结算手续复杂、周期较长，已经不能满足跨境电商背景下的网上支付需要。当前，跨境电子商务企业对支付结算的要求主要集中在全球通用、安全、便捷、快速、低费率、短周期等。目前，最主要的跨境电商支付手段是通过第三方支付平台来解决国际贸易双方的资金清算问题。

## （二）第三方支付

### 1. 第三方支付的产生

传统国际贸易中间交易环节的复杂性催生了跨境电商的发展。在这个过程中，第三方支付凭借其低费率和较快的到账时间逐步成为高频、小额跨境电商支付的主流模式，与卡组织、银行电汇等形成错位竞争。

目前，跨境电商支付主要存在两种形式：一种是具有跨境支付牌照的企业（如银行），可以直接对接买卖双方；另一种是具有汇兑牌照的企业，通过境内外的本土第三方支付企业完成与买卖双方的对接，这类企业可以通过向两端延伸打通产业链，牌照的壁垒作用正在逐步减弱。同时，行业的服务模式也将逐步分化，服务于B2C的支付企业将逐步简化成支付通道，规模效应是这类企业的目标；服务于B2B的支付企业将提供与支付场景深度吻合的综合支付解决方案，重点在于产品设计和客户资源获取能力。由此，第三方支付在跨境电商的贸易形势下应运而生。

### 2. 第三方支付的原理

第三方支付是指具备一定实力和信誉保障的独立机构，通过与中国银联或网联清算有限公司对接，促成交易双方进行交易的网络支付模式。在第三方支付模式下，买方选购商品后，使用第三方平台提供的账户进行货款支付（支付给第三方），并由第三方通知卖家货款到账，要求发货；买方收到货物、检验货物，并且进行确认后，再通知第三方付款；第三方将款项转至卖家账户（图11-1）。

第三方支付可以降低网络支付的风险，通常，第三方支付机构必须在国际上具有一定的诚信度。在实际的操作过程中，第三方支付机构可以是发行信用卡的银行本身，也可以是除银行外具有良好信誉和技术支持能力的某个机构。第三方支付机构与各主要银行之间签订有关协议，使第三方支付机构与银行之间可以进行某种形式的数据交换和相关信息确认。这样，第三方支付机构就能实现在持卡人或消费者与各银行，以及最终的收款人或商家之间建立一个支付的流程。在第三方支付模式下，商家看不到客户的信用卡信息，同时又避免了由信用卡信息在网上多次公开传输导致的信用卡信息被盗取的风险。

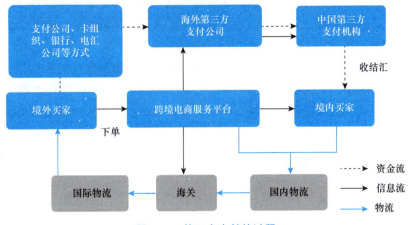

图 11-1　第三方支付的过程

### 3. 第三方支付的特点

第三方支付平台是在监管下保障交易双方利益的独立机构,是买卖双方在交易过程中的"中间平台"。第三方支付是买家购买商品后,将货款交付给第三方支付平台,由第三方支付平台通知卖家发货。若买家收到商品并感到满意,则由第三方支付平台将货款交付给卖家;若买家不满意,则第三方支付平台确认卖家收到退货后,将货款退给买家。

(1) 第三方支付的优点。

①简化交易操作。第三方支付平台提供一系列的应用接口程序,将多种银行卡支付方式整合到一个界面上,负责交易结算中与银行的对接,使网上购物更加快捷、便利。

②降低成本。消费者和商家不需要在不同的银行开设不同的账户,可以帮助消费者降低网上购物的成本,帮助商家降低运营成本;同时,还可以帮助银行节省网关开发费用,并为银行带来一定的潜在利润。

③便捷安全。利用第三方支付平台进行支付操作更加简单和安全。通过第三支付平台,交易双方都不需要频繁通过 CA 进行认证,只需要注册并验证一次即可。在后续进行的交易过程中,由第三方支付平台进行安全保障。

④信用保障。第三方支付平台本身依附于大型的门户网站,且以与其合作的银行的信用作为信用依托,因此,第三方支付平台能够较好地突破网上交易中的信用问题,有利于推动电子商务的快速发展。

⑤支持多种银行账户。第三方支付平台支持多银行多账户的支付方式,为买卖双方提供了高效的支付通道。不需要买卖双方具有对应的银行账户,也间接节省了买卖双方银行之间转账费用。

(2) 第三方支付的缺点。

①风险问题。在电子支付流程中,资金都会在第三方支付机构滞留,即出现资金沉淀,如缺乏有效的流动性管理,则可能存在资金安全和支付的风险。同时,第三方支付机构开立支付结算账户,先代收买家的款项,然后付款给卖家,这实际已突破了现有的诸多特许经营的限制,其可能为非法转移资金和套现提供便利,因此形成潜在的金融风险。

②电子支付经营资格的认知、保护和发展问题。第三方支付结算属于支付清算组织提供的非银行类金融业务,银行将以牌照的形式提高门槛。因此,对于那些从事金融业务的第三方支付公司来说,面临的挑战不仅仅是如何营利,更重要的是能否拿到将要发出的第三方支付业务牌照。

③恶性竞争问题。电子支付行业存在损害支付服务,甚至给电子商务行业发展带来负面冲击的恶意竞争的问题。国内的专业电子支付公司已经超过 40 家,而且多数支付公司与银行之间采用纯技术网关接入服务,这种支付网关模式容易造成市场严重同质化,也挑起了支付公司之间激烈的价格战,不利于第三方支付机构的发展和创新。

## 二、跨境电商支付流程

从跨境贸易的整体来看,我国的跨境贸易已经发展为以下四种主流模式:传统的大额 B2B 贸易、小额 B2B 贸易、平台型 B2C、自营 B2C,其中,后两者都属于跨境电商模式。第三方跨境电商支付模式正在服务除传统大额 B2B 贸易外的三种模式。传统的大额 B2B 贸易是跨境贸易的传统模式,多数是一对一大额交易。小额 B2B 贸易是发展迅速的跨境贸易模式,有着众多境外小商家客户,为其客户节约了大量的贸易成本。平台型 B2C 和自营 B2C 都属于跨境电商模式,平台型 B2C 发展较早,如中国的全球速卖通、美国的 Amazon;自营 B2C 是近些年发展起来的跨境电商独立站模式,卖家通过建立自己的网站去运营,而不是通过像 Amazon 这样的平台。

实际上,一个完整的跨境电商支付流程包括三大环节,即收单、收款、结售汇。以第三方跨境支付在跨境电商 B2C 出口交易中的流程为例,收单机构通过发卡行、国际卡组织的清结算,将货款打到商户的境外账户,随后收款公司进行相关的账户服务和转账,最后通过银行或国内持牌机构进行结售汇。

下面主要介绍平台型 B2C 和自营 B2C 的支付结算流程。

### 1. 平台型 B2C 跨境电商的支付结算流程

平台型 B2C 跨境电商以中国的全球速卖通和美国的 Amazon、Wish 为代表。卖家在这些跨境电商平台上开设店铺,将货物销往境外,直面数以亿计的境外消费者。在平台型 B2C 跨境贸易中,由于参与者众多、单价较小,但单量众多,直接支付模式已经不再适用,因此,主要是第三方跨境支付在其中发挥作用。跨境电商的业务流程涉及"三流",即资金流、信息流、物流。其中,资金流反映了支付流程。从消费者的角度来看,付款后,支付的环节其实已经结束,但其实背后的支付流程已开始严格运行,完成信息流与资金流之间的流转。具体的流程如下:境外消费者下单后,交易信息将通过银行、卡组织等进行审核确认;交易信息被确认后,卡组织和银行发出扣款指令,将资金清算后归集到银行和境外支付公司。在关键的收结汇环节,国内的第三方支付机构根据跨境电商平台的账单数据进行结汇,将资金分发给卖家。

### 2. 自营 B2C 独立站的支付结算流程

自营 B2C 独立站一般拥有海外账户,方便国外第三方支付等金融机构为其办理收单业务。国内第三方支付机构主要为自营 B2C 独立站办理换汇、转账等业务,将独立站的资金从海外账户转至其国内银行账户。

## 三、主流跨境电商支付方式

### （一）国际支付宝（Escrow）

#### 1. 支付宝平台概述

支付宝（中国）网络技术有限公司是国内领先的独立第三方支付平台，由阿里巴巴集团创办。支付宝致力于为中国电子商务提供"简单、安全、快速"的在线支付解决方案。支付宝公司从2004年建立开始，始终以"信任"作为产品和服务的核心。用户覆盖了整个C2C、B2C及B2B领域。

支付宝创新的产品技术、独特的理念及庞大的用户群吸引越来越多的互联网商家主动选择支付宝作为其在线支付体系。目前除淘宝和阿里巴巴外，支持使用支付宝交易服务的商家涵盖了虚拟游戏、数码通信、商业服务、机票等行业。支付宝与国内外200多家银行及VISA、MasterCard国际组织等机构建立了深入的战略合作。截至2019年，境外超过30个国家和地区已经支持支付宝收款，覆盖14种主流货币。

#### 2. 国际支付宝概述

国际支付宝（Escrow）的服务模式与国内支付宝类似，交易过程中先由买家将货款打到第三方担保平台的国际支付宝（Escrow）账户中，然后第三方担保平台通知卖家发货，买家收到商品后确认，货款放于卖家，其主要使用在速卖通平台，能够降低提现成本。国际支付宝（Escrow）是一种第三方支付担保服务，而不是一种支付工具。对于使用者而言，它的风控体系可以保护买家在交易中免受信用卡盗卡的欺骗，而且只有当且仅当国际支付宝（Escrow）收到了买家的货款，才会通知发货，这样可以避免在交易中使用其他支付方式导致的交易欺诈。

国际支付宝（Escrow）的第三方担保服务是由阿里巴巴国际站同国内支付宝（Alipay）联合支持提供的。全球速卖通平台只是在买家端将国内支付宝（Alipay）改名为国际支付宝（Escrow）。根据买家数据的调研发现，买家群体更加喜欢和信赖"Escrow"一词，认为Escrow可以保护买家的交易安全。而在卖家端，全球速卖通平台依然沿用"国际支付宝"一词，只是国际支付宝相应的英文变成了"Escrow"。在使用上，只要有国内支付宝账号，无需再另外申请国际支付宝（Escrow）账户。当登录到"My Alibaba"后台（中国供应商会员）或"我的速买通"后台（普通会员），可以绑定国内支付宝账号来收取货款。

#### 3. 国际支付宝（Escrow）优势

（1）多种支付方式。支持信用卡、银行汇款多种支付方式。目前国际支付宝（Escrow）支持的支付方式有信用卡、T/T银行汇款。后续将会有更多的支付方式接入进来。

（2）安全保障。先收款，后发货，全面保障卖家的交易安全。国际支付宝（Escrow）是一种第三方支付担保服务，而不是一种支付工具。

（3）方便快捷。线上支付，直接到账，足不出户即可完成交易。使用国际支付宝（Escrow）收款无需预存任何款项，速卖通会员只需绑定国内支付宝账号和美元银行账户就可以分别进行人民币及美元的收款。

（4）品牌优势。背靠阿里巴巴和支付宝两大品牌，海外潜力巨大。近些年阿里巴巴在全球主要市场投入大量资源，推广阿里巴巴产品，这里主要有速卖通、阿里国际站、Escrow。

#### 4. 开通国际支付宝账号

(1) 开通国际支付宝账户,首先要访问 Alipay 系统。用户通过登录"我的速卖通"—"交易"—"支付宝国际账户"或"My Alibaba"中的"资金账户管理"功能访问 Alipay 系统。

(2) 设置支付密码,激活 Alipay 会员身份,如果是初次访问 Alipay 系统,用户需要激活 Alipay 会员身份。

(3) 单击"现在激活"按钮,系统显示创建支付密码页面,用户需要输入支付密码。为了让账户更加安全,防止密码被盗,建议用户不要设置相同的支付密码和登录密码。

(4) 用户输入支付密码后,单击"确认"按钮,会检验用户之前在 Alibaba 网站是否已经绑定过手机号码。如果绑定过,则此时需要进行手机验证。系统会发送验证码到用户绑定的手机,用户输入正确的验证码后确认提交,即可成功激活 Alipay 会员身份。注意手机验证码的有效期是 30 分钟。

(5) 如果用户之前没有在 Alibaba 网站上绑定过手机,则系统会引导用户到 Alibaba 网站进行手机绑定操作,绑定完成后再进行手机验证。

(6) 为防止坏人有机可乘,最好在速卖通支付宝国际账户开通成功后,就到"我要提现"—"支付密码管理"中修改支付密码。

绑定国内支付宝账户后,就可以通过支付宝账户收取人民币。国际支付宝(Escrow)会按照买家支付当天的汇率将美元转换成人民币支付到卖家的国内支付宝或银行账户中;还可以通过设置美元收款账户的方式来直接收取美元。

#### 5. 国际支付宝收款账户设置

(1) 人民币收款账号设置。在速卖通操作后台"交易"—"资金账户管理"—"支付宝国际账户"—"我的账户"—"提现账户管理"中设置支付宝账户可作为人民币收款账号。建议使用实名认证的支付宝账号作为收款账户,以避免非实名认证账号提现额度的限制影响资金的提取。卖家收到的人民币部分,国际支付宝是按照买家支付当天的汇率(汇率是由收单银行确定;汇率是清算日的汇率,非支付日,一般在支付后 2 个工作日)将美元转换成人民币支付到卖家国内支付宝或银行账户中的(特别提醒:速卖通普通会员的货款将直接支付到国内支付宝账户)。

(2) 美元收款账号设置。在速卖通操作后台"交易"—"资金账户管理"—"支付宝国际账户"—"我的账户"—"提现账户管理"中绑定银行卡(企业/个人)可作为美元收款账号。收到的美元部分,国际支付宝将美元直接打入卖家的美元收款账户(特别提醒:只有设置了美元收款账户才能直接收取美元)。提现的美元,需要到银行结汇成人民币。

### (二)微信跨境支付

#### 1. 微信平台概况

微信是腾讯公司于 2011 年 1 月推出的一款以多媒体信息通信为核心功能的免费移动应用,诞生之后短短两年得到快速发展。一方面,微信快速积累起庞大的用户群体,截至 2020 年第三季度腾讯微信及 WeChat 月活跃用户达 12.1 亿,成为移动互联网时代重要的用户入口;另一方面,微信不断丰富功能,围绕通信这个核心功能,发展为集通信、社交、营销、媒体、工具五大功能于一体的平台化产品。

微信提供的闭环式移动互联网解决方案中，涉及的服务能力包括移动电子商务入口、用户识别、数据分析、支付结算、客户关系维护、售后服务和维权、社交推广等。通过为合作伙伴提供"连接一切"的能力，微信正在形成一个全新的"智慧型"生活方式，已经渗透到诸多的传统行业。

**2. 微信支付**

微信支付是集成在微信客户端的支付功能，用户可以通过手机完成快速的支付流程。微信支付向用户提供安全、快捷、高效的支付服务，以绑定银行卡的快捷支付为基础。用户只需在微信中关联一张银行卡，并完成身份认证，即可将装有微信App的智能手机变成一个全能钱包，之后即可购买合作商户的商品及服务，用户在支付时只需在自己的智能手机上输入密码，无需任何刷卡步骤即可完成支付，整个过程简便流畅。

（1）微信支付优势。

①带来便捷的交易与沟通。创新的产品功能（转账、红包、找零、支付＋会员等）不仅方便了用户的交易，提高了效率，还能让很多传统的生意和习俗更有新意，在交易的同时，带来更多的乐趣，社交支付甚至成为情感交流、传达爱意的新方式。

②智慧高效的生活体验。线上线下场景的覆盖，给用户提供零售、餐饮、出行、民生等生活方方面面高效智慧的体验，让用户更加自在、有安全感地生活和出行，用户从此告别钱包、告别排队、告别假钱、告别硬币零钱。

③帮助产业升级商业价值输送。微信支付携手各行各业的商户共筑智慧生活，为传统行业带来智慧解决方案，帮助传统行业转型，让传统行业搭上互联网＋的直通车，推动传统行业产业升级，带来新的机会和转变，输出更多商业化价值，引领行业共建智慧生活圈。

④生态链延伸，价值共享。微信支付创新的技术支撑和开放的平台原则，与行业一起共享微信支付带来的价值，引领行业共同构建完善的智慧生活生态链，基于智慧生态链的延伸孵化出很多新兴的产业机会，微信支付的服务商遍布全球各地，携手微信支付一起为商户和用户带来智慧生活的体验而努力奔走，扶持帮助服务商共同成长，携手推进智慧化生活进程。

（2）微信支付适用地区。目前，微信支付已支持在40个地区与国家合规化接入，包括中国香港、中国澳门、中国台湾、韩国、日本、泰国、新加坡、美国、荷兰、加拿大、印度尼西亚、菲律宾、新西兰、阿联酋、法国、越南、柬埔寨、英国、澳大利亚、意大利、马来西亚、德国、瑞士、肯尼亚、哈萨克斯坦、列支敦士登、卢森堡、马尔代夫、俄罗斯、以色列、斯里兰卡、奥地利、希腊、匈牙利、葡萄牙、西班牙、冰岛、挪威、瑞典、丹麦。

（3）微信支付海外业务拓展。

2017年11月9日，法国巴黎银行宣布巴黎老佛爷百货集团推出微信支付。

2017年11月23日，港铁与腾讯签约，为内地与香港用户提供微信支付购票服务。

2017年12月，日本饮料企业伊藤园与开发智能手机相关服务的NEOS共同开发出面向访日中国游客、可用智能手机支付的自动售货机。该自动售货机可使用"微信支付"付款。

2018年5月24日，香港迪士尼乐园与微信支付达成企业联盟合作，园内超过280个景点均接入微信支付。

2018年6月29日，米其林指南与微信支付在广州宣布达成战略合作，基于米其林指南权威的餐饮评鉴经验及微信支付、小程序、社交广告等产品功能，开展品牌等多方面的合作。

2018年11月，微信支付与日本 Line 推出移动支付服务。

2020年2月，微信香港钱包获批开通港澳跨境支付服务。

（4）微信跨境支付业务形式。微信支付的海外扩张主要专注服务出境游客，将中国出境游客放在首位，而不是海外居民，因为微信支付主要在本土市场流行。除了在中国大陆，微信支付在中国香港和马来西亚也拥有本地化数字钱包。

微信支付目前在全球 40 多个国家和地区支持 13 种货币的支付，有 9 亿用户将他们的银行账户或信用卡与该服务绑定。微信支付将专注于在这些市场建立支付基础设施，使中国游客能够在各种各样的商店内为商品和服务付费，而当地商家也能收到支付。微信支付扩张的第一阶段包括中国香港、中国澳门、韩国、日本和泰国，这些都是中国游客最喜欢的目的地。之后微信支付将寻求在欧洲国家、美国、澳大利亚和新西兰的业务开拓。除了提供支付服务，2018 年微信支付与这 40 多个国家和地区的退税公司建立了合作关系，使中国游客能够通过应用收到购物退税。

① 跨境支付业务流程如图 11-2 所示。

图 11-2 跨境支付业务流程

消费者在境外商家网站/线下实体店上通过微信支付使用人民币购物付款后，款项由微信支付即时从消费账户中划出，微信支付通过合作银行完成购汇，并最终将外币款项结算到境外商户境外的银行账户。

跨境支付操作起来也很简单，但实际上中间有很复杂的流程和监管。微信跨境支付的流程：中国用户在境外或线上用人民币通过微信购买境外商品，人民币支付，微信收到钱，立即通过中国银行购汇，然后转到所在国家的结算机构，结算机构接受当地银行或机构监管，再结算到当地商户的银行账户里，整个周期为 1~7 天，所以，跨境支付的结算周期一般是 T+7，最快也需要 T+1，如中国香港地区一般都可以做到 T+1（图 11-3）。

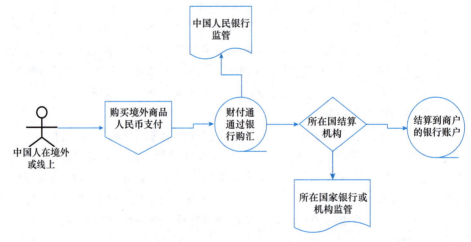

图 11-3 跨境支付流程

②微信跨境支付对海外商户的价值。

a. 公众号沉淀顾客；

b. 提高消费者支付体验；

c. 增加中国跨境消费市场的机会；

d. 提供不同货币交易定价互换方案；

e. 营销推广、高效便捷。

③微信跨境支付的接入模式。微信跨境支付提供的接入模式有商户直连、服务商模式和机构模式三种。目前对于境外商户只开放服务商模式接入，并且需要严格审核。现在每个国家都有微信跨境支付服务商。比较有名的包括欧洲的 YabandPay（雅本支付）、加拿大的 AlphaPay、美国的 GMS Pay 及澳大利亚的 RoyalPay，这些服务商都支持微信跨境支付。境外商户如果需要微信支付账号，直接向这些服务商申请即可。

商户申请接入微信跨境支付流程：

a. 商户提供小程序名称、APPID、原始 ID、认证公司的完整名称；

b. 商户根据服务商所提供的资料进行填写；

c. 服务商收到资料并检查审核资料；

d. 服务商对资料进行审核确认后，开始安排申请微信跨境支付账户；

e. 申请完成后，服务商给商户发开通邮件；

f. 商户即可使用该微信跨境支付账户；

g. 绑定应用场景接口。

### （三）连连支付

#### 1. 连连支付概况

连连银通电子支付有限公司（简称"连连支付"）是浙江省级高新企业，成立于 2003 年，注册资金 3.25 亿元，是专业的第三方支付机构，中国行业支付解决方案提供商。业务涵盖全国范围的互联网支付、移动手机支付业务。连连支付拥有中国人民银行颁发的《支付业务许可证》、中国人民银行核准的跨境人民币结算业务资质、国家外汇管理局浙江省分局批准的跨境外汇支付业务试点资质，同时是中国证监会批准的基金销售支付结算机构。

连连支付的业务已经覆盖了跨境贸易、电商、航旅、出行、物流、教育、房产、汽车、保险、基金、文化等 20 多个垂直行业。连连跨境支付致力于创建"更简单的跨境支付"事业。凭借强大的合规安全实力与高效、灵活的全球支付网络，目前已支持全球数十家电商平台，覆盖全球超过 100 个国家和地区，成为 70 万+跨境电商卖家信任的一站式跨境支付平台。作为出海企业的成长伙伴，连连支付通过创新高效、低成本的支付解决方案，助力中国企业快速拓展国际市场，赋能中国品牌扬帆出海。

#### 2. 连连支付的特点

连连支付主要与银行合作，通过 PC 端互联网及移动互联网等渠道为用户提供安全、快捷的支付服务，为有支付需求的商户提供全面、便捷的支付解决方案和清结算服务。国内的银行大多都在与连连支付合作。

（1）提供银行卡绑定（关联）模式，帮助商户建立银行卡支付体系。

（2）支付流程缩短，无需跳转、无需注册、无需登录。

（3）二次支付无需重复输入银行卡信息，支付成功率更高。

（4）帮助商户进行持卡用户的身份验证，确定用户真实信息。

（5）根据商户需求定制开发，提高用户体验。

连连支付是中国领先的行业支付解决方案提供商和第三方金融服务提供商，目前与20多家银行达成了紧密合作，支付流程简单快捷，打造了以"跨境支付、移动支付、O2O支付、大数据风控"为业务核心的"全球化支付解决方案"。针对国内外商家垂直领域提供定制化支付解决方案，解决了互联网交易中"支付转化率、O2O交互、风险交易"等多项问题，极大缩短了跨境贸易商家的资金汇兑周期，提升了全球贸易企业的货币处理效率，助推了互联网交易产业的进一步完善。连连支付服务行业领域涉及电商、航旅、消费分期、互联网金融等，累计服务商户近万家，累计服务用户超过3亿人次。

### 3. 连连支付的业务形式

连连支付在2014年4月的中国国际电子商务博览会上向社会展示了自己的跨境业务产品——全球兑及全球付。

（1）全球兑。全球兑主要提供外币结汇、购汇服务。目前支持全14个结算币种，除美、英、日、加等主流国际货币外，还支持泰铢等小币种外币结算，有效解决国内外商家特别是东南亚一带资金汇兑难题。除此之外，全球兑还可以解决个人5万美元限额问题，为跨境电商中的小卖家提供良好的服务支持。目前，全球兑在兑汇市场同类产品中处于领先地位。

（2）全球付。除支持 VISA、MASTERCARD、JCB 等国际通用外卡支付渠道外，全球付还与中国经贸发展联系紧密的俄罗斯、巴西等国家的本地支付公司（如 QIWI、Ebanx）进行了合作，有效提高海外支付成功率，助力中国企业拓展海外市场，实现全球资金归集。

（3）一站式资金解决方案。连连支付以全球兑、全球付为外汇业务支撑体系，同时配合境内人民币收银服务，完成支付、购汇、付汇、申报等资金处理流程，为国内外商户提供中国市场一站式资金解决方案。现已与欧洲OTA集团、跨境电商等标杆行业商户建立了紧密的合作关系，帮助商户实现中国地区的业务增长，广受赞誉。

### 4. 连连支付的应用

（1）连连支持平台。截至目前连连跨境支付已支持包括 Wish、亚马逊全站点、eBay、Shopee、Souq、Cdiscount、Mercado、Rakuten、JD.ID 等在内的20＋全球电商平台收款。

（2）连连支持币种。连连跨境支付支持收款币种有美元、欧元、英镑、日元、澳元、加元、新加坡元、迪拉姆、印尼卢比、港币、兹罗提等10多种币种自由结算。

（3）连连产品优势。

①安全可靠。资金存放于国际清算银行的客户资金专户，受境内外金融监管机构和银行的双重保护，拥有世界级的安全机房，获得 PCI-DSS 和 ISO 27001 国际信息安全管理体系双认证。

②合规经营。自由体系内完成资金流转，真正的收款全牌照。

③真实汇率。直连银行，实时同步最新汇率，实时锁定汇率，预知实际到账金额，真正0汇损。

④闪电到账。人民币提款仅5分钟到账，最快2秒，支持国内200＋银行通道。

⑤多站点多币种收款，如北美站、欧洲站、英国站、日本站、澳洲站、加拿大站。

⑥统一管理多平台多店铺。一个账户轻松搞定多平台多币种多店铺的资金管理。

⑦付款。VAT 付款：支持欧洲 7 国直缴，最快当日到账。

海内外供应商付款：真正实现收付一体，资金周转更高效。

(四) PayPal

1. PayPal 概况

PayPal 于 1998 年 12 月由 Peter Thiel 及 Max Levchin 建立，是一个总部在美国加利福尼亚州圣何塞市的在线支付服务商。秉持着"普惠金融服务大众"的企业理念，致力于提供普惠金融服务，通过技术创新与战略合作相结合，资金管理和移动创造更好的方式，转账、付款或收款提供灵活选择，帮助个人及企业参与全球经济并获得成功。

PayPal 是倍受全球亿万用户追捧的国际贸易支付工具，即时支付，即时到账，全中文操作界面，能通过中国的本地银行轻松提现，解决外贸收款难题，帮助用户成功开展海外业务，决胜全球。注册 PayPal 后就可立即开始接受信用卡付款。作为在线付款服务商，PayPal 是用户向全世界近 2.54 亿的用户敞开大门的最快捷的方式。PayPal 最大的好处是，注册完全免费。集国际流行的信用卡、借记卡、电子支票等支付方式于一身，帮助买卖双方解决各种交易过程中的支付难题。PayPal 是名副其实的全球化支付平台，服务范围超过 200 个市场，支持的币种超过 100 个。在跨国交易中，将近 70% 的在线跨境买家更喜欢用 PayPal 支付海外购物款项。

2002 年，PayPal 被 eBay 以 15 亿美元收购，2013 年就在网上处理了 1 800 亿美元的交易，平均每天 800 万笔，涵盖 26 个币种，遍及 193 个国家。它向 eBay 贡献了 41% 的收入和 36% 的利润，并至少占到 eBay 700 亿美元市值的一半。不仅如此，其发展势头强劲，仅 2013 年二季度，收入就增加了 20%，同时又有 500 万新用户加盟，使用户总数升至 1.3 亿。

PayPal 借助 eBay 大量用户、交易资源及 eBay 母公司强大的现金流支持，获得了飞速的发展，以至于联姻后的几年连续两位数增长，并且在营收上超过了 eBay 集市业务。而在高速发展之后，eBay 和 PayPal 之间的相互制约也慢慢浮现，两者都遇到了发展瓶颈，为了摆脱彼此的相互制约，获得更大的发展，在 2015 年 4 月 10 日，PayPal 从 eBay 分离，自此 PayPal 重获自由身，与 eBay、Amazon、速卖通、Wish、Shopee 等跨境电商平台达成合作，并携手 Magento、BigCommerce、Ueeshop、VE、HKTDC、Shopyy、猪八戒、美赞拓等，支持建站方面的购物车系统、虚拟主机、服务器托管等服务。同时，在营销推广上，与谷歌、Facebook、贸发网、Bing 营销、猎豹移动等达成合作，提供电商平台推广、搜索引擎营销、电子直邮、社交媒体营销等服务；在物流仓储上，与 DHL、贝邮宝、中国邮政、UPS、4PX、顺丰速运、三态速递、飞特物流等联合，提供速递物流、邮政小包、海外仓等服务。全方位的服务旨在为众多外贸出口企业提供一套整体的解决方案。

2. PayPal 的优势

(1) 业务覆盖广。Paypal 支付业务覆盖全球 200 多个国家，能够支持 20 多种语言服务，接受 100 多种货币付款和 56 种货币提现，还允许账户中同时持有 25 种货币余额。客户拥有一个 PayPal 账号就相当于可以在大部分国家购物。商家使用 PayPal 可以轻松拓展海外市场，因其覆盖国外 85% 的买家。

(2) 严格的信息保护机制。PayPal 严格保障用户信息，不允许将用户个人相关信息分享给合作企业或转卖。PayPal 拥有严格的多重安全审核保障体系,并建立完善的防欺诈机制。商家因欺诈所遭受的平均损失仅为其他信用卡支付方式的 1/6。

(3) 即时到账,加速资金周转。PayPal 能即时兑换,款项到账速度快,收付款十分便捷,让卖家能够实时收到海外客户发送的款项。最短仅需 3 天,即可将账户内款项转账至国内的银行账户,加快资金周转。

(4) 客户范围广,用户支持率高。PayPal 在欧美普及率极高,是全球在线支付的代名词,具有强大的品牌优势。很多国外买家都已非常习惯用 PayPal 付款,使用 PayPal 支付能够加强买家对商家的信任感,这样也间接增加了客户的转化率。

(5) 使用成本低。没有任何开户费及年费,只有产生交易才需付费,费率仅为传统方式的 1/2。可大大降低贸易成本,提高资金利润率。

### 3. PayPal 的账户

PayPal 有三种不同类型的账户,即个人账户(Personal Account)、高级账户(Premier Account)和企业账户(Business Account),见表 11-1。

**表 11-1 PayPal 账户**

| 账户类型 | 账户用途 | 账户说明 |
| --- | --- | --- |
| 个人账户<br>(Personal Account) | 适合买家,用于个人用途的小额交易 | 1. 完全免费<br>2. 但不能接受来自信用卡的付款 |
| 高级账户<br>(Premier Account) | 适合卖家,用于个人商品交易 | 1. 可以接受来自信用卡的付款<br>2. 是进行跨国交易的卖家使用最广泛的账户,强烈推荐 |
| 企业账户<br>(Business Account) | 适合商家,便于账户管理 | 1. 具备高级账户的所有功能<br>2. 支持多用户权限分配功能,方便账户管理和维护 |

PayPal 允许会员们同时持有一个个人账户和一个高级/企业账户。但是,两个账户之间在电子邮件地址、信用卡账号及银行账户等信息上必须是彼此独立、各不相同的。

高级账户有一次降为个人账户的机会,必须通过客服人员办理。但在降为个人账户后,如果再次接受来自信用卡的付款,个人账户则会自动升级为高级账户,不可以再降为个人账户。

### 4. PayPal 支付与结算流程

买家使用 PayPal 付款给卖家完成一笔交易,可以分为以下几个步骤:

(1) 买家使用电子邮件地址,注册 PayPal 新账户,并提供信用卡或相关银行资料,增加账户金额,将一定数额的款项从其开户时登记的账户(如信用卡)转移至 PayPal 账户下。

(2) 当买家启动向第三人付款程序时,必须先进入 PayPal 账户,确定汇出金额,并填写卖家的电子邮件账号给 PayPal。

(3) 接着 PayPal 向卖家发出电子邮件,通知其有等待领取或转账的款项。

(4) 如卖家也是 PayPal 用户,其决定接受后,买家指定款项随即移转给卖家。

(5) 若卖家没有 PayPal 账户,卖家需要按照 PayPal 电子邮件内容指示连线站进入网页注册一个 PayPal 账户，卖家可以选择将取得的款项转换成支票寄到指定的处所、转入其个人的信用卡账户或转入另一个银行账户。

### 5. PayPal 费率

PayPal 手续费有三种，分别为交易手续费、提现手续费和货币转换手续费。

(1) 交易手续费。

①收费原则：A 账户转给 B 账户 100 美元，则 PayPal 向 B 账户收取交易手续费。

②费用计算：交易手续费目前常见的有两种收取方式，分别为普通费率和小额商品费率。

a. 普通费率。亚太地区统一收费标准，按阶梯分段收取，交易收款总额越大，费率越低。

收费计算如下：

月收款总额 3 000 美元以下：4.4%＋0.3。

月收款总额 3 000～10 000 美元：3.9%＋0.3。

月收款总额 10 000～100 000 美元：3.7%＋0.3。

月收款总额 100 000 美元以上：3.4%＋0.3。

例：A 账户转给 B 账户 100 美元。

手续费用：$100 \times 4.4\% + 0.3 = 4.7$ 美元。

B 账户实际到账金额是：100－4.7＝95.3（美元），手续费会直接在转入的款项中扣除。

b. 小额商品费率。小额商品费率需要特别申请，申请后将不能再使用默认的普通费率。

收费计算如下：

6%＋0.05（固定收费）

例：A 账户付给 B 账户 10 美元。

手续费用：$10 \times 6\% + 0.05 = 0.65$（美元）。

手续费用直接在转入的款项中扣除，B 账户实际到账 9.35 美元。

(2) 提现手续费。

①提现方式：提现至美国银行账户、电汇至中国银行账户、提现至香港银行账户、向 PayPal 申请支票。

②费用计算：

提现至美国银行账户：免费。

提现至香港银行账户：1 000 港币以下，手续费 3.5 港币；1 000 港币以上，免费。

电汇到中国银行账户：每次提现收取 35 美元，不限金额。

向 PayPal 申请支票：每次提现收取 5 美元。

相关知识：PayPal 提现最少 150 美元起。

(3) 货币转换手续费。

①收费原则：在账户里转换货币种类，需要承担货币兑换手续费。

例：A 账户向 B 账户付 100 美元，但 A 账户余额里只有欧元，若 A 账户付欧元给 B 账户，B 账户同意并接收了，则 B 账户在提现美元的时候，需要把欧元转换成美元，这时则需要承担货币兑换手续费。

若 B 账户拒绝接收欧元，则 A 账户需在账户里把欧元先兑换成美元，再支付到 B 账户，这种情况则 A 账户要承担货币兑换手续费。

②费用计算：正常货币兑换损失 2.5%。

例：假如正常银行 100 美元兑换成港币为 800 港币，则在 PayPal 账户里把美元兑换成港币就要损失 2.5%，100 美元只能兑换 780 港币。

### （五）西联汇款（Western Union）

#### 1. 西联汇款概况

西联汇款（Western Union）是西联国际汇款公司的简称，是世界上领先的特快汇款公司，迄今已有 150 年的历史，它拥有全球最大最先进的电子汇兑金融网络，代理网点遍布全球近 200 个国家和地区。西联汇款是美国财富 500 强之一的第一数据公司（FDC）的子公司。西联汇款业务于 20 世纪 90 年代进入中国市场。目前，西联汇款在中国的合作网点逾 28 000 个，服务覆盖全国 31 个省、自治区和直辖市。西联汇款与国内众多银行合作提供数分钟即可供提取款项的快速汇款服务。用户通过西联合作银行网点、电子渠道（网上银行和手机银行）收发汇款。中国光大银行、中国邮政储蓄银行、中国建设银行、浙江稠州商业银行、吉林银行、哈尔滨银行、福建海峡银行、烟台银行、龙江银行、温州银行、徽商银行、浦发银行等多家银行是西联汇款中国合作伙伴。

西联汇款成立于 1851 年，那时名为纽约和密西西比流域印刷电报公司。1856 年正式更名为西联电报公司。1871 年，引入 Western Union Money Transfer 服务，并从此成为公司的主要业务。1992 年，启动了 Western Union Money OrderSM 服务，能够让客户快捷方便地获得资金。1996 年，在科罗拉多州的英格伍德成立了北美总部，并在巴黎、维也纳和香港设立了新办事处。1998 年，已发展到在全世界拥有 50 000 个合作网点。2005 年，西联汇款在全世界的合作伙伴已达 250 000 多个。2006 年，终止了在历史上非常重要的电报服务，并成功地完成了转型。

#### 2. 西联汇款的收汇款方式

（1）汇款。西联汇款较为简单，只需到最近的西联合作网点（例如：中国邮政储蓄银行、中国农业银行、浦发银行、中国光大银行、浙江稠州商业银行、吉林银行和福建海峡银行），填写详细信息，其余的工作由西联完成。

①填写汇款表单。填写表单，然后向西联合作网点出示身份证或其他证件。

②支付汇款手续费。将要汇出的款额连同必要的服务费用一起交给西联合作网点。

③签名并接收收据。在确认收据上的信息无误之后签署收据。收据所打印的内容之一是汇款监控号码（MTCN）。可以使用 MTCN 联机（在网上）跟踪汇款的状态。

④通知收汇人。西联与收款人取得联系，将一些必要信息告知收汇人，如汇款人姓名、汇款金额、汇款监控号码（MTCN）和汇款国家/地区。如是第一次使用直接发汇至中国的银行卡账户的服务，收汇人应在中国时间早 8:00—晚 8:00 拨打中国服务 800 热线。

核实如下信息：收汇人的中文名字、汇款监控号码（MTCN）、收汇人的有效身份证号码、收汇银行名称和银行卡账号。

收汇人第一次使用直接到账汇款服务后，再收汇则不需再拨打中国服务热线核实必要信息。如果收汇人的必要信息有所改变（例如，汇款至同一银行的另一银行卡账户），则需要拨打中国服务热线，核实其必要信息。

⑤跟踪汇款。点击西联网站主页上"跟踪"链接，输入汇款人姓名的拼音和汇款监控码

（MTCN）来跟踪汇款的状态。

⑥检查汇款的状态。可以拨打中国地区热线来查询汇款的状态。

（2）取款。

①确认款项。在前往西联合作网点之前，确保汇款已经可以提取。可以直接联系汇款人进行确认，也可在网上跟踪汇款状态。

直接到账汇款服务核实如下信息：收汇人的中文名字、汇款监控号码（MTCN）、收汇人的有效身份证号码、收汇银行的名称和银行卡账号。

②前往合作网点。需要确认以下信息：汇款人的姓名（包括姓、中名和名）、汇款国家/地区、汇款金额、汇款监控号码（MTCN）、身份证。

③填写表单。填写该表单并向合作网点提供汇款监控号码（MTCN）和身份证。

④签署收据。审核收据。阅读其全部内容，确认无误后在上面签名。

⑤取款。西联合作网点随后会将款额连同收据一同交给收汇人，交易完成。

### 3. 西联汇款的优点及缺点

（1）优点。

①速度快捷。西联汇款和其他汇款方式不同，它的汇款速度相当于支付宝之间的转账，能够使收款人在几分钟之内收到货款。

②安全性极高。由于国际贸易，款项的安全性时常会受到各种情况的制约，如果使用西联汇款的付款方式，就可以完全打消这种顾虑，因为西联公司的全球安全电子汇款系统能够向买卖双方完全保证汇款的安全。

③专业性强。西联公司是专业的汇款公司，是全球汇款行业的领袖，它们的唯一业务就是汇款，所以在汇款这项业务上，没有任何一家公司比西联公司更加专业。

④手续简洁。无论是采用T/T电汇、D/A承兑交单，还是D/P银行托收，都需要非常繁杂的手续，最终才能实现汇款。但是在西联公司，并不需要这么复杂，甚至都不用开立银行账户，只需要填写一个汇款单据，轻轻松松就能将汇款完成。

⑤政策非常优惠。西联公司为了扩大用户群体，吸引更多的人使用西联汇款，目前设立了很多优惠政策。例如，当收款人在中国境内的时候，不用向西联公司缴纳任何费用就可以收到款项，对于卖家来说是实打实的实惠，非常吸引人。

（2）缺点。

①稍高的手续费。西联汇款的手续费稍高，汇款手续费按笔收取，对于小额收款手续费高。这也成为汇款人考虑是否使用这种付款方式的原因之一。在使用之前一定要提前了解一下手续费的相关信息。

②买家缺乏信任。先收钱后发货，对商家最有利，很多时候买家会不相信。比如第一次合作，买家打款给卖家了，而卖家不发货给买家，买家会考虑因此而放弃交易。

### 任务实施

步骤一：学习跨境电商支付的流程。

步骤二：学习主流跨境电商支付方式。

步骤三：在主流电商支付方式中选择适合店铺的支付方式，如PayPal、西联汇款、连连支付。

步骤四：登录 PayPal、西联汇款、连连支付网站，注册账户。

### 一体化设计

#### 一、选择题

1. PayPal 账户类型包括（　　）。
   A. 专业账户　　　　　　　　B. 个人账户
   B. 高级账户　　　　　　　　D. 企业账户
2. PayPal 手续费有三种，分别为（　　）。
   A. 交易手续费　　　　　　　B. 滞纳费
   C. 提现手续费　　　　　　　D. 货币兑换手续费
3. 连连支付业务形式有（　　）。
   A. 全球兑　　　　　　　　　B. 全球付
   C. 全球贷　　　　　　　　　D. 一站式资金解决方案
4. 西联汇款的缺点是（　　）。
   A. 稍高的手续费　　　　　　B. 手续复杂
   C. 买家缺乏信任　　　　　　D. 汇款速度慢
5. 第三方支付的优点有（　　）。
   A. 简化交易操作　　　　　　B. 降低成本
   C. 信用保障　　　　　　　　D. 支持多种银行账户

#### 二、判断题

1. Escrow 可以通过支付宝账户收取人民币，按照买家支付当天的汇率将美元转换成人民币支付到卖家的国内支付宝或银行账户中。（　　）
2. 国际支付宝和微信跨境支付，主要针对出境游客的海外购物。（　　）
3. 西联汇款和其他汇款方式不同，它的汇款速度相当于支付宝之间的转账，能够使收款人在几分钟之内收到货款，但手续费稍高。（　　）
4. 国际支付宝（Escrow）先由买家将货款打到第三方担保平台的国际支付宝（Escrow）账户中，第三方担保平台通知卖家发货，买家收到商品后确认，货款放于卖家。（　　）
5. 西联汇款甚至都不用开立银行账户，只需要填写一个汇款单据，轻轻松松就能将汇款完成。（　　）

## 任务二　跨境电商结算汇率风险与防范

### 任务描述

李雷通过之前的学习实践理解了跨境电商支付与结算的方法，能够选择恰当的支付方式进行跨境电商业务上的往来。但是在接下来的工作中，李雷发现支付与结算的汇率变化也容易出现一定的风险，如何进行跨境电商支付与结算的汇率风险与防范，将是李雷学习的主要内容。

## 任务分析

在跨境电商支付与结算中，要注意汇率带来的风险问题。需要掌握汇率的影响因素，理解汇率存在的风险，汇率变动对跨境电商支付与结算的影响，进而总结应对汇率变化的方法。

## 知识要点

### 一、汇率

#### (一) 汇率的概念

汇率（又称外汇利率、外汇汇率或外汇行市），是指两种货币之间兑换的比率，也可视为一个国家的货币对另一种货币的价值。具体是指一国货币与另一国货币的比率或比价，或者说是用一国货币表示的另一国货币的价格。汇率由外汇市场决定。外汇市场开放给不同类型的买家和卖家以作广泛及连续的货币交易（外汇交易除周末外每天24小时进行，即从GMT时间周日8：15至GMT时间周五22：00。即期汇率是指于当前的汇率；而远期汇率则指于当日报价及交易，但于未来特定日期支付的汇率）。

#### (二) 汇率的作用

##### 1. 调节进出口

汇率会因利率、通货膨胀、国家的经济状况等原因而变动。汇率变动对进出口贸易和经济结构、生产布局等会产生影响，对一国进出口贸易有着直接的调节作用。汇率是国际贸易中最重要的调节杠杆，在一定条件下，通过本国货币对外贬值，即让汇率下降，会起到促进出口、限制进口的作用；反之，本国货币对外升值，即汇率上升，则起到限制出口、增加进口的作用。

例如，一件价值100元人民币的商品，如果人民币对美元的汇率为0.150 2（间接标价法），则这件商品在美国的价格就是15.02美元。如果人民币对美元汇率降到0.142 9，也就是说美元升值，人民币贬值，用更少的美元可买此商品，这件商品在美国的价格就是14.29美元，所以该商品在美国市场上的价格会变低，商品的价格降低，竞争力变高，便宜好卖。反之，如果人民币对美元汇率升到0.166 7，也就是说美元贬值，人民币升值后这件商品在美国市场上的价格就是16.67美元，此商品的美元价格变贵，买的就少了。

##### 2. 调节物价

从进口消费品和原材料来看，汇率的下降要引起进口商品在国内的价格上涨。至于它对物价总指数影响的程度则取决于进口商品和原材料在国民生产总值中所占的比重。反之，其他条件不变，进口品的价格有可能降低，至于它对物价总指数影响的程度则取决于进口商品和原材料在国民生产总值中所占的比重。

##### 3. 调控资本流动

短期资本流动常常受到汇率的较大影响。当存在本币对外贬值的趋势下，本国投资者和国外投资者就不愿意持有以本币计值的各种金融资产，会将其转兑成外汇，发生资本外流现象。同时，由于纷纷转兑外汇，加剧外汇供不应求，会促使本币汇率进一步下跌。反之，当存在本币对外升值的趋势下，本国投资者和国外投资者就力求持有以本币计值的各种金融资产,并引发资本内流。同时,由于外汇纷纷转兑本币,外汇供过于求,会促使本币汇率进一步上升。

### (三)汇率的影响因素

**1. 国际收支**

国际收支状况是决定汇率趋势的主导因素。如果某国国际收支为顺差,则外汇收入大于外汇支出,外汇储备增加,该国对外汇的供给大于对于外汇的需求,同时外国对于该国货币需求增加,则该国外汇汇率下降,本币对外升值;如果为逆差,反之。

**2. 通货膨胀率**

通货膨胀率的盖度是影响汇率变化的基础,如果一国的货币发行过多,流通中的货币量超过了商品流通过程中的实际需求,就会造成通货膨胀。通货膨胀使一国货币在国内购买力下降,使货币对内贬值。因为汇率是两国比值的对比,发行货币过多的国家,其单位货币所代表的价值量减少,因此该国货币在折算成外国货币时,就要付出比原来更多的该国货币。

**3. 利率**

利率水平对于外汇汇率的影响是通过不同国家的利率水平的不同,促使短期资金流动导致外汇需求变动。如果一国利率提高,外国对于该国货币需求增加,该国货币升值,则其汇率下降。当然利率影响的资本流动是需要考虑远期汇率的影响,只有当利率变动抵消未来汇率不利变动仍有足够的好处,资本才能在国际间流动。

例如,20世纪80年代初期,里根入驻白宫以后,为了缓和通货膨胀,促进经济复苏,采取了紧缩性的货币政策,大幅度提高利率,其结果使美元在20世纪80年代上半期持续上扬;但是1985年,伴随美国经济的不景气,美元高估的现象已经相当严重,从而引发了1985年秋天美元开始大幅度贬值热潮。

**4. 经济增长率**

如果一国经济正常增长,往往意味着生产率大幅提高,使生产成本相应降低,从而增强本国产品在国际市场的竞争力,有利于增加出口并抑制进口。一国实体经济的正常增长反映其经济实力的提升,这会增强人们在外汇市场上对该国货币的信心,使人们更愿意持有该国货币或将一部分其他国家货币转化为该国货币,促使该国货币升值。

例如,20世纪80年代,日本和德国的经济增长明显快于美国,因此日元和马克不断升值。同样,2002年以来人民币持续升值的根本原因也可以归结为中国经济的长期快速增长。

**5. 财政赤字**

财政赤字扩大,将增加总需求,常常导致国际收支逆差及通货膨胀加剧,结果本币购买力下降,外汇需求增加,进而推动汇率上涨。如果财政赤字扩大时,在货币政策方面辅之以严格公知货币量、提高利率的举措,反而会吸引外资流入,使本币升值,外汇汇率将下降。

**6. 外汇储备**

外汇储备的重要功能是维持外汇市场的稳定。一国的货币稳定与否,在很大程度上取决于特定市场条件下其外汇储备所能保证的外汇流动性。简而言之,当外汇储存变多了,相当于本币购买力增强,而且本币需求增加。

**7. 投资者心理预期**

自1973年主要资本主义国家实行浮动汇率制以来,外汇市场的投机活动愈演愈烈,投机者往往拥有雄厚的实力，可以在外汇市场上推波助澜，使汇率的变动远远偏离其平均水平。

当市场预测某种货币趋跌时，交易者会大量抛售该货币，造成该货币汇率下浮的事实；反之，当人们预计某种货币趋于高位时，又会大量买进该种货币，使其汇率上扬。公众预期的投机性和分散性的特点，加剧了汇率的短期波动。

#### 8. 各国汇率政策的影响

在浮动汇率制下，各国中央银行都尽力协调各国间的货币政策和汇率政策，力图通过影响外汇市场中的供求关系来达到支持本国货币稳定的目的。中央银行影响外汇市场的主要手段：调整本国的货币政策，通过利率变动影响汇率；直接干预外汇市场；对资本流动实行外汇管制。

### 二、汇率风险

#### （一）汇率风险的定义

汇率风险又称外汇风险，是指经济主体持有或运用外汇的经济活动中，因汇率变动而蒙受损失的可能性。

#### （二）外汇风险的种类

##### 1. 交易汇率风险

交易汇率风险是指运用外币进行计价收付的交易中，经济主体因外汇汇率的变动而蒙受损失的可能性。交易风险主要发生在以下几种场合：

（1）商品劳务进口和出口交易中的风险。

（2）资本输入和输出的风险。

（3）外汇银行所持有的外汇头寸的风险。

##### 2. 折算汇率风险

折算汇率风险，又称会计风险，是指经济主体对资产负债表的会计处理中，将功能货币转换成记账货币时，因汇率变动而导致账面损失的可能性。

功能货币是指经济主体与经营活动中流转使用的各种货币。

记账货币是指在编制综合财务报表时使用的报告货币，通常是本国货币。

##### 3. 经济汇率风险

经济汇率风险，又称经营风险，是指意料之外的汇率变动通过影响企业的生产销售数量、价格、成本，引起企业未来一定期间收益或现金流量减少的一种潜在损失。

### 三、汇率变动对我国跨境电商的影响

对我国以美元结算的跨境电商而言，人民币兑美元汇率的波动，通常表现为：当汇率下降，人民币升值时，进口成本降低，刺激进口、抑制出口，会产生缩减贸易盈余或增加贸易赤字的效果，有利于做进口的跨境电商；反之，当汇率升高，人民币贬值时，出口成本降低，刺激出口、抑制进口，会产生增加贸易盈余或缩减贸易赤字的效果，汇率升高对于出口的跨境电商是利好的。

例如，当一段时间人民币兑美元汇率一直稳定在 6.21 左右，但是某一天突然人民币兑

美元汇率涨到 6.32，面对迎来汇率的一个高点，对于从事跨境电商出口的卖家，可以将手中积压多日的美元提现。试想一下，昨天 1 美元还是兑换 6.21 人民币，今天就差价 0.11 人民币。不少卖家会抱怨：相隔一天，昨天才兑换的 1 万美元，若是多等一天就可以多兑换 1 100 人民币。这只是部分中小卖家的怨言，若是提到大卖家中的利润差距，那可能就不止这个小数目了。

目前，国内跨境电商出口企业大多以美元或欧元计价。出口同样的订单金额，当出现汇率升高时，将欧元或美元兑换成人民币可以获得更多的利润。短期来看，人民币贬值对跨境出口是一大利好。卖家们可以持续关注汇率走向，以便在更为合适的节点提现。

研究表明，汇率变动会对跨境电商企业带来以下影响：

第一，出口目的国的货币贬值会导致中国对该目的国的跨境电商出口减少；

第二，从地理邻近和经济邻近两个维度来看，中国对不同目的国的跨境电商出口贸易具有稳定的空间相关性；

第三，汇率变动对中国跨境电商出口贸易的影响存在空间溢出效应，即汇率变动会同时影响中国对单一目的国及与该目的国具有地理邻近或经济邻近关系的其他国家的跨境电商出口贸易。

### 四、防范汇率变动引发的跨境电商经营风险

当前跨境电商面临更为复杂的经营环境。在跨境贸易中，汇率是一个重要的影响要素，汇率变动不仅会影响到跨境电商的利润、成本、资金等，对跨境电商企业经营风险也会带来诸多影响。如国内某知名跨境电商企业，一年的交易量是 20 亿元人民币，按 8％波动计，就有 1.6 亿元人民币的汇率风险存在，对于该企业而言是相当大的风险。汇率的波动可能会抵消企业一年盈利，甚至可能会导致亏损。如今，随着跨境电商经营规模的增大，跨境电商面临的汇率变动风险在增加。跨境电商行业对于汇率风险需要有充分的认识和防范。

#### （一）企业应对措施

企业使用较为普遍的汇率避险方式包括贸易融资、运用金融衍生产品、改变贸易结算方式、提高出口产品价格、改用非美元货币结算、增加内销比重和使用外汇理财产品等。

##### 1. 约定互相能接受的风险比例

一些企业在与外商签订合同时，会考虑汇率因素。双方会规定一个互相都能接受的风险比例作为合同的附加条款。通常双方各自承担 50％的风险，如果碰到较强势的国外客商，国内企业所承担的风险会更大一些。

##### 2. 采用贸易融资工具

贸易融资是目前企业采用最多的避险方式。主要原因包括：一是贸易融资可以较好地解决外贸企业资金周转问题。随着我国外贸出口的快速增长，出口企业竞争日益激烈，收汇期延长，企业亟需解决出口发货与收汇期之间的现金流通问题。通过出口押汇等短期贸易融资方式，出口企业可事先从银行获得资金，有效解决资金周转问题。同时，企业也可以提前锁定收汇金额，规避人民币汇率变动风险。二是贸易融资成本相对较低。在贸易融资方式构成中，进出口押汇使用比重较高（约为 80％），原因主要是出口押汇期限较短（一般在 1 年以内），可以较好地缓解外贸企业的流动资金短缺问题。

### 3. 金融衍生产品的使用增多

汇改后，我国外汇市场发展加快，完善和扩大了人民币远期交易的主体与范围，推出了外汇掉期等金融衍生产品。同时在外汇管理等方面采取了一系列配套措施，为企业拓宽了汇率的金融避险渠道。

### 4. 汇率锁定

汇率锁定是指出口企业与出口宝（汇率锁定公司）签订远期汇率锁定合同，约定将来办理结汇的人民币兑外汇币种、金额、汇率及交割期限。在交割日当天，如出现人民币升值造成企业利润损失，出口企业可按照远期汇率锁定合同所确定的币种、金额、汇率，向中利保办理结汇亏损金额的赔付业务。

## （二）政府应对措施

### 1. 加快推动金融制度改革

我国应加快推动金融制度改革，依托人民币进入特殊提款权的优势，加快推动人民币国际化。国家层面应当推动提升双边本币互换协议在全球范围内的覆盖率，加强双边金融合作，便利对外贸易和投资，共同维护地区金融稳定，激励对外贸易增长。在人民币实现完全自由可兑换之前，利用双边本币互换协议的大面积覆盖，为境外人民币交易网络提供必要的基础设施，为中短期内人民币交易的进一步活跃创造更大空间。

### 2. 提供信息咨询金融支持

信息的真实性与时效性是在汇率波动情况下跨境电商应对汇率风险的重要保障。相较于跨境电商企业而言，政府在信息的收集、整理与分析方面具有一定的优势。而政府与跨境电商企业之间的合作程度直接关系到跨境电商企业规避汇率风险的效果。政府可以为跨境电商企业提供信息咨询和金融支持等服务，向跨境电商企业提供及时有效的金融、政策信息，给予优质跨境电商企业政策优惠，促进跨境电商行业健康平稳发展。在较差的经济形势下，可以向跨境电商企业提供有效的融资、保险、汇兑支持，帮助企业渡过难关。

### 3. 构建外汇风险防范体系

跨境电商企业应积极搭建外汇风险信息平台。建立系统的汇率风险评估预警机制和管理体系，及时进行风险信息的收集与处理。制定跨境电商外汇风险管理战略，对外汇汇率的走势进行科学准确的预测，从而有效地规避外汇风险。另外，应当依托跨境电商平台或银行机构，建立汇率变动联动机制，实现风险转嫁。

## 任务实施

步骤一：学习汇率的概念、作用、影响因素，理解什么是汇率。
步骤二：学习汇率风险、外汇风险的种类，能够分辨汇率风险。
步骤三：学习汇率风险的防范措施，能够在跨境电商支付结算业务中防范汇率风险。

## 一体化设计

### 一、选择题

1. 汇率作用有包括（    ）。
   A. 调节进出口　　　　　　　　B. 调节物价
   C. 调控资本流动　　　　　　　D. 赚取外汇

2. 外汇风险的种类有（　　）。
A. 管控风险　　　　　　　　　　B. 交易汇率风险
C. 折算汇率风险　　　　　　　　D. 经济汇率风险
3. 以下属于汇率的影响因素的是（　　）。
A. 国际收支　　　　　　　　　　B. 通货膨胀率
C. 利率　　　　　　　　　　　　D. 经济增长率
4. 企业应对汇率风险的措施有（　　）。
A. 约定互相能接受的风险比例　　B. 采用贸易融资工具
C. 金融衍生产品的使用增多　　　D. 汇率锁定

## 二、判断题

1. 当汇率上升，人民币贬值时，进口成本降低，刺激进口、抑制出口，会产生缩减贸易盈余或增加贸易赤字的效果，有利于做进口的跨境电商。（　　）

2. 通货膨胀率的盖度是影响汇率变化的基础，如果一国的货币发行过多，流通中的货币量超过了商品流通过程中的实际需求，就会造成通货膨胀。（　　）

### 项目学习成果评价

表 11-2　评价表——跨境电商收款与结汇

| 学号 | | 姓名 | | 班级 | | | |
|---|---|---|---|---|---|---|---|
| 评价栏目 | 任务详情 | 评价要素 | 分值 | 评价主体 | | | |
| | | | | 学生自评 | 小组互评 | 教师点评 | |
| 任务功能实现 | 掌握跨境电商支付业务流程与主流支付方式 | 任务功能是否实现 | 20 | | | | |
| | 掌握跨境电商结算汇率风险与防范 | 任务功能是否实现 | 20 | | | | |
| 知识点运用情况 | 跨境电商支付产生与现状 | 理解跨境电商支付的产生与现状 | 2 | | | | |
| | 跨境电商支付流程 | 收单、收款、结售汇，自营型、平台型 B2C 跨境电商的支付结算流程 | 2 | | | | |
| | 主流跨境电商支付方式 | 国际支付宝、微信跨境支付、连连支付、PayPal、西联汇款 | 4 | | | | |
| | 汇率 | 汇率概念、作用、影响因素 | 4 | | | | |
| | 汇率风险 | 汇率风险、外汇风险的种类 | 4 | | | | |
| | 汇率变动对我国跨境电商的影响 | 汇率变动给跨境电商企业带来的影响 | 4 | | | | |
| | 防范汇率变动引发的跨境电商经营风险 | 店铺流量渠道 | 4 | | | | |

续表

| 评价栏目 | 任务详情 | 评价要素 | 分值 | 评价主体 | | |
|---|---|---|---|---|---|---|
| | | | | 学生自评 | 小组互评 | 教师点评 |
| 项目完成效果 | 跨境电商支付方式选择 | 是否能够按需选择合适的支付方式 | 6 | | | |
| | 跨境电商结汇风险与防范 | 是否能够发现风险、防范风险 | 6 | | | |
| | 业务跟进 | 跟进是否及时 | 4 | | | |
| 创新性 | 工作流程 | 工作流程是否创新 | 5 | | | |
| 职业素养 | 态度 | 是否认真细致、遵守课堂纪律、学习积极、团队协作 | 5 | | | |
| | 操作规范 | 是否按照国际贸易业务流程进行 | 5 | | | |
| | 解决问题 | 是否合理解决工作中遇到的问题 | 5 | | | |
| | 总分 | | 100 | | | |

---

## 项目拓展

### eBay 账号与 PayPal 账号关联

1. 实训目标

理解 PayPal 和 eBay 之间的关系，掌握申请 PayPal 的方法，以及 eBay 账号与 PayPal 账号关联的方法。

2. 实训情景

天津东道宜和电子商务有限公司正准备开展跨境电商业务的转型，计划在 eBay 开设店铺，销售产品都已准备就绪，目前亟需创建 eBay 和 PayPal 账号的关联，完善支付环节。

3. 实训任务

根据相关背景及资料，以天津东道宜和电子商务有限公司运营岗的身份，申请 PayPal 账号，并将 PayPal 账号与公司 eBay 账号关联。

# 项目十二

# 跨境电商平台运营技巧

## 项目导读

跨境电商平台是跨境电商交易环节的中枢,起着非常重要的衔接作用。Amazon 是全球交易量排名第一的跨境电商平台。该平台以商品为核心,有良好的客户服务理念,在 Amazon 平台运营要掌握好选品、Listing、Buy Box 及 FBA。eBay 是交易量排名第二的跨境电商平台,是店铺式平台,类似淘宝。在 eBay 运营中要注意选品、商品刊登技巧、销售方式。速卖通是阿里巴巴旗下的跨境电商平台,该平台类似淘宝,凭借阿里巴巴强大的给供应链能力,货卖全球。Wish 专注于移动端,摆脱传统 PC 互联网思维束缚,完全专注于移动端发展。Wish 有更多的娱乐感,有更强的用户黏性,不依附于其他购物网站,本身就能直接实现闭环的商品交易,提供商品的购买服务。要想运营好 Wish 必须要理解 Wish 的运营算法。Shopee 是东南亚主要购物电商平台之一,覆盖新加坡、马来西亚、菲律宾、印度尼西亚、泰国、越南等市场,需要针对不同站点特色开展经营,目前 Shopee 的市场仍有很大的开发潜力。

本项目结合跨境电商企业中运营岗位,主要介绍 Amazon、eBay、速卖通、Wish、Shopee 平台的运营技巧。

## 学习目标

1. 素质目标
(1) 养成良好的礼仪修养及沟通素养;
(2) 具有踏实、勤奋、积极、主动、负责的职业素养;
(3) 培养团队协作、组织、协调、决策的职业素养;
(4) 具备恪守信用、严守机密的职业素养;
(5) 培养主动学习、提升自我的职业素养;
(6) 培养诚实守信的价值观;
(7) 培养良好的心理素质。

2. 知识目标

（1）了解 Amazon 的特点、优势、各站点特征、账号类型、Amazon 平台订阅费、商品佣金；掌握 Amazon 选品、Listing、Buy Box 和 FBA。

（2）了解 eBay 的特点；掌握 eBay 选品、刊登技巧、出售方式。

（3）了解速卖通入驻条件、支付结算；掌握速卖通运营内容、核心数据。

（4）了解 Wish 特点、运营方式、客户人群、算法依据。

（5）了解 Shopee 市场和用户特征、各站点特征，以及运营内容。

3. 能力目标

（1）能够完成 Amazon 的注册，选品，Listing 撰写、Buy Box、FBA 设置；

（2）能够完成 eBay 的选品、刊登；

（3）能够完成速卖通的开店及商品上架；

（4）能够理解 Wish 的算法依据；

（5）能够理解 Shopee 的市场特征。

## 任务一　掌握 Amazon 平台的运营技巧

### 任务描述

小明进入跨境电商公司后经过一段时间的学习，公司安排小明在 Amazon 平台开设账号，能够对于账号运营的费用有一定的计划，能够选品并上架商品，同时对物流进行一系列的计划。

### 任务分析

小明需要根据公司的要求选择合适的站点并选择合适的 Amazon 账号类型进行开设，对于 Amazon 平台各项费用要进行统计；选择合适的商品在 Amazon 平台进行上架，主要设置商品 Listing 及 Buy Box 设置，同时设置使用 FBA 作为商品的物流系统。

### 知识要点

#### 一、认知 Amazon

亚马逊公司（Amazon，简称亚马逊；NASDAQ：AMZN），是美国最大的一家网络电子商务公司，位于华盛顿州的西雅图，是网络上最早开始经营电子商务的公司之一。亚马逊成立于 1995 年，一开始只经营网络的书籍销售业务，现如今则扩及了范围相当广的其他商品，已成为全球商品品种最多的网上零售商和全球第二大互联网企业，在公司名下，也包括了 Alexa Internet、A9、Lab126 和互联网电影数据库（Internet Movie Database，IMDb）等子公司。Amazon 作为近几年的最热门的平台之一，因其流量大、客单价高、注册没有押金、商品审核快等优势，受到卖家的青睐。

### (一) Amazon 的特点及优势

#### 1. Amazon 体量最大

Amazon 平台覆盖的市场是跨境卖家所面向的最核心市场,如美国、加拿大、英国、法国、德国、意大利、西班牙和日本等,在这些体量大、消费层次高的主流市场上,Amazon 都是最大的网上购物平台。

健忘的消费者永远只记得第一而不顾其他,Amazon 凭借在这些市场的绝对垄断地位占领了消费者网上购物者心中最核心的部分。可以这么说,在这些国家,购物就上 Amazon 几乎是每个消费者的共识。

消费者的认知如此,作为跨境电商卖家,要想在这些全球最发达的市场抢得市场份额,选择在 Amazon 上运营自然是不二之选。

#### 2. Amazon 消费群体质量最高

Amazon 一直坚持深耕细作,每一步的发展都紧紧围绕着"以用户为中心"的理念。虽然许多公司都以类似这样的语言作为公司的核心经营理念,但纵观全球,能够真正把这句标语落到实处并且做得踏实的,Amazon 当属翘首。

用户都是理性的,在享受 Amazon 高品质服务的同时,用户对 Amazon 平台产生了信任和依赖。当前,Amazon 针对重度用户推出的 Prime(Prime 是 Amazon 会员的称谓,一般理解为 Amazon 的高级会员)吸纳约 8 500 万个会员(会员数量非 Amazon 官方公布,来自外媒评估)。

以 Amazon 美国站为例,当前,用户只需要支付 99 美元的年费就可以成为 Amazon Prime。在一年的会员期内,可以享受在 Amazon 网站购物时免派送费和 2 天到货的服务。除此之外,Amazon 还为 Prime 提供多项福利政策,如免费的音乐、电子书和电影等,这些服务再加上免费派送,成为可以高度粘合用户的利器。

这些 Prime 是各个国家的忠臣阶级核心力量,他们有消费需求,同时又具有消费能力,是网购人群中非常重要的群体。他们网购消费频率高、对价格敏感度低,正是这样的一个群体,促成了 Amazon 人均 1 200 美元的年消费值。庞大的高黏度用户群体和如此高的单客消费值,都是其他电商平台望尘莫及的。

#### 3. Amazon 利润最高

跨境电商行业的市场竞争激烈已是不争的事实,而且不会停止,必将越来越激烈。

竞争激烈,运营成本上涨,利润空间日渐稀薄,利润率越来越低,很多商品都成了"鸡肋","食之无味,弃之可惜"。在这样的大背景下,Amazon 平台上较高的利润率就如一泓清泉,成为跨境卖家优先关注的平台。

基于 Amazon 独特的平台属性和消费群体较高的消费能力,用户在 Amazon 平台上购物的过程中对商品价格敏感度低,缺少比价的动力,大部分消费者更在意商品本身的评价。一个商品拥有好的评价更容易得到系统的推荐,也更容易获得用户的青睐,而在系统推荐的权重核算中价格并非首要因素,所以,对于 Amazon 平台的卖家来说,只要商品品质足够好,就可以较高的价格销售,获取较高的利润率,这是其他跨境电商平台不可比拟的。

从日常接触的 Amazon 卖家群体来看,对于一个好商品,卖家通常可以很轻易地达到 30% 以上的利润率;如果商品独特,利润率甚至可以达到 100% 以上。

### 4. 中国卖家占比最高

2019年有120万新卖家加入Amazon,每天即有3 287个新卖家加入,不到一分钟就有1个新卖家。美国站、印度站和英国站的卖家入驻人数占据所有新卖家的1/2以上。美国站有超过100万的新卖家,印度站新卖家接近40万,英国站新卖家接近30万。

Marketplace Pulse的2019年调查数据显示,Amazon平台上销售额10w+美元的卖家数量达到28w+。每年全球电商市场都在扩大,对于新卖家来说仍然存在机会,老卖家也仍然处于继续扩展当中。其中,实现10w+美元的卖家不超过卖家总量的20%,而销量达到100w+美元的更是仅占卖家总量的2%。

Amazon能够帮助中国零售商和制造商将商品直销到欧美消费者手中。在Amazon的16个站点中,中国卖家的活跃度占比已经攀升至42%,其中美国站的活跃卖家占比36%。而中国卖家主要集中在广东和浙江,占了中国卖家数量的1/2以上。其中,广东、浙江、福建、江苏省份占比分别为45.5%、10.1%、7.5%、3.8%。深圳卖家在所有城市中占比最高,达到了1/3,紧随其后的城市分别为广州(6.2%)、义乌(3.4%)、厦门(2.3%)、东莞(2.2%)。

### 5. Amazon规则最规范

Amazon平台规则规范,这是几乎所有从事过Amazon运营的卖家都认可的观点。

我们历来讲"不患寡而患不均",Amazon以平等、公平和规范的卖家管理原则,对所有卖家一视同仁,大家站在同样的起跑线上,只要你用心,你就可以超越其他卖家;而从另一层面来看,也只有你足够用心经营,才能够在Amazon上生存下来。在卖家公平这一原则上,Amazon深谙西方的哲理,人人生而平等,给予每个卖家同样的机会,自己努力创造结果。

除此之外,在日常运营中,Amazon虽然也经常会对平台规则小幅度调整,但都是基于原有框架对漏洞的修复而已。相比有些跨境电商平台每年(甚至每月)政策不断变化且自相矛盾的情况来说,Amazon平台一直秉持的公平规则让买家放心,更坚定了他们在平台上的运营。

Amazon规范的平台规则让买家放心,让卖家安心。平台给出尺度规则,卖家依照规则经营,所有卖家在公平透明的规则下竞争,深得卖家的认可。

从这一点上,Amazon和Google(谷歌)"Do No Evil(不作恶)"的公司理念有异曲同工之妙。

### 6. 完善的物流体系

Amazon物流有三种模式,即FBA、第三方海外仓和自发货。Amazon在配送模式的选择上采取外包的方式,将库存控制在最低水平,实行零库存运转,降低退货比率。Amazon为邮局发送商品提供便利,减少送货成本。同时,Amazon根据不同商品类别建立不同的配送中心,提高配送中心作业效率。Amazon的物流模式在电商物流中有着超乎想象的潜力,如果电商想具备良好的竞争力,那么,物流的发展是不可忽略的,而Amazon似乎早已熟知这件事,对物流有着良好的规划。

### (二)Amazon各站点的特点

Amazon共有17个站点:美国站、加拿大站、巴西站、墨西哥站、英国站、德国站、法国站、西班牙站、意大利站、荷兰站、瑞典站、印度站、澳大利亚站、新加坡站、日本站、土耳其（限制类别）站、阿联酋站。将它们按区域进行划分：

北美站点：美国站、加拿大站。

南美站点：巴西站、墨西哥站。

欧洲站点：英国站、意大利站、西班牙站、德国站、法国站、荷兰站、瑞典站。

亚洲站点：阿联酋站、日本站、印度站、新加坡站、土耳其站。

欧洲站点：澳大利亚站。

（1）美国站：目前中国卖家们注册最多的一个站点。早在2015年美国站就推出了全中文卖家支持，目前美国站已走过了蓝海期，美国站开店竞争相当激烈。不过美国站是目前市场容量最大、品类最全、入驻条件最低的市场，每年进入美国站的卖家还是非常多的。

（2）加拿大站：卖家在开通美国站后，就同时开通了加拿大站和墨西哥站，不过加拿大站的体量不大，加拿大的买家们也习惯通过美国Amazon来进行购物，所以，通常将美国站的商品同步到加拿大站进行销售。

（3）墨西哥站：和加拿大站一样，不过由于物流等各方面的原因，目前入驻墨西哥站的卖家还是非常少的，属于比较特殊的一个站点。

（4）日本站：日本站目前属于蓝海站点，体量大、人口多，还没有美国站上那么多的竞争对手，相对比较好做，而对于中国的卖家来说，在物流路程上也要方便不少。不过，日本站是一个对商品质量要求很高的站点，这与日本人的购物习惯有关，已经开通日本站的卖家们会发现，在日本站上卖商品，不仅商品质量要好，商品包装是否精美也是相当重要的。

（5）欧洲站：对于久经Amazon卖场的卖家都知道，德国站的体量在欧洲站里算是最大的，接下来是英国站，由于语言的关系，法国站、西班牙站、意大利站、荷兰站的体量相对较小，当然由于欧洲站在注册的时候需要满足的入驻条件是最高的，还要涉及VAT、KYC等内容，注册起来相对麻烦。瑞典站消费能力强，但消费体量小，选择入驻就需要谨慎。需要注意的是，如果想要单独运营瑞典站，则需要单独注册，还需要支付另外的月租金。

（6）澳大利亚站：澳大利亚消费群体的购买力还是相当强的，并且作为一个英语国家，对于中国卖家来说，相比于日本站、德国站上的语言问题，澳大利亚站还是相对简单不少。

（7）印度站：人口多、物价低、物流不发达、较重的宗教信仰，销售空间很大，但可能会遇到的问题也有不少，需要卖家们多去研究哪些商品是不能去触碰的，哪些商品是受到欢迎的。

### （三）Amazon的账号类型

Amazon的账号类型分为Amazon Seller Central（3P）、Amazon Vendor Central（VC）、Amazon Vendor Express（VE）和Amazon Business Seller（AB）4种。

**1. Amazon Seller Central（3P）**

Amazon Seller Central（3P）意为第三方卖家，是目前最普遍的卖家类型，几乎所有的中国卖家都是以这个身份进行注册的。商品显示为第三方卖家。

（1）全球开店＆自注册。全球开店是Amazon在2012年初引入中国，针对中国卖家的一种开店方式。这种方式只接受企业入驻，但需要审核公司和一些其他内容。

自注册是指通过 Amazon 网页进行注册成为 Amazon 的卖家。

（2）个人卖家 & 专业卖家。使用自注册的方式入驻后会被区分为 Individual（个人销售计划）和 Professional（专业销售计划），即个人卖家和专业卖家。

个人卖家不能像专业卖家一样拥有批量操作的功能，没有订单数据报表，不能创建促销商品，没有黄金购物车。个人卖家账号没有月租，但每售出一个商品需要收取 0.99 美元＋销售佣金。

专业卖家每个月需要缴纳月租（美国站 39.99 美元；欧洲站 25 欧元；日本站 4 900 日元），同时，售出商品同样需要缴纳佣金，不同商品的佣金不同。

### 2. Amazon Vendor Central（VC）

Amazon Vendor Central（VC）类型的账号是邀请制的，简称 Amazon 的供应商。VC 账号在上传商品的数量上没有限制，并且全面支持 A＋页面，拥有丰富全面的推广方式。同时 VC 账号开通的广告竞价比 SC 账号要低得多，可节省广告成本。商品显示为 Amazon 自营。

### 3. Amazon Vendor Express（VE）

Amazon Vendor Express（VE）是 Amazon 2016 年面向美国本土企业供应商的一个供应商平台，入驻的企业必须是美国本土企业。与 VC 不同的是，VE 是申请制的，只可以上架 85 个商品，部分支持 A＋页面。推广方式相比于 3P 账号要多，但没有 VC 账号丰富，商品可显示 Amazon 自营。

加入该计划无需任何费用，享受 Amazon 高级计算法自动定价商品；Amazon Prime 会员免费两天送货；订单超过 35 美元的顾客免费送货及 24 小时顾客服务和顾客退货等服务。

### 4. Amazon Business Seller（AB）

Amazon Business Seller（AB）账号简称 Amazon 企业级供应商，是针对企业及机构买家的一站式商业采购站点。通过这个能接触到海量的选品，专享企业特有价格、2 日商品送达服务，审批工作快，让商业采购更便捷。

## 二、Amazon 费用支出

Amazon 开店注册，平台不会收取任何费用，而之后的店铺运营则会产生一些费用，如商品成交佣金、店铺月租、FBA 费用等，其中商品成交佣金是每件商品都必须要收取的一项费用。

### （一）平台订阅费

Amazon 为卖家提供两种订阅方式：

专业计划：39.99 美元/月；

个人计划：免订阅费。

个人计划不收取订阅费，但是用户必须为他们出售的每件商品支付额外的佣金（即佣金：Referral Fee）。个人计划只适用于小卖家或预计每月销售不到 40 件商品的卖家。

个人计划不能提供礼品包装，且只能手动上传商品 Listing，还被禁止销售许多商品，包括珠宝、艺术品、食品、行李、鞋子、手袋和 DVD。

在专业计划中，销售的商品的种类和数量不受限制。这些账户具有更好的用户体验，可以访问报告、批量上传和库存工具。

### (二) Amazon 商品佣金

大部分 Amazon 商品的佣金会设有每件商品的最低销售佣金及卖家需要支付的销售佣金费率，按两者中较高者收取。Amazon 会扣除订单总销售价格的相应百分比计算出销售佣金。总销售价格是指买家支付的总金额，包括商品价格及所有运费或礼品包装费，不包含通过 Amazon 税务计算服务计算得出的任何税费。

Amazon 成交佣金主要是分为媒介和非媒介两大类的，佣金费率是不同的，具体可以参考表 12-1。

表 12-1 媒介类的商品佣金标准

| Media Category | Referral Fee Percentage (1% of product price) | Variable Closing Fee (Fixed amount per men) |
|---|---|---|
| Books | 15% | $1.35 |
| CD and Vinyl | 15% | $0.80 |
| DVD | 15% | $0.80 |
| Software & Computer Games | 15% | $1.35 |
| Videos VHS | 15% | $0.80 |
| Video Games | 15% | $1.35 |
| Video Game Consoles | 8% | $1.35 |

非媒介类商品佣金标准如图 12-1 所示。

| Category (Non-Media Product) | Professionals | Individuals | Referral Fee |
|---|---|---|---|
| Baby Products (excluding Baby Apparel) | ✓ | ✓ | 15% |
| Beauty | ✓ | ✗ | 15% |
| Camera & Photo | ✓ | ✓ | 8% |
| Cell Phone Accessories | ✓ | ✗ | 15% |
| Consumer Electronics | ✓ | ✓ | 8% |
| Grocery & Gourmet Food | ✓ | ✗ | 15% |
| Health & Personal Care | ✓ | ✗ | 15% |
| Home & Garden (including Pet Supplies) | ✓ | ✓ | 15% |
| Kitchen | ✓ | ✓ | 15% |
| Kindle Accessories | ✓ | ✓ | 25% |
| Musical Instruments | ✓ | ✓ | 15% |
| Office Products | ✓ | ✓ | 15% |
| Personal Computer | ✓ | ✓ | 6% |
| Sports & Outdoors | ✓ | ✓ | 15% |
| Tools & Home Improvement | ✓ | ✓ | 12% |
| Toys & Games* | ✓ | ✓ | 15% |
| Categories Requiring Pre-Approval | | | Contact us for approval |
| Automotive Parts & Accessories | ✓ | ✗ | 12% |
| Clothing, Accessories & Luggage | ✓ | ✗ | 15% |
| Industrial & Scientific | ✓ | ✗ | 12% |
| Jewelry | ✓ | ✗ | 20% |
| Motorcycles, ATV & Protective Gear | ✓ | ✗ | 12% |

图 12-1 非媒介类商品佣金标准

另外，也可以参照下面的计算公式计算销售佣金。

个人卖家：

商品价格＋买家支付的运费－销售佣金－每件商品的费用＄0.99＝存入卖家账户的总金额

专业卖家：

商品价格＋买家支付的运费＋买家支付的礼品包装费－销售佣金＝存入卖家账户的总金额

Amazon 平台佣金是所有卖家都要缴纳的一项费用，具体费用是根据商品类目及总销售额而定。卖家可以到 Amazon 全球开店规则中去了解各类目的具体佣金费率及收取规则等，才能更好地计算自己店铺的成本。

### （三）FBA 物流阶段

Amazon 销售佣金、订单配送费（操作费）、库存仓储费（月度＋长期）、移除订单费、多渠道配送费、退货处理费及计划外预处理服务费。

#### 1. FBA 配送费

FBA 配送费用取决于商品包装后的质量和尺寸（按照商品尺寸分段）。首先，确定商品分类（服装或非服装类）和商品尺寸分段（标准尺寸或大件）。了解商品的分类和尺寸分段后，可计算发货质量，并使用表 12-2 确定需要支付哪些费用。

标准尺寸：小号标准，大号标准。

超尺寸：小号大件，中号大件，大号大件，特殊大件。

最长边 45 厘米、次长边 35 厘米、最短边 20 厘米，超过上述尺寸的商品属于大件商品。

表 12-2 非服装类与服装类商品的亚马逊物流费用

| 标准尺寸 | 非服装类商品（标准尺寸）的亚马逊物流费用 | | | | | | |
|---|---|---|---|---|---|---|---|
| | 小号标准尺寸（不超过 10 盎司） | 小号标准尺寸 [10 至 16 盎司（不含 10 盎司）] | 大号标准尺寸（不超过 10 盎司） | 大号标准尺寸 [10 至 16 盎司（不含 10 盎司）] | 大号标准尺寸 [1 至 2 磅（不含 1 磅）] | 大号标准尺寸 [2 至 3 磅（不含 2 磅）] | 大号标准尺寸 [3 至 21 磅（不含 3 磅）] |
| 配送费用 | ＄2.50 | ＄2.63 | ＄3.31 | ＄3.48 | ＄4.90 | ＄5.42 | ＄5.42＋＄0.38/磅（超出首重 3 磅的部分） |
| 标准尺寸 | 服装类商品（标准尺寸）的亚马逊物流费用 | | | | | | |
| | 小号标准尺寸（不超过 10 盎司） | 小号标准尺寸 [10 至 16 盎司（不含 10 盎司）] | 大号标准尺寸（不超过 10 盎司） | 大号标准尺寸 [10 至 16 盎司（不含 10 盎司）] | 大号标准尺寸 [1 至 2 磅（不含 1 磅）] | 大号标准尺寸 [2 至 3 磅（不含 2 磅）] | 大号标准尺寸 [3 至 21 磅（不含 3 磅）] |
| 配送费用 | ＄2.92 | ＄3.11 | ＄3.70 | ＄3.81 | ＄5.35 | ＄5.95 | ＄5.95＋＄0.38/磅（超出首重 3 磅的部分） |

#### 2. FBA 库存仓储费

（1）FBA 仓储费-月度库存仓储费。仓储的货物体积是根据 Amazon FBA 政策和要求妥善包装且准备发货的商品的尺寸测量得出。Amazon 一般会在次月的 7 日到 15 日收取上个月的库存仓储费。例如,要查看 1 月的库存仓储费,卖家可以查看包含 2 月 7 日至 15 日中交易信息的付款报告。

月仓储费用收费方式如下:

每月储存费=(需要 6 个月长期储存费的货物数量)×(单位货物量)×(每立方米每月储存费)

月度库存仓储费的计算方法如下:

以下两季的月度仓储费将有所不同:1—9 月和 10—12 月。

月库存仓储=[某时段每立方厘米/英尺的价格]×[商品尺寸(立方厘米)]/(10 厘米×10 厘米×10 厘米)×[储存天数]/[当月天数]

因为 10—12 月是 Amazon 平台的旺季,所以月仓储费用会高一些,见表 12-3。

表 12-3　月仓储费用

| 月份 | 2020 年 3 月 1 日之前 | 2020 年 3 月 1 日及之后 |
| --- | --- | --- |
| | 标准尺寸 | 标准尺寸 |
| 1—9 月 | 每立方英尺 $0.69 | 每立方英尺 $0.75 |
| 10—12 月 | 每立方英尺 $2.40 | 每立方英尺 $2.40 |

(2)FBA 仓储费-长期库存仓储费。Amazon 物流长期仓储费:每月 15 日,Amazon 物流(FBA)会进行库存清点。在这日期,Amazon 将按每立方英尺 $6.90 的标准对已在美国运营中心存放超过 365 天的库存收取长期仓储费(LTSF),或每件收取 $0.15 的长期仓储费(以较大值为准)。长期仓储费用示例见表 12-4。

表 12-4　长期仓储费用示例

| 玩具:11 英寸×8 英寸×2 英寸 | 存放时间 | 每立方英尺所适用的长期仓储费 | 每件商品所适用的长期仓储费 | 收取的长期仓储费(以较大值为准) |
| --- | --- | --- | --- | --- |
| 1 件商品 | 超过 365 天 | $0.70 | $0.15 | $0.70 |
| 2 件商品 | 超过 365 天 | $1.41 | $0.30 | $1.41 |
| 10 件商品 | 超过 365 天 | $7.03 | $1.50 | $7.03 |

**3. 移除订单费/库存处理费用**

(1)移除订单费。移除订单费见表 12-5。

表 12-5　移除订单费

| 服务 | 标准尺寸(每件商品) | 超大尺寸(每件商品) |
| --- | --- | --- |
| 退还 | $0.50 | $0.60 |
| 弃置 | $0.15 | $0.30 |
| 清算 | 10%的清算收益 | 10%的清算收益 |

对于一般卖家滞销、买家损坏的瑕疵品或要移海外仓的商品,需要建立移除订单。这

些订单产生的费用就是移除费用。移除费用按移除的每件商品收取。移除订单中的商品需要 10~14 个工作日才能从运营中心运出。但是，在节假日期间（Prime 周、10 月、11 月和 12 月），可能需要长达 30 个工作日或更长时间。Amazon 会要求在移除商品后的 45 天内付款。

（2）弃置费。如果卖家选择弃置，只需要勾选对应的商品和数量，创建移除订单并缴纳弃置费即可。

（3）清算费。清算是以商品售价的 10％出售，其中卖家占 90％收益，Amazon 占 10％。

### 4. 退货处理费

退货处理费等于某个指定的商品的总配送费用。该费用适用于在 Amazon 上出售的属于为其提供免费买家退货配送的选定分类并且实际被退回至某个 Amazon 运营中心的商品。

Amazon 上的 FBA 订单如果客户要求退货，一般的品类卖家是无需再付退货处理费的。但是以下这 5 个品类除外：Apparel（服装）、Watches（手表）、Jewelry（珠宝）、Shoes、Handbags & Sunglasses（鞋子、包包、太阳眼镜）、Luggage（行李箱）。

如果是上述 5 个品类中的商品，而买家想要退货的话，Amazon 会将商品售价（如 12.99 美元）退还给客户，然后 FBA 工作人员去买家上门取退货件，把这个退货重新送回到 FBA 仓库，这个过程 Amazon 要向卖家收取额外的退货费用；如果退货是因为 FBA 自己丢包或派送过程中损坏，这个费用不会向卖家收取。

### 5. 计划外预处理服务费

计划外预处理服务费就是卖家运送到 Amazon 的商品因为失误等情况，需要 Amazon 操作的费用，如贴标或塑料袋包装等。

## 三、Amazon 的运营特点

### （一）选品

#### 1. 选品的重要性

Amazon 是一个需要精品和爆款运营的平台，一个爆款商品的价值要比多个一般性商品带来的价值更高，在运营时也会更加省力。在 Amazon 中流传着这样一句话：七分靠选品，三分靠运营。这个说法得到了大部分 Amazon 卖家的认可。在 Amazon 的选品中，应该从以下几个方面来把握：

（1）跟卖。跟卖是 Amazon 平台的一大特色。善于利用跟卖规则，可以让新手卖家快速出单。注意跟卖的商品有没有造成侵权，自己的商品与跟卖 Listing 上的图片符不符合。

（2）盲目选品。选择品类时候靠感觉而忽视了市场调研，更加没有充分考察市场容量、生命周期和竞品情况，不但浪费了大量时间而且不会有销量。

忽略了商品参数的重要性，错失目标客户，在 A9 算法下，Listing 商品参数不完整会影响相关性展示。

（3）商品的质量。Amazon 是一个以商品为导向的电商平台，以客户的体验为中心，所以商品只有质量好才能有销量，能够持续运营。选品的时候，商品的评分在 4.5 以上的商品，一般都是功能比较稳定的，客户的满意度、留评率也就越高。评分在 4.0～4.5，这种商品一般存在问题不大，是可以选品来做的，如果能找到商品或运营中的瑕疵问题并进行改良，销量也不会差。评分在 4.0 以下的商品的差评率一般会比较大，退货的概率也高，不利于后期运营。

**2. 选品原则**

商品是核心中的核心，没有好的商品，一切都是零。对新入行的卖家来说，面临着经验不足、没有头绪的问题。很多新手卖家就只盯着那些热销品，看竞争对手的 Listing，而实际效果并不好，浪费了大量时间还找不到头绪。对于 Amazon 而言，七分靠选品，三分靠运营，不能在经营的过程中掌握选品的真谛，在 Amazon 上很难做好。选品不是看一眼就对，也不是靠臆想，选品需要花费大量时间去看，进行数据分析，有时候还需要不断花钱买教训，才能积累出更好的经验（图 12-2）。

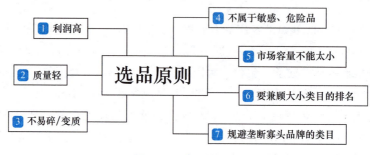

图 12-2　选品的原则

（1）利润高。通常情况下，经营的目的是赚钱，赚钱的结果是扩大经营。在 Amazon 如果一个商品的售价过低、利润过低，那么商品没有盈利的空间，进而也就失去了经营的意义。Amazon 的运营成本很高，有些 PPC 广告点击一下就要 2～4 美元，如果商品售价过低、利润不高，那么最终只能沦为平台打工者的境地。所以，在 Amazon 选品，要选择具有较高利润价值的商品，并且尽量在运营的过程中合理地降低各项开支。通常新手卖家可以考虑入手 15～35 美元的商品。

（2）质量轻。从成本角度考虑，尽量选择质量不超过 500 g 的商品。由于头程物流的成本在整个运营的成本中占了很大的比例，有些甚至占到了商品采购成本的一半，所以在资金实力不足的情形下，建议选择较轻的商品。

对于时效性要求较高的情况，通常选择空运，但是运费价格很高。如果商品质量太重，成本会急剧飙升。如果走海运，成本比较低，但是价格和时效呈正比例关系，这意味着需要更长的时间才能到达 FBA 或海外仓，这其中但凡出现不确定性因素，便会影响后期的销售；最重要的是，前期投入资金压力会非常大，回款周期较慢，资金链一旦断裂，也宣告经营的结束。建议新手卖家不要轻易尝试海运。对于有经验和实力的卖家，一般采用大批量海运和小批次空运补货相结合的方式。

（3）不易碎/变质。选品一定不要选择易碎品，通常情况下选择易碎品将会产生诸多问题，如易碎品包装会有特殊要求，导致成本增加；通常物流公司会对易碎品特殊对待，额外收取一定费用；易碎品在运输的过程中容易损坏，会带来不可估量的损失；易碎品在售后物流环节易损坏，导致退还换。诸多因素，不建议新手卖家销售该类型商品。易变质商品，如果在运输和仓储过程中遇到潮湿、高温等环境，容易变质，变质了的商品自然不能销售。如果因为滞销，商品变质，所有的损失都是卖家的，而且还要交弃置费，得不偿失。

（4）不属于敏感、危险品。敏感品是指一些液体状、粉末状、带电池的、有异味的商品，这些商品有很多的头程服务商不愿意接，需要找那些可以走敏感货的头程去操作，所以这就在无形之中增加了发货的难度和成本，而且敏感品和危险品在运输途中也存在很多的不确定因素，这些都构成了商品发到Amazon仓库之前的一些隐性不安因素，中间如果有一个环节出了问题，就会导致这个商品不能按时上架，会引起一系列的连锁反应，更会对信心造成打击。

（5）市场容量不能太小。选择细分类目的时候，一定要考虑这个细分类目的市场容量。如果当前类目前20名的销量太小，比如Best Seller每天只有5个销量，那进入这种类目并没有实际意义。通常我们可以使用付费软件获取细分类目的销售数据，通过数据分析确定该细分类目市场容量是否足够大，是否值得进入。

（6）要兼顾大小类目的排名。在Listing页面都有一个Best Seller排名，上面是大类目排名，也就是Amazon的一级类目排名，下面还会有一个或多个小类目排名，通常为四级或三级类目排名。这两个排名通常是按照销量来划分名次的，而且每个小时会重新计算一次，这也就意味着每个Listing的排名在每个小时都会有不同的变化。兼顾大小类目排名是指要注意观察选中商品的小类目的排名情况，但是更要关注大类目的排名情况，举个例子，有些商品在小类目排名前三，但是在大类目排名30 000＋之外，这就说明这个商品的市场容量很小，不适宜进入这种类目。

（7）规避垄断寡头品牌的类目。Amazon开放第三方卖家入驻已经很多年，Amazon自营的商品类目也越来越多，这些卖家中的一些有实力、有技术、有资源的先进入者已经将自己的品牌做大做强，基本处于行业垄断地位，如果进入这种类目进行竞争，结局常常会非常凄惨。想象一下，新商品Review都还只是个位数，而竞争对手Review已经2 000＋了，这样的差距不是短时间内可以解决的，而且直接会导致Listing的转化率和点击率惨不忍睹，进而PPC广告点击费用居高不下。就像明明知道ANKER的强大实力，但是又偏偏想选择充电宝作为自己的商品一样。新手卖家选品要尽量避开大卖的锋芒，找一些蓝海小类目，一样可以做得很成功。

## （二）Listing

### 1. Listing的概念

Amazon Listing是在上架商品时的介绍页面信息，包含了商品图片、商品标题、商品价格、商品的配送方式和配送费用、五行卖点、商品Q&A、商品信息、消费者问答、商品评论、其他商品广告等内容。

每一个商品都会对应一个Listing页面，在Amazon平台，只要创建了Listing就会自动生成一个对应的Listing ID和ASIN，其中包含了不同的变种。

### 2. 优化Listing的目的

买家会因为好的介绍页面而产生购买欲望，一个优秀的Listing可以带来更多的销量。优化商品的Listing能够提升商品页面的访问量，增加转化率，从而促进整体的效益。因此，Listing优化是卖家在运营过程中至关重要的环节。Amazon也有其自身特定的算法，足够优秀的Listing也容易被平台抓取，达到更好的曝光。

### 3. 优化 Listing 的思路

卖家希望自己的 Listing 排名提升，就需要对 Listing 进行日常的维护。至于维护的内容就是 Listing 的主要组成元素。

（1）商品标题。首先我们都知道，一个商品标题的构成五要素有：品牌名（品牌可写在核心关键词之前，也可写在标题末尾）＋关键词＋商品的显著特征、属性＋适用范围＋Amazon 变体（色彩等）。而其中标题中的关键词在整个商品 Listing 中的权重是最大的，在标题中自然植入 1～3 个与商品高度相关的优质关键词，绝对能将商品销售潜力极大化。因此，关键词的选择是非常重要的。

（2）商品图片。商品图片系统只需要 7 张就足够了，图片分为商品的主图和副图两类。

在处理主图过程中，图片必须 100% 展示商品的完整性并使用白色背景作为底图，商品图在整张图片占据 85% 左右的面积，图片的尺寸为 1 000 像素×1 000 像素最佳；为了达到商品全方位曝光的效果，体现层次立体感，图片尽可能展示多维度商品视觉。

商品副图中包含了商品细节、商品卖点、功能使用、应用场景、包装和配件等图片，为了更好地展示，可以将商品放置在一定的场景中。图片的构成以"图片＋文字"的方式构成，文字部分的内容以"标题＋简单描述"的方式构成，这是基本的格式，还可以根据卖家店铺的风格自行创造更优质的图片和描述。

（3）ST 关键词。ST 关键词被隐藏在后台，又称为后台关键词，主要是为了补充标题和描述中不能涵盖的商品关键词。ST 关键词不得超过 250 个字符，在创建的时候尽量都写在第一行，保证有效地显示。

在创建关键词时需要注意，单词尽量不重复并按照逻辑顺序填写，单词之间可以用空格隔开，不建议额外增加标点符号。

（4）关于商品描述。从内容和形式上打造一个优质的商品描述，为了让商品描述在形式上完美展现，卖家一定要正确使用"换行符号"（换行符号：＜br＞）和"加粗符号"（加粗符号：＜b＞＜/b＞）两个 HTML 标点符号。

商品描述主要由情怀、商品、品质、包装、售后五个部分组成。首先讲述商品品牌故事及强有力的品牌背书，制造品牌影响力；其次，从商品自身出发，消费者最想要了解的内容，包括商品规格、材质、模样等基本的参数；品质也是这个环节尤为重要的一点，我们可以在品质方面做进一步的宣传，宣传质量及售后能够提供的服务；当然不要忽视了包装的问题，对于消费者来说，包装信息是否完整也会影响其对商品质量的判断。

（5）商品 Review。商品 Review 是 Amazon 用户对商品 Listing 做出的评价，Review 只针对商品本身，与服务水平和发货时效等方面无关，但可以直接影响到该条 Listing 的曝光和排名。

一般来说，能够按照自己的实际销量，Review 保持在 3% 左右的比例就是不错的结果，既确保在竞争中占有优势，又避免增评比例过高影响到账号安全。遭遇差评时，卖家可以快速地补充 3 个左右的商品 Review 来稀释差评带来的影响。

（6）Q&A。在商品打造初期，卖家可以通过找人提问的方式，主动添加 3～5 个 Q&A，在问答的过程中，基本以商品质量和服务为主，通过回答买家在商品描述看不到的内容引发的提问和及时作出回应，体现卖家专业的运营经验和热情的服务态度。

## （三）Buy Box

### 1. Buy Box 的概念

Buy Box 是 Amazon 黄金购物车。根据 Amazon 统计，大约有 90％的买家会通过页面的黄金购物车（Buy Box）链接结账。只有 10％的买家会使用黄金购物车以外的链接（"Other Sellers on Amazon" "used & new link"）结账。而 Buy Box 是 70％～80％订单产生的渠道，拥有 Buy Box 是众卖家梦寐以求的事。Buy Box 存在左右卖家销量的能力，当失去 Buy Box 时，卖家会遭遇如销售下滑、商品有机排名下降等一系列后果。因此，抢夺 Buy Box 成为卖家在 Amazon 成功与否的关键。

### 2. 哪些情况卖家没有购物车

（1）新上架的 Listing，可能没有购物车，尤其是自发货。当用户使用 FBA 时，随着 Listing 权重值的提高，系统会分配 Buy Box。

（2）正常运营的 Listing，遭遇到跟卖，多个卖家争抢购物车，这时自己的购物车占有率就可能被瓜分。系统会根据所有卖家的表现，基于算法决定。所以要关注跟卖卖家，尽可能减少跟卖的存在。

（3）没有人买的 Listing 也可能没有购物车。这很好理解，没有销量就不会拥有黄金购物车。

（4）差评太多也没有购物车。这也很好理解，差评比较多，也不会拥有黄金购物车。

（5）商品价格没有优势可能也没有购物车。Amazon 是以客户为导向的，优先考虑用户的购买因素。相同的商品，价格低的能获得更好的表现机会。

### 3. 影响获得 Buy Box 的因素

（1）必须拥有专业商家（Pro Merchant）的账号。

（2）低 ODR（订单缺失率）。

（3）优良的整体表现，注重在卖家反馈和商品准时送达的评比，FBA 优先。

（4）稳定的库存。

（5）优质 Listing，评价好，价格有竞争力。

## 四、FBA

做 Amazon 全球开店，使用 Amazon 物流（FBA）服务的商品可以获得更高流量、转化率和销量，但同时 Amazon 的跨境物流成本也相当高。除掌握 FBA 的使用方法外，更重要的是在合理使用 FBA 的同时减少成本开支。

### （一）FBA 如何实现跨境物流成本优化

#### 1. 无需支付固定库房租赁费用

跨境物流成本＝头程运费＋仓储费＋出单后的配送费＋物流运维人力成本。相比费用固定难变的租赁海外仓模式，或是时效较难把控的自发货模式，FBA 提供了更多灵活的计费模式。

从表 12-6 中我们不难发现，使用 FBA，卖家无须支付固定库房租赁费用，可以依据自己入仓的商品数量及存放时间支付 FBA 费用。使用 FBA 可以清晰地规划每款商品的备货数量和补货周期等，一目了然也更方便管理。

表 12-6　固定库房租赁费比较

| 物流方式 | 租赁海外仓/自发货 | 亚马逊物流（FBA） |
| --- | --- | --- |
| 费用结构 | 无需支付固定库房租赁费 | 需支付固定库房租赁费用，依据卖家入仓的商品数量及存放时间计费 |
| 服务水平 | 服务水平不稳定 | 亚马逊专业、高质量服务 |

**2. FBA 可以大幅度减少物流运维的人力开支**

使用 FBA 可以把更多时间和精力投入商品及运营优化上。FBA 大幅度减少了售前售后事务性工作，可以降低很多物流管控上的压力（表 12-7）。除少量不能用 FBA 运输的商品外，其他商品均可使用 FBA。

表 12-7　物流运维人力开支比较

| 物流方式 | 租赁海外仓/自发货 | 亚马逊物流（FBA） |
| --- | --- | --- |
| 售后运营团队 | 3～5 人 | 0 |

### (二) 常规商品如何备货

通常情况可以采取多频次、小批量的备货节奏灵活调整。在保证不断货的同时大幅度减少了库存压力和仓储成本。除去硬性费用支出，跨境物流成本优化还有一个关键——减少月度仓储费。

通常备货法则：

$$备货周期 = 生产天数 + 头程运输天数 + 多备 2 天安全库存$$
$$备货数量 = 备货周期 \times 每天的估算销量$$

假设生产需要 2 天，头程运输需要 5 天，目前的销量是每天 30 件，那么：（2 天生产 + 5 天头程 + 2 天备货）× 30 = 270 件，至少应该保证 FBA 仓库有 270 件库存。

生产天数和运输时间是基本固定的，销量会实时发生变化。所以，根据当日销量进行备货量的动态计算，长期仓储费就省下来不少。更重要的是，既可以保证不断货，也不用担心备货过多会有积压。

以库存绩效分数（IPI）为评判标准的 Amazon 仓储容量政策——只要 IPI 达标，即可享受无限库容优惠。

### (三) 没有销售数据的新品，如何把控备货节奏

先少量备货测试市场反应，再根据销量表现调整。可以每月保持上新一到两款商品，并坚持新品一定要使用 FBA 物流。备货量设定在 100～200 件，但会确保货源充足，一旦新品销售势头好，可以及时加大备货量进行发货。形成了良性循环之后，再对销售数据和商品特性进行综合判断，估算是否可以加大生产量。这样既可以避免产生过高的月度仓储费，也不用担心滞销需要移仓而产生另一笔费用，只需要计算好备货周期，根据销量随时补货即可。

### (四) 可以使用后台的 FBA 卖家工具，在上新时做好备货计划

(1) 库存警告功能，会及时提醒卖家补货。

(2) FBA 费用计算器，可以准确预估物流成本。

## 任务实施

步骤一：选择 Amazon 站点。
步骤二：选择对应 Amazon 账号类型，开设账号。
步骤三：阅读 Amazon 各项费用规则，制定费用计划。
步骤四：通过选品网站进行 Amazon 商品选择。
步骤五：在 Amazon 平台上架商品，编辑 Listing。
步骤六：设置 Buy Box 策略。
步骤七：FBA 设置。

## 一体化设计

### 一、选择题

1. 亚马逊欧洲站（　　）站点体量最大。（单选）
   A. 英国　　　　　　　　　　B. 法国
   C. 德国　　　　　　　　　　D. 意大利
2. Amazon 物流有三种模式，即（　　）。（多选）
   A. FBA　　　　　　　　　　B. 第三方海外仓
   C. DHL　　　　　　　　　　D. 自发货
3. Amazon 的账号类型分为（　　）。（多选）
   A. Amazon Seller Central（3P）
   B. Amazon Vendor Central（VC）
   C. Amazon Vendor Express（VE）
   D. Amazon Business Seller（AB）

### 二、判断题

1. Amazon 是以店铺为导向的平台，而 eBay 是以优质商品为导向。（　　）
2. Amazon 选品兼顾大小类目排名是指要注意观察选中商品的小类目的排名情况，但是更要关注大类目的排名情况。（　　）
3. Buy Box 存在左右卖家销量的能力，当失去 Buy Box 时，卖家会遭遇如销售下滑、商品有机排名下降等一系列后果。因此，抢夺 Buy Box 成为卖家在 Amazon 成功与否的关键。（　　）

### 三、简答题

1. Amazon FBA 具有哪些优势？如何实现跨境物流成本优化？
2. Amazon 跟卖要注意些什么？
3. 什么是 Buy Box？哪些情况卖家没有 Buy Box？影响因素有哪些？

## 任务二  掌握 eBay 平台的运营技巧

### 任务描述

小李根据公司拓展海外市场的业务需求,目前正在积极学习 eBay 开店的相关知识。由于该公司初入海外市场零售行业,选择相对简单、投入较少的 eBay 平台开店较为合适。小李根据公司要求,目前需要选择合适的 eBay 站点开设账户,并逐步搭建起店铺。

### 任务分析

小李需要根据公司的要求选择合适的站点、合适的 eBay 账号类型进行店铺的创建并进行店铺主页优化;店铺创建后需要进行商品的选择,并上架商品,同时对商品页面进行优化;在商品的上架过程中要注意 eBay 刊登技巧。

### 知识要点

#### 一、认知 eBay

eBay 于 1995 年创立于美国,市场主要是美国和欧洲。发展到今,eBay 平台上的商品非常多样化,目前提供的上架物品数量超过 8 亿件,种类繁多。可以说,消费者需要和喜爱的任何商品,在 eBay 上都可以找得到。

##### (一) eBay 的发展概况

**1. eBay 站点分布**

eBay 是一个经济全球化的服务平台,站点包括美国站、英国站、澳洲站、中国站、中国(香港)站、阿根廷站、奥地利站、比利时站、巴西站、加拿大站、德国站、法国站、爱尔兰站、意大利站、马来西亚站、墨西哥站、荷兰站、新西兰站、波兰站、新加坡站、西班牙站、瑞典站、瑞士站、泰国站、土耳其站。现阶段的四大主流商品销售市场为美国站、英国站、德国站、澳大利亚站,也有加拿大站、法国站、意大利站、西班牙站供中国卖家挑选。

下面主要分析 eBay 的四大站点:

(1) 美国站。美国站是 eBay 网站中最完善且总流量较大的网站,也有着数量最多的活跃性店铺买家和 Listing,市场竞争也最激烈。电子器件、服装类目都归属于美国站的受欢迎类目。因而美国站一般称为第一次接触 eBay 服务平台卖家的优选网站。

(2) 英国站。英国站是大部分卖家入驻欧洲销售市场时的优选网站。2019 年,76.9% 的英国消费者在网上购物,而 2023 年稳步上升至 81.9%。其中,服装和文体用品归属于英国站的大受欢迎类目。但卖家必须留意的是,在英国站市场销售物品所在城市为英国地区的商品务必准时申请和缴纳 VAT 税。

(3) 德国站。德国的人口数量和消费在欧盟排行中远超英国,近些年德国销售市场在 eBay 服务平台上增长速度迅速,被称作欧洲新蓝海。德语是卖家连通德国销售市场的一大难题，eBay已发布AI智能翻译协助卖家处理这一大难点。此外，卖家假如在德国站市场销售物件所在城市为德国地区，一样必须准时申请和缴纳VAT税。

德国顾客消费能力较强，对客单量高的商品也绝不抠门，但德国顾客大多数十分认真细致，对细节问题十分在乎，因此卖家在入驻德国销售市场时，为了预防退款率提高，一定要做好售前服务和售后服务的工作。

（4）澳大利亚站。澳大利亚是现阶段全世界第十大电子商务销售市场，而在诸多电子商务平台中，eBay可以说是澳大利亚的行业龙头。时尚潮流类在澳大利亚市场占有率较高。但澳大利亚人烟稀少，局部地区物流运费偏高，卖家在选款时必须考虑到这些要素。

### 2. eBay开店要求

（1）合法登记的企业用户，并且能提供eBay要求的所有相关文件，如身份证资料、个人近照、地址证明资料（地址证明要与注册地址一致）；

（2）须注册为商业账户；

（3）每一个卖家只能申请一个企业入驻通道账户；

（4）申请账号需通过eBay卖家账号认证；

（5）要有PayPal账号；

（6）需要一张双币信用卡（VISA.MasterCard）。

### 3. eBay店铺类型

eBay卖家店铺通常分为三种类型，即普通店铺、高级店铺、超级店铺。各站点店铺种类略有不同，会再次进行细分。

eBay平台的基本费用一般由刊登费和成交费构成。而非店铺卖家和店铺卖家其中不同之一就是，店铺卖家开通店铺需要向eBay交一定的店铺平台费用，所以店铺卖家的平台费用就由三方面构成：店铺费+刊登费+成交费。

店铺付费模式分为按月或按年付费，不同的店铺类型收取的费用也不同。

普通店铺按月付费是$24.95一个月，按年付费是$19.95一个月；高级店铺按月付费是$74.95一个月，按年付费是$59.95一个月；超级店铺按月付费是$349.95一个月，按年付费是$299.95一个月。

### 4. eBay开店费用

具体的开店费用各站点会有不同，下面以美国站为例进行分析。

（1）刊登费用。在eBay美国站刊登物品时，eBay会收取一定比例的刊登费。物品售出后，将需缴付小额比例的成交费。因此，在eBay进行销售所产生的基本费用即为刊登费+成交费。根据选择的物品刊登形式的不同——拍卖方式还是一口价方式，产生的费用也会有所区别（图12-3）。

注意：Listing刊登超过了免费刊登数量，才会收取每条0.3美元的刊登费。对于免费的部分，有些品类或商品是不参加的。

（2）成交费用。eBay成交费基于买家支付的费用来计算，包含了商品费用和物流费用。在没开店铺的情况下，绝大部分商品的成交费是收取销售总额的10%，但最高不超过750美元。

注意：在美国站，如果账号销售表现跌落到Below Standard Seller，则成交费收取的费率会有一定比例的上涨。

图 12-3　刊登费用

(3) PayPal 费用。销售额收取一定比例的 PayPal 费用。月销售额在不同区间，则按标准费率或优惠费率进行收取。

(4) 其他可选费用。不同等级的店铺，收取费用不同。费用有月度和年度两种收费方式，而不同等级的店铺，每月免费 Listing 的刊登数量、刊登费及成交费收取的比例均不相同。但店铺等级越高，免费刊登数量越多，且其他费用的费率越低。如果想增开额外的店铺功能，需要额外再交钱。

### （二）eBay 的特点

#### 1. eBay 平台的优势

(1) 有专业客服：对于卖家来说，eBay 具有专门的客服，可通过电话联系或是网络会话的形式进行沟通交流。

(2) 运营门槛低：相较于在 Amazon 开店，eBay 开店的门槛较低。

(3) 定价方式多样：eBay 的定价方式有多种，包括无底价竞标、有底价竞标、定价出售、一口价成交。

(4) 具有排名机制：排名相对公平，卖家可以通过拍卖获取曝光。

#### 2. eBay 平台的劣势

(1) 后台不易操作：eBay 后台是英文显示，对于一些英文较薄弱的卖家来说，在操作的过程中增加了一定的难度。

(2) 付款方式单一：目前 eBay 只支持 PayPal 付款方式，平台的政策与规则也会不断更新优化，后续付款方式也会随着用户的使用和体验作出对应的调整。

(3) 偏向买家，对卖家要求严格：eBay 更看重买家的销售体验，所以对于卖家商品质量及售后服务比较看重，当店铺被投诉时，严重的话将被封店。

(4) 收款项目较多：eBay 将卖家的店铺分为很多级，每一级店铺的收费标准都不一样。且 eBay 除收取店铺费用外，如果买家需要使用特殊功能，也是需要支付相应费用的。

(5) 项目审核时间过长：审核周期长，只能拍卖，商品数量有起始限制，需要积累信誉才能越卖越多，出单周期也长，需要慢慢积累。

#### 3. eBay 平台的用户特性

(1) eBay 客户相比其他跨境电商平台的客户来说，年龄较大。据统计 eBay 客户年龄在 45 岁以上的占比超过了总客户比的 60%，他们更注重的是商品的性价比。

(2) eBay 客户的消费水平偏低。因为从 eBay 客户消费支出上来看，消费者的收入水平并没有 Amazon 这样的平台高，同时 eBay 客户不像 Amazon 客户那样注重品牌，二手商品交易也是他们一个大的运营方式，大多数会采取竞价的拍卖方式拍得商品，所以 eBay 平台上的客户不愿意在商品之外多支出更多的费用。

（3）eBay 客户对平台黏性相对比较小。因为平台客户更多的是注重商品的价格优惠，即商品的性价比，并不注重品牌。优质的服务及品牌并不是影响 eBay 客户的消费主要因素，所以，相对来说客户的黏性相对较小。

以上关于 eBay 平台特点及用户属性的分享，希望刚入门的卖家可以对 ebay 平台有新的认识，规划好运营之路，扎实稳打，在 eBay 平台也能获得一番成就。

## 二、eBay 的运营特点

### （一）eBay 选品

#### 1. eBay 选品的重要性

eBay 的商品品类齐全，涉及衣食住行。对于 eBay 的卖家来说，选好一个商品种类就等于成功了一半。因为好的选品不仅能够获得销量，还能够起到引流的作用，拉动其他利润款商品销售。

（1）确定店铺的运营方向。选品在一定程度上决定了店铺的运营方向，能够为卖家的运营做好规划。商品种类不同，店铺的运营计划、营销推广都需要随之改变。因此，在店铺制订运营计划之前一定要做好选品。

（2）明确店铺的受众群体。选择的商品不同面临的人群也不同。年轻群体和老年群体不同，男性群体和女性群体不同，根据受众群体，卖家需要做好不同的装修风格、宣传风格、以增加销售的可能。

（3）促进销量。eBay 选品成功，店铺的销量会因为爆款商品而增加。同时，爆款商品能够帮助 eBay 店铺增加曝光率，店铺的流量高了，自然就会有利润。

（4）衡量店铺利润。根据市场进行商品选择能够帮助店铺做好定价，衡量利润。商品定价可以根据所选商品的成本来决定，如商品本身成本、宣传成本、推广成本、物流成本等都是需要考虑的问题。

（5）保证商品质量。选品能够提前排除假冒伪劣的商品，帮助卖家提前将有可能侵权、违规的商品排除出去，很多新手卖家对 eBay 平台的规则不了解，如果没有做好选品，就可能导致商品的质量出现问题，无法满足销售需求。

#### 2. eBay 选品的方向

（1）热卖。选择商品首先要选择热销商品。对于 eBay 新手卖家来说，可以去查看社交媒体的网红推荐商品，如可以去 YouTube、Facebook 搜索和浏览。

（2）新品。可以选择新品。当无法确定新商品的市场价格时，可以选择拍卖来帮助定位商品的市场价格，让买家决定你的新商品。中标价格最多的价格区间就是买家最普遍接受的销售价格。

（3）稀有商品。可以在 eBay 上发布稀有商品，这种商品往往供不应求，也可以通过拍卖给店铺带来很多额外的流量。

（4）生活必需品。可以选择一些生活必需品，如主要可以选择三种商品，包括电子商品、运动商品和玩具类商品。这些商品在市场上一年到头都很受欢迎。

#### 3. eBay 选品的方法

（1）寻找热销商品。可以通过类别搜索畅销的商品和研究竞争对手的商品找到热销商品。

(2) 通过类别搜索畅销的商品。如果卖家正在思考商品类别的问题，可以在 eBay 的网站上，列出所看到的类目和商品。例如，卖家可能会看到"婴儿服装"或"宠物猫玩具"，便可将其所涉及的商品记录下来。一旦卖家列出了几个类别，就可以开始查看其中最畅销的商品。除此以外，卖家也可以借助一些专业工具进行选品。在输入商品类别后就会显示出市场上所有最畅销商品的列表。缺少专业分析工具的卖家也可以直接进入 eBay，搜索类别的名称，并识别那些销量可观的 Listing。一个很好的判断方法就是查看 Listing 底部的红色数据。

(3) 研究竞争对手的商品。卖家还可以通过查看其他竞争对手的在售商品来挖掘选品灵感。通常具有 eBay 销售经验的卖家会有很多自己的畅销商品，当卖家在 eBay 上搜索到某类别的畅销商品后，可以点击卖家信息，看看他们还有哪些高销量的商品，发现一个好商品的最佳指标就是它的销售量，所以卖家只需查看销量最高的商品。

(4) 寻找利润可观的商品。选品需要检查商品是否符合一些高销量的指标，这些指标包括商品通过率、平均商品价格和成功上架率。具体来说，卖家需要确认以下数据指标：

①商品成功上架率至少高于 50%。成功上架率体现了卖家的销售进展。这一数值越高越好。

②商品出售率越高越好。出售率是销售商品数量和商品总数的比值，是衡量商品出售速度的指标。商品销售越快，说明这类需求就越多。

③商品平均价格高于 20 美元。建议卖家在大多数情况下选择价格在 20 美元左右或更高的商品，因为这些商品的利润更可观。

### (二) eBay 商品刊登技巧

#### 1. 利用好标题字符数，增加匹配度

刊登的标题要充分利用字符数，输入尽可能多的信息，因为标题中输入的信息越多，匹配的机会就越大。标题的质量和字数同样重要，不要在不相关的单词或 eBay 专有的缩写上浪费字符，像"Wow""Look""BNWT"这类词就非常多余，买家不会用这些词来搜索；也不要包含与所售商品无关的字词，这属于滥用关键词，是违反 eBay 政策的，而且还会误导潜在买家，导致退货数量增加。另外，尽量完整地填写"Item Specifics"下的各栏，因为在对搜索结果进行排名时会参照这些信息。

#### 2. 添加副标题让商品脱颖而出

对于竞争比较激烈的品类而言，添加副标题也是让自己的商品在 eBay 脱颖而出的一个好方法。卖家可以在副标题中填写更多商品、销售相关的信息，刊登副标题将有可能增加买家的关注，吸引买家的注意。以 eBay 美国站为例，与刊登主标题 80 个字符限制不同，副标题的字符限制为 55 个字符，具体设置是在创建刊登的步骤中，当填写完刊登主标题后，即可填写副标题。不过，为商品刊登添加副标题时，eBay 会收取相应的费用，具体费用会按照商品的价格及刊登天数有所区别。

#### 3. 填写物品属性，提升曝光率

要保持销售增长，首先要提高刊登被潜在买家看到、搜索到的概率。物品属性是让自己刊登的标题在众多相似的商品刊登中脱颖而出的关键。潜在买家在搜索商品时，搜寻引擎会根据卖家提供的商品信息，来筛选与买家输入的搜寻内容最匹配的商品，其中标题及物品属

性都是重要的考虑因素，搜索引擎会把最匹配的刊登排到较前位置。

**4. 填写商品识别码至关重要**

商品识别码是多数商品都有的通用编码，用以帮助买家在 eBay 站点上及其他搜索引擎上找到该商品。商品识别码主要包括品牌名称（Brand Name）、制造商零件编号（MPN）、全球贸易识别码（GTIN）等。在大多数的品类，GTIN 作为商品的标识都是必填属性。一旦有了这个信息，卖家可以选择主动匹配 eBay 的商品库或被 eBay 系统自动识别，匹配成功后便会出现在 eBay 相关商品页面，方便买家快速精准地搜索。eBay 一直在努力追求简洁的用户体验，商品化就是其中一个必然趋势。商品识别码的无效和缺失还可能会影响到商品流量及曝光度。

**5. 完善 Item Specific 提升转化率**

完善的 Item Specific 能够提供详尽的商品信息，帮助买家了解商品，这对提高转化率大有好处。因为，越接近决定是否购买的时候，买家越需要具体的内容作出最终决定。

### （三）eBay 出售方式

在 eBay 卖东西，有三种出售形式可供卖家选择。

**1. 拍卖形式**

拍卖是 eBay 标准的出售形式，即在一定时间内将物品卖给最高出价者。

规则：

（1）卖家提供一件物品，设定起标价。

（2）在拍卖期间，买家对刊登物品出价竞投。

（3）拍卖结束后，最高出价者以中标的金额买下物品。

刊登天数：拍卖形式可刊登 1 日、3 日、5 日、7 日或 10 日，房地产拍卖可刊登 30 日。

**2. 一口价形式（立即买）**

规则：

（1）卖家提供一件或多件物品，设定一口价。

（2）买家不需经过竞投过程再出价，可以直接买下物品。换言之，买家只能以设定的价格购得物品。

刊登天数：可以刊登 3 日、5 日、7 日、10 日、30 日或无限期。

无限期刊登会每 30 日自动重新刊登，直至所有物品售出、卖家结束刊登或 eBay 结束刊登为止。卖家可以在网站偏好设定选择缺货控制，让卖家的刊登物品一直持续出售（包括暂时缺货时）。

**3. 拍卖＋立即买**

规则：

（1）卖家提供一件物品，在拍卖形式中加入立即买价格，两者并存。

（2）买家可以选择对物品出价，或立即购买物品。

情况一：若有买家先选择"立即买"，就能直接用一口价立即购买物品。

情况二：一旦有人先对物品出价，"立即买"的价格和功能就会消失，而卖家的物品将以正常形式拍卖。

> 任务实施

步骤一：根据公司的要求选择合适的站点并选择合适的 eBay 账号类型进行店铺的创建。
步骤二：eBay 店铺主页的优化。
步骤三：通过选品网站进行 eBay 商品的选品（或利用自有商品）。
步骤四：对商品页面进行优化。
步骤五：设置商品的出售方式。

> 一体化设计

### 一、选择题

1. eBay 店铺卖家的平台费用由（　　）构成。(多选)
   A. 店铺费　　　　B. 刊登费　　　　C. 注册费　　　　D. 成交费

2. eBay 选品方向有（　　）。(多选)
   A. 热卖　　　　　B. 新品　　　　　C. 稀有商品　　　D. 生活必需品

3. eBay 选品方法有（　　）。(多选)
   A. 寻找热销商品　　　　　　　　　B. 通过类别搜索畅销的商品
   C. 研究竞争对手的商品　　　　　　D. 寻找利润可观的商品

### 二、判断题

1. 从 eBay 客户消费支出上来看，消费者的收入水平并没有 Amazon 这样的平台高，同时 eBay 客户不像 Amazon 客户那样注重品牌，二手商品交易也是他们一个大的运营方式，大多数会采取竞价的拍卖方式，拍得商品。（　　）

2. eBay 刊登尽可能地填写更多的关键词，但是不要使用无关的关键词，否则会违反 eBay 政策。（　　）

### 三、简答题

eBay 出售方式有哪些？它们各有哪些特点？

## 任务三　掌握速卖通平台的运营技巧

> 任务描述

小张依托于阿里系平台从事国内电商贸易多年。当前，由于国内电商市场竞争加剧及业务拓展的需求，很多曾经从事国内电商贸易的公司逐步拓展海外市场业务。由于小张起步于阿里系电商，而速卖通平台（Aliexpress）与淘宝同源，逻辑结构与功能界面非常相似，所以小张选择速卖通作为其进军跨境电商行业的第一个平台。小张需要在速卖通设立账号，开设店铺，并且上架产品，设置好物流、支付方式等。

> 任务分析

小张需要根据公司的要求选择合适的速卖通账号类型进行店铺的创建并进行店铺主页优

化;店铺创建后需要进行商品的选择,并上架商品,同时对商品页面进行优化;店铺建设起来以后,开展销售的过程中要积累速卖通运营的技巧。

## 知识要点

### 一、认知速卖通与账户注册

#### (一)速卖通平台招商准入及入驻

**1. 速卖通平台的销售方式**

速卖通为卖家提供两种销售计划类型,即标准销售计划和基础销售计划。一个店铺只能选择一种销售计划类型。

(1)标准销售计划。速卖通平台的标准销售计划在2018年1月8日上线。标准销售计划内的卖家可以开6家店,发布产品数量控制在3 000个以内,且一年内不可切换为"基础销售计划",计划内的卖家可正常参加平台活动。在流量上,标准销售计划和基础销售计划是一样的。

(2)基础销售计划。基础销售计划在2018年1月31日上线,计划内的卖家也可以开6家店,且正常缴纳年费的卖家,退出后年费可以返还。卖家只要经营满6个月以上,且店铺各项指标达标的话,标准销售计划的店铺可以转为基础销售计划内店铺。在此计划下店铺发布产品数量控制在300以内,月销售额控制在3 000美元,如果超过了这个额度,店铺将无曝光机会(但在下个月会自动恢复),但可正常参加平台活动。

基础销售计划主要是为了满足不同阶段、不同经营模式、不同经营体量的卖家更多的经营需求及尝试。而更长远的,也是希望将平台打造成适合任意卖家的平台,也能给广大消费者更丰富的、更多元的商品。

(3)基础销售计划与标准销售计划的区别(表12-8)。

表12-8 标准销售计划与基础销售计划的区别

| 销售方式 | 标准销售计划 | 基础销售计划 |
| --- | --- | --- |
| 店铺的注册主体 | 企业 | 个体工商户、企业均可 |
| 年费返还 | 中途退出:按自然月,返还未使用年费;<br>经营到年底:返回未使用年费,使用的年费根据年底销售额完成情况进行奖励 | 中途退出:全额返还;<br>经营到年底:全额返还 |
| 是否可相互转换 | 一个自然年内不可切换至:基础消费计划 | 当不满足经营需求,且:<br>1. 经营满6个月或以上;<br>2. 满足一定条件〔服务指标良好(物流、商品)、经营稳定〕即可申请标准销售计划(无需变更注册主体) |
| 功能 | 可发布在线商品数≤3 000 | 1. 可发布在线商品数≤300;<br>2. 部分类目暂不开放基础销售计划;<br>3. 每月享受3 000美元的经营额度(及买家成功支付金额),当月支付金额≥3 000美元时,无搜索曝光机会,但店铺商品展示不受影响;下个自然月初,恢复搜索曝光 |

首先，在店铺的注册主体方面。标准营销计划的注册主体只能是企业，基础营销计划的注册主体不但可以是企业，也可以是个体工商户。

其次，在年费的结算奖励方面。如果卖家中途退出标准营销计划，未使用的年费将会按自然月返还给卖家；如果卖家店铺经营到了年底则返回未使用年费，并会根据年底销售额完成情况进行奖励。而在基础营销计划中，卖家无论是在中途退出还是经营到年底，平台都会全额返还年费。

最后，在功能方面，参加标准营销计划的卖家最多可以发布3 000款在线商品。而参加基础营销计划的卖家可发布在线商品数最多为300款，并且有部分类目暂未开放基础营销计划。参加基础营销计划的卖家每月可以享受3 000美元的经营额度及买家成功支付金额，在当月支付金额超过3 000美元时无搜索曝光机会，但店铺商品展示不会受到影响。各自然月初系统会恢复搜索曝光。

其实，"基础销售计划"和"标准销售计划"的最大区别是在年费和权限的使用上。卖家在两种销售计划的选择上，可以根据自己的具体情况，甄别之后选择适合自己的销售计划。

需要提醒卖家的是，基础销售计划是在2018年2月初开始申请，申请入口以卖家入驻页面展示为准。需要引起注意的是，如果续签店铺仍选择基础销售计划，是可以享受3 000元人民币优惠减免的。另外，2017年注册为个体的商铺，2018年可以直接任意在两个销售计划当中选择。

### 2. 速卖通平台的店铺类型

速卖通的店铺类型一共有三种，分别是速卖通专卖店、速卖通官方店和速卖通专营店（表12-9）。官方店是指商家以自有品牌或由权利人独占性授权（仅商标为R标）入驻速卖通开设的店铺。专卖店是指商家以自有品牌（商标为R或TM状态），或者持他人品牌授权文件在速卖通开设的店铺。专营店是指经营1个及以上他人或自有品牌（商标为速卖通平台的店铺类型R或TM状态）商品的店铺。

表12-9 速卖通平台的店铺类型

| 店铺类型 | 官方店 | 专卖店 | 专营店 |
| --- | --- | --- | --- |
| 店铺类型介绍 | 商家以自有品牌或由权利人独占性授权（仅商标为R标且非中文商标）入驻速卖通开设的店铺 | 商家以自有品牌（商标为R或TM状态且非中文商），或者持他人品牌授权文件在速卖通开设的店铺 | 经营1个及1个以上他人或自有品牌（商标为R或TM状态）商品的店铺 |
| 开店企业资质 | 需要完成企业认证，卖家需提供如下资料：<br>1. 企业营业执照副本复印件；<br>2. 企业税务登记证复印件（国税、地税均可）；<br>3. 组织机构代码证复印件；<br>4. 银行开户许可证复印件；<br>5. 法定代表人身份证正反面复印件 | 同官方店 | 同官方店 |

续表

| 店铺类型 | 官方店 | 专卖店 | 专营店 |
| --- | --- | --- | --- |
| 单店铺可申请品牌数量 | 仅1个 | 仅1个 | 可多个 |
| 平台允许的店铺数 | 同一品牌（商标）仅1个 | 同一品牌（商标）可多个 | 同一品牌（商标）可多个 |
| 需提供的材料 | 1. 商标权人直接开设官方店，需提供国家商标总局颁发的商标注册证（仅R标）；<br>2. 由权利人授权开设官方店，需提供国家商标总局颁发的商标注册证（仅R标）与商标权人出具的独占授权书（如果商标权人为境内自然人，则需同时提供其亲笔签名的身份证复印件；如果商标权人为境外自然人，也可提供其亲笔签名的护照/驾驶证复印件）；<br>3. 经营多个自有牌商品且品牌归属同一个实际控制人，需提供多个品牌国家商标总局颁发的商标注册证（仅R标）；<br>4. 卖场型官方店，需提供国家商标总局颁发的35类商标注册证（仅R标）与商标权人出具的独占授权书（仅限速卖通邀请） | 1. 商标权人直接开设的品牌店，需提供由国家商标总局颁发的商标注册证（R标）或商标注册申请受理通知书（TM标）；<br>2. 持他人品牌开设的品牌店，需提供商标权人出具的品牌授权书（若商标权人为自然人，则需同时提供其亲笔签名的身份证复印件；如果商标权人为境外自然人，也可提供其亲笔签名的护照/驾驶证复印件） | 需提供由国家商标总局颁发的商标注册证（R标），或商标注册申请受理通知书复印件（TM标），或以商标持有人为源头的完整授权，或合法进货凭证（各类目对授权的级数要求，具体以品牌招商准入资料提交为准） |

### 3. 速卖通平台的收费标准

速卖通2018年度各类目技术服务费年费及考核一览表见表12-10。

表12-10　速卖通2018年度各类目技术服务费年费及考核一览表

| 单店经营范围 | 经营大类 | 技术服务费年费/元 | 主营类目 | 返50%年费对应年销售额/美元 | 返100%年费对应年销售额/美元 |
| --- | --- | --- | --- | --- | --- |
| 服装服饰 | 服装服饰 | 10 000 | Apparel Accessories（服饰配件）<br>Women's Clothing（女装）<br>Men's Clothing（男装）<br>Novelty & Special Use（新奇特/特殊服装）<br>Costumes & Accessories（扮演服饰/配件）<br>World Apparel（世界民族服装）<br>Tailor-made Suits（定制西装）<br>Prescription Glasses（配镜） | 15 000 | 45 000 |

续表

| 单店经营范围 | 经营大类 | 技术服务年费/元 | 主营类目 | 返50%年费对应年销售额/美元 | 返100%年费对应年销售额/美元 |
|---|---|---|---|---|---|
| 箱包鞋类 | 箱包鞋类 | 10 000 | Luggage & Bags（箱包皮具/热销女包/男包） | 12 000 | 35 000 |
| | | | Shoes（男女鞋） | | |
| 精品珠宝 | 精品珠宝 | 10 000 | Fine Jewelry（精品珠宝） | 不考核 | 不考核 |
| 珠宝饰品及配件 | 珠宝饰品及配件 | 10 000 | Fashion Jewelry（珠宝饰品及配件） | 10 000 | 30 000 |
| 手表 | 手表 | 10 000 | Watch（手表） | 18 000 | 55 000 |
| 婚纱礼服 | 婚纱礼服 | 10 000 | Special Occasion Dresses（特殊场合服装）（仅平台定向邀约） | 25 000 | 50 000 |
| | | | Wedding Dresses（婚纱）（仅平台定向邀约） | | |
| | | | Wedding Accessories（婚庆配饰） | | |
| | | | Wedding Party Dress（婚宴礼服） | | |
| 美容美发 | 护肤品 | 10 000 | Skin care（护肤品） | 15 000 | 30 000 |
| | 美容健康 | 10 000 | Beauty & Health 美容/健康（除护肤品、健康保健） | 18 000 | 53 000 |
| 健康用品 | 健康保健 | 10 000 | Health & Care（健康/保健） | 18 000 | 50 000 |
| | 成人用品 | 20 000 | Sex Products（成人用品） | 25 000 | 65 000 |
| 织发及发套相关（除零售业开店和美发沙龙） | 织发及发套相关（除零售业开店和美发沙龙） | 100 000 | Human Hair（织发及发套相关）（除零售业开店和美发沙龙）（仅平台定向邀约） | | 600 000 |
| 接发类相关 | 接发类相关 | 50 000 | Human Hair For White（白人发）（仅平台定向邀约） | | 150 000 |
| 假发零售业开店 | 零售业开店 | 50 000 | Beauty Supply（零售业开店）（仅平台定向邀约） | | 150 000 |
| 美发沙龙 | 美发沙龙 | 50 000 | Hair Salon Supply（美发沙龙）（仅平台定向邀约） | | 150 000 |
| 化纤发 | 化纤发 | 30 000 | Synthetic Hair（化纤发）（仅平台定向邀约） | | 150 000 |
| 母婴&玩具 | 母婴&玩具 | 10 000 | Mother & Kids（孕婴童） | 15 000 | 30 000 |
| | | | Toys & Hobbies（玩具） | | |

续表

| 单店经营范围 | 经营大类 | 技术服务年费/元 | 主营类目 | 返50%年费对应年销售额/美元 | 返100%年费对应年销售额/美元 |
|---|---|---|---|---|---|
| 家居&家具 | 家居&家具 | 10 000 | Arts，Crafts & Sewing（手工艺品 & 缝纫用品）<br>（半成品）<br>Festive & Party Supplies（节庆派对用品）<br><br>Home Storage & Organization（家用储存收藏用具）<br>Household Cleaning Tools & Accessories（家庭清洁用具及附件）<br>Bathroom Products（浴室用品）<br>Household Merchandises（家居日用品）<br><br>Home Textile（家纺成品）<br>Home Decor（家庭装饰品）<br>Furniture（家具和室内装饰品）<br><br>Kitchen，Dining & Bar（厨房吧台用品）<br><br>Pet Products（宠物用品）<br><br>Garden Supplies（园艺用品） | 15 000 | 45 000 |
| 家装&灯具&工具 | 家装&灯具&工具 | 10 000 | Lights & Lighting（照明灯饰）<br>Home Improvement（家装）（硬装）<br>Tools（工具） | 15 000 | 45 000 |
| 家用电器 | 家用电器 | 10 000 | Home Appliances（家用电器） | 20 000 | 55 000 |
| 运动&娱乐 | 运动鞋服包/户外配附 | 10 000 | Sportwear & Accessories（运动鞋服包/户外配附） | 12 000 | 35 000 |
| | 骑行/渔具 | 10 000 | Fishing（钓鱼用品）<br>Cycling（骑行） | 15 000 | 45 000 |
| | 平衡车 | 30 000 | Self Balance Scooters（平衡车）<br>（仅平台定向邀约） | 18 000 | 36 000 |
| | 乐器 | 10 000 | Musical Instruments（乐器） | 8 000 | 24 000 |

续表

| 单店经营范围 | 经营大类 | 技术服务年费/元 | 主营类目 | 返50%年费对应年销售额/美元 | 返100%年费对应年销售额/美元 |
|---|---|---|---|---|---|
| 3C数码 | 手机配件&通信 | 10 000 | Mobile Phone Cables（手机线材）（封闭品牌定向招商） | 18 000 | 36 000 |
| | | | Mobile Phone Accessories & Parts（手机配件和零件） | | |
| | | | Walkie Talkie（对讲机） | | |
| | | | External Battery Pack（移动电源） | | |
| | 计算机网络&办公文教 | 10 000 | Communication Equipment（通信设备） | 15 000 | 40 000 |
| | | | Internal Storage（内置存储）（排除存储卡类目） | | |
| | | | Memory Cards（存储卡） | | |
| | | | External Storage（移动硬盘、U盘、刻录盘）（排除外置机械移动硬盘类目） | | |
| | | | External Hard Drives（外置机械移动键盘） | | |
| | | | Computer Components（计算机组件和硬件）（排除中央处理器、显卡、内置机械硬盘类目） | | |
| | | | CPUs（中央处理器） | | |
| | | | Graphics Cards（显卡） | | |
| | | | Internal Hard Drives（内置机械硬盘） | | |
| | | | Computer Peripherals（计算机外设）（排除数位板类目） | | |
| | | | Digital Tablets（数位板） | | |
| | | | KVM Switches（切换器） | | |
| | | | Office Electronics（办公电子） | | |
| | | | Desktops（台式计算机） | | |
| | | | Industrial Computer & Accessories（工控产品） | | |
| | | | Tablet Accessories（平板计算机配件） | | |
| | | | Demo board & Accessories（开发板及配件） | | |
| | | | Mini PC（计算机） | | |
| | | | Servers（服务器） | | |
| | | | DIY Gaming Computer（游戏计算机） | | |
| | | | Computer Cleaners（计算机清洁用品） | | |
| | | | Computer Cables & Connectors（计算机连线及接插件） | | |
| | | | Laptops（笔记本计算机） | | |
| | | | Laptop Accessories（笔记本计算机附件） | | |
| | | | Networking（网络产品） | | |
| | | | Office & School Supplies（办公文教用品） | | |

续表

| 单店经营范围 | 经营大类 | 技术服务年费/元 | 主营类目 | 返50%年费对应年销售额/美元 | 返100%年费对应年销售额/美元 |
|---|---|---|---|---|---|
| 3C数码 | 消费电子 | 10 000 | Portable Audio & Video（便携音视频设备） | 15 000 | 40 000 |
| | | | Home Audio & Video Equipments（家用音视频设备）（排除投影仪类目）（Smart TV类目为行业定向招商。电视机卖家可至LED Television和Portable TV类目申请） | | |
| | | | Projectors（投影仪）（仅平台定向邀约） | | |
| | | | Camera & Photo（摄影摄像）（排除数码相机和运动摄像机类目） | | |
| | | | Digital Cameras（数码相机） | | |
| | | | Smart Electronics（智能电子） | | |
| | | | Games & Accessories（游戏及配附件） | | |
| | | | Sports & Action Video Cameras（运动摄像机） | | |
| | | | Accessories & Parts（零配件） | | |
| | 安防 | 10 000 | Security & Protection（安防） | 15 000 | 40 000 |
| | 电子元器件 | 10 000 | Electronic Components & Supplies（电子元器件）（仅平台定向邀约） | 30 000 | 65 000 |
| | 电子烟 | 30 000 | Electronic Cigarettes（电子烟） | 60 000 | 120 000 |
| | 平板 | 10 000 | Tablets（平板） | 60 000 | 120 000 |
| | 手机 | 30 000 | Mobile Phones（手机） | 45 000 | 100 000 |
| 汽摩配 | 汽摩配 | 10 000 | Auto Replacement Parts；Other Vehicle Parts & Accessories；Interior Accessories；Exterior Accessories（零配件与内外饰） | 36 000 | 72 000 |
| | | | Motorcycle Accessories & Parts（摩托车配件） | | |
| | | | Car Electronics（汽车电子） | | |
| | | | Car Wash & Maintenance；Car Repair Tool（清洗养护和维修工具） | | |
| | | | Car Lights（车灯） | | |
| 特殊类 | 特殊类 | | Special Category（特殊类） | | |

(1) 年费返回：50%或100%。速卖通针对经营到自然年年底，拥有良好的服务质量及不断壮大经营规模的优质店铺，将在年底有条件地对这部分商家进行奖励。奖励的比例为返还年费的50%和100%两档。

(2) 年费结算。

①如速卖通卖家实际经营未满一年的，且不存在任何违约及违规情况被关闭账号的，速卖通将根据实际入驻的期间（按自然月计算），重新计算应缴年费，并退还未提供服务期间的年费。例如："服装配饰"经营大类入驻年费为人民币 10 000 元，若卖家在 2017 年 1 月申请加入"服装配饰"经营，在 7 月时申请退出"服装配饰"，则可退还年费为：10 000－10 000/12×6 ＝ 5 000（退出当月不收费），费用在申请退出之日的 30 天内退还至店铺国际支付宝实时绑定的人民币提现账号。

②如卖家因严重违反平台协议规则（如售假、炒信用、炒销量或严重扰乱平台秩序等任何行为），被关闭账号的，所缴年费全额不予退还。

③获准入驻某经营大类的速卖通卖家，若在该经营大类下发布非该经营大类所属商品，规避速卖通类目准入政策的，或卖家通过作弊手段进行年销售额作假等，速卖通将依据严重扰乱平台秩序等规则执行账号处罚，卖家在该经营大类下所缴年费全额不予退还。

④如有可退还年费，年费将退还至店铺国际支付宝实时绑定的人民币提现账号。

### （二）账户注册

申请速卖通店铺的流程如图 12-4 所示。

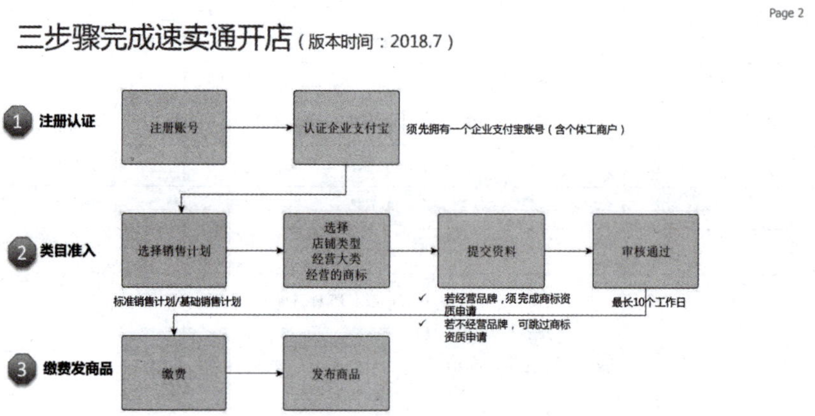

图 12-4　申请速卖通店铺的流程

（1）通过邮箱和手机即可完成注册。http://seller.aliexpress.com/，单击右上角，立即入驻（图 12-5）。

图 12-5　设置用户名

(2)认证。注册完成后,进行企业支付宝认证,须先拥有一个企业支付宝账号,通过账密登录完成认证,1个企业可认证6个速卖通账号(图12-6和图12-7)。

图 12-6

图 12-7　账号及认证

(3)进入"店铺后台"—"账号及认证"—"我的权益",选择销售计划。两种销售方式主要区别(表12-11)在于年费结算和功能使用权限上:企业店铺,可选择"标准销售计划"或"基础销售计划";个体工商户店铺,首次仅可申请"基础销售计划";满足条件,"基础销售计划"可升级"标准销售计划"。

表 12-11　标准销售计划与基础销售计划的区别

| 项目 | 标准销售计划(Standard) | 基础销售计划(Basic) |
| --- | --- | --- |
| 店铺的注册主体 | 企业 | 个体工商户/企业均可 |
| 开店数量 | 1个注册主体6个店铺 | 同 Standard |
| 年费 | 1~3万元不等 | 同 Standard |
| 商标资质 | √ | 同 Standard |

续表

| 项目 | 标准销售计划（Standard） | 基础销售计划（Basic） |
|---|---|---|
| 类目服务指标考核 | √ | 同 Standard |
| 年费结算奖励 | 中途退出：按自然月，返还未使用年费；经营到年底：返还未使用年费，使用的年费根据年底销售额完成情况进行奖励 | 退出经营：全额返还 |
| 功能区别 | | 1. 可发布在线商品数≤300；<br>2. 部分类目暂不开放基础销售计划，开放类目点击查看；部分 3C 部分不开放；<br>3. 当月支付金额≥3 000 美元时，无搜索曝光机会，下个自然月初，搜索曝光恢复 |

（4）类目准入。选择店铺类型和主营类目，输入经营商标并选择类目，若商标输入未显示，需要先完成"商标添加"，再进行商标资质申请；若不经营商标，可直接勾选"None 品牌"，跳过这个步骤（图 12-8 至图 12-10）。

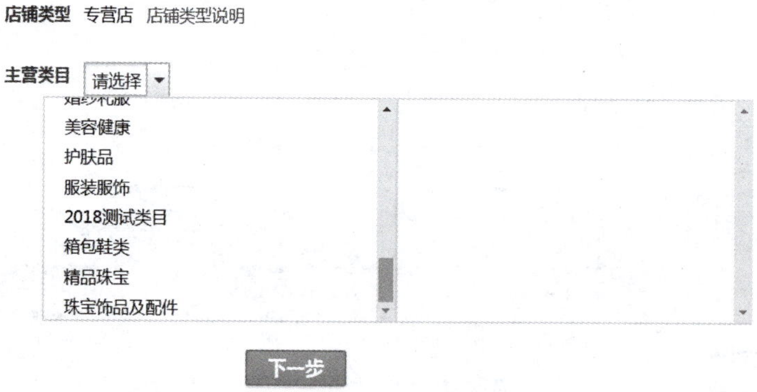

图 12-8　店铺 & 主营页面

图 12-9　输入商标页面

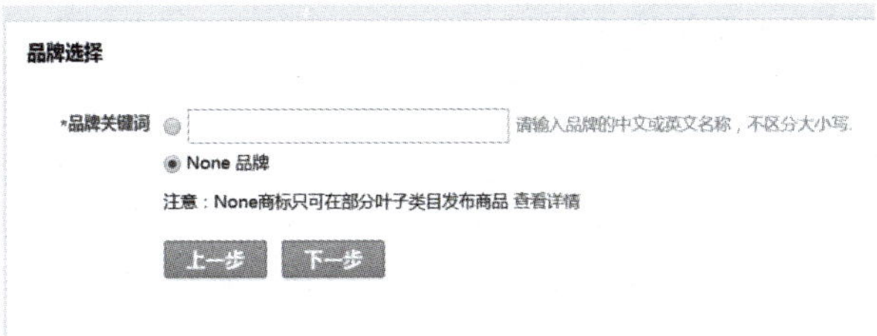

图 12-10 勾选 "None" 品牌页面

（5）提交资料待审核。个别行业需同时提交类目资料，绝大部分行业只需提供商标资质申请材料即可。商标资质，根据品牌差异略有不同，四选一（商标注册证/全链路授权书/全链路发票/进货发货），预计 10 个工作日审核完成，如图 12-11 所示。

图 12-11 提交资料

（6）缴费。完成审核后，卖家进行缴费即完成入驻（技术服务费年费），标准见《速卖通 2018 年度各类目技术服务费年费一览表》。

（7）选择类目发布商品，一个店铺可发布商品数 3 000，如图 12-12 所示。

图 12-12 选择类目发布商品

## 二、速卖通运营的特点与内容

### (一) 速卖通运营的特点

速卖通是阿里巴巴帮助中国企业迈向世界市场的重要一步,大量企业纷纷涌入的同时,我们也应当先思考,速卖通经营特点有哪些。只有了解了速卖通经营特点,我们才能在今后的经营过程中,更加得心应手。

**1. 进入门槛低,交易活跃,能满足众多小商家迅速做出口业务的愿望**

速卖通平台适合初级卖家,尤其是其产品特点符合新兴市场的卖家,产品性价比较高,有供应链优势,寻求价格优势的卖家,最好是供应商直接拿货销售。速卖通价格比较敏感,低价策略比较明显,这也跟阿里巴巴导入淘宝卖家客户策略有关。速卖通平台对卖家没有企业组织形式与资金的限制,速卖通入驻进入门槛低。公司、SOHO、个人都可以在平台上发布产品。发布 10 个产品后,卖家就可以在平台上成立自己的店铺,然后可以直接面向全球 200 多个国家的消费者或小型商家,沟通、交流、发布、推广商品,订单反应迅速,交易活跃,这极大地满足了中国小供货商迅速做出口业务的愿望,也刺激了双方交易的活跃性。

**2. 交易流程手续简便**

速卖通的一大优点就是做出口省力,交易程序非常简便。出口商无需成立企业形式,无需外经贸委和外汇管理局等备案,也无需出口报检。出口报关、进口报关全由速卖通物流方简单操作完成。买卖双方的订单生成、发货、收货、支付,全在线上完成。双方的操作模式犹如国内的淘宝操作,非常简便。卖家通过第三方物流迅速发货,买家通过银行卡进行交易支付。双方不需要 T/T、信用证、贸易术语等外贸专业知识,进出口业务的门槛降低了。

**3. 无关税支出**

由于速卖通业务的单笔订单成交金额少,因此送出去的包裹价值普遍较低,没有达到进口国海关的关税最低起征点,因而无关税支出,这大大降低了消费者的购买成本。速卖通平台上的商品具有较强的价格竞争优势。

**4. 商品选择品种多,价格低**

鉴于中国制造业的聚集优势,中国目前是全球众多国家销售商品的货源国。国外消费者利用网络和 Aliexpress 平台,越过自己国家的零售、批发商,直接向货源的供应基地——中国供货商购买产品,面临的商品选择品种多、价格低。因此,全球速卖通业务跟传统国际贸易业务相比,具有无比强大的市场竞争优势。

**5. 操作界面简单**

速卖通是阿里系列的平台产品,整个页面操作中英文版简单整洁,适合初级卖家上手,平台操作界面类似淘宝。另外,阿里巴巴一直有非常好的社区和客户培训体系,可以快速入门。

**6. 庞大的供货能力**

速卖通作为阿里巴巴国际化的重要战略产品,已成为全球最活跃的跨境电商平台之一,并依靠阿里巴巴庞大的会员基础,成为目前全球产品品类最丰富的平台之一。速卖通依托淘宝天猫卖家会员的业务拓展或业务转型,有大量的卖家涌入速卖通平台,利用阿里巴巴庞大的供应商为速卖通卖家提供了相当丰富的品类。并随着业务的深入,速卖通在主要市场建立很多海外仓,极大地提升了商品的周转效率,提升了竞争力。

### (二) 速卖通运营的内容

**1. 关注数据纵横**

(1) 查看昨日店铺数据。与优秀同行做对比,知道自己店铺在行业中现处地位;查看店铺数据每日的涨跌状况,掌握店铺的总体发展状况趋势,和行业总体作一对比,掌握总体行业状况趋势。

(2) 访客分布＞引流关键字。知晓店铺现在的引流关键字(这些关键字是免费流量的核心来源),做到心中有数。对这些关键字进行重点关注,同时可以开拓其他引流关键字。

(3) 流量地图＞流量来源分布。

①主要关注产品搜索,站内免费流量。产品搜索升降关系到关键字的排名问题。免费流量关系到店铺受到阿里的扶持程度(经常更新,产品打标"新品""爆款""镇厂之宝"都会获得相关位置推荐,客流越大的店铺得到的扶持越多,免费流量越多)。

②流量入口分布。掌握店铺 TOP5 的引流产品页面,要对这些产品重点关注,加强推广和优化。

③店铺内流量分布。掌握各个页面的跳出率和相关导向,对薄弱页面进行针对性优化。

(4) 工具＞产品排名查询。查询自己店铺主要的关键字排名情况,以便针对优化。

**2. 上新产品**

上新产品之前,主要用阿里指数筛选产品的相关词、属性;用阿里首页搜索结果筛选产品定价,做到心中有数。最好手工上传商品,确保产品的星级质量,属性完整,主图不重复,开启智能导购、价格区间,重点产品 alt 标签优化,免费拿样,关键字不堆砌及切中核心,5 星级标准。

**3. 新品加橱窗推荐**

阿里对于新品的权重有 3～7 天的加权期,排名靠前,上新产品后,需要自己手动调整新品橱窗,等于是给新品加权(如果三天内无排名,可考虑竞争力不强,予以橱窗下架),这样新品的权重就很高了,要通知老顾客下单,给新品一定的销量权重。

**4. 限时折扣**

新品必加促销,一是增加曝光,二是促进转化,三是增加店铺气氛(卖家交易管理＞限时促销设置)。

**5. 活动申报**

进入专场活动,查找可报名活动,挑选重点推广产品进行报名。

**6. 店铺布局、促销**

查看店铺促销活动是否过期,布局板块是否需要更新、改动,是否有无效的链接和模块,进行补充修正。

**7. 速卖通无线端**

(1) 新品占位,新品不仅要在计算机端给曝光、给权重,无线端更要着重看待。

(2) 重点产品，高点击率产品布局（生意参谋＞产品效果：高曝光、高点击率产品），提升转化，提升无线端权重。

(3) 无线端促销，针对无线端优惠，是否过期，及时补设。

**8. 友情链接**

寻找相关店铺做友情链接，不必太多，也不必强求，最好找相关行业。

**9. 生意经，商友圈，个人专栏**

要尽量完成生意经的问答，商友圈的发帖，个人专栏博客的撰写。想尽各种渠道、各种方法，去推广自己的店铺、博客、圈子，做到凝聚人脉、稳固人流。

**10. 竞争对手研究**

竞争对手研究是每天最重要的工作之一。对竞争对手的店铺布局、活动策划、产品数据、质量、排名、标题、详情页内容、推广渠道，深入研究分析，可以借鉴，但是不要照搬抄袭。有时候，个人的思路比较狭隘，借鉴同行可以拓展思路，修改补进不足之处。

**11. 学习、互助**

多添加商友圈、旺旺群、QQ 群，利用时间解决他人的疑惑，推广树立形象。多学习，多补充，利用一些时间给自己补充能量。

### (三) 速卖通运营的三个核心数据

成交转化率、购买率、浏览-下单转化率是速卖通平台在数据分析时必不可少的三个核心数据。很多卖家没意识到这几个比率的重要性和具体内涵，常常对这些数据视而不见，导致店铺运营无法突破瓶颈，营业额长时间无法得到提升。

**1. 成交转化率**

成交转化率是指关键词带来的成交转化率，即成交订单数/搜索词数。成交转化率是买家搜索某关键词后，成交的可能性，数值越高，成交的概率越大。这个指标分布在实时风暴里，在商机发现的搜索词分析里面也有展示，产品成交转化率的高低对于这个产品的成交有着直接的反应：哪些搜索词成交转化率高，可以在产品标题和详情里重点突出，在直通车中要充分利用成交转化率高的关键词，对于低成交转化率的搜索词要及时在产品标题中进行修改和优化，不断提高这一比率。成交转化率的高低也影响产品在搜索引擎中的排序，这一数据指标权重非常大。

**2. 购买率**

购买率是指下单买家数/商品页访客数，这一指标在商品经营看板和首页店铺 30 天趋势数据里面展示，购买率是反应店铺整体产品质量（这里的质量是指产品描述、性价比、图片、关键词、ODR 等数据，不是这个产品本身的使用质量）运营状况的核心指标，购买率越高，说明店铺的产品综合质量越高，搜索引擎会对购买率高的店铺给予较大的流量倾斜，这也是为什么很多时候，不同的卖家销售同一款产品，常常出现价格高的销量比价格低的销量多得多。同一个卖家在不同店铺销售同一款产品，相似的描述，相同的关键词，因为购买率不同，结果销量有很大差别。

**3. 浏览-下单转化率**

浏览-下单转化率是指统计时间内下单买家数/访客数，即来访客户转化为下单客户的比例。这一数据对店铺的影响有点类似购买率，但是有很多差别。浏览-下单转化率反映在商铺概况的核心指标分析和商铺分析中，Aliexpress后台不但统计店铺的浏览-下单转化率，也在商品分析中统计每个产品的浏览-下单转化率，而购买率只反映整个店铺的购买率，不统计单个产品的购买率。单个产品的浏览-下单率越高，搜索引擎会认为这个产品与搜索者的匹配度越高，展示价值越高，同一款产品，相同的描述和图片，相同的价格，搜索引擎会把搜索者引导到浏览-下单转化率高的产品上来。

### （四）速卖通运营的思路

#### 1. 做好产品布局，优化产品结构

铺货时代已经过去了，现如今的卖家再想凭借多发布产品来获取更多流量已经不可能了。在新形势下，一定要做到优化产品结构，重点打造爆款和爆款群。若是盲目铺货、胡乱上新，只会让你的店铺没有动销率。

#### 2. 分析市场需求，提高产品质量

以前的主流跨境eBay已经因为整个平台产品品质不高慢慢降低市场份额，Amazon则因为产品品质和物流时效得到越来越多顾客的青睐，速卖通最近几年通过广告和低价策略，从新兴国家市场拔得头筹，但下一步的发展，对产品品质方面的要求会越来越高，只有高质量的产品才有出路，这也符合速卖通从淘宝模式向天猫模式转变的需求。而我们在产品的选择的时候，一定是符合市场需求的优质产品。

#### 3. 精细地优化店铺

店铺优化包括产品详情页、速卖通店铺装修、关联营销、店铺活动等。要充分结合各方面因素，打造出风格独特、有吸引力的店铺，如果说把产品上架就有订单，那么以后则需要想办法让客户在你的店铺里面待更长的时间，购买更多的产品。

#### 4. 利用速卖通平台活动

速卖通平台是四大电商平台中活动最多的。速卖通为每次大促活动的引流，耗资巨大，成交也明显。作为卖家一定要熟练地掌握并且充分利用平台的各种规则，把流量引入自己的店铺，通过详情页转化为实际的销量。这是店铺，免费获取流量最简单有效的办法。

#### 5. 做好客户管理，提高回购率

以前整个速卖通平台大部分卖家的好评率都不太高，因为价格低，产品质量比较劣质，客户的体验不是很好；后来速卖通平台屡次改革，客户体验所占的搜索权重被逐步提升。这就意味着，提供的客户体验越好，店铺的好评率越高，回购率越高，可以获得的曝光量和流量才会越多，成交的概率才越大。商业活动终究是要回归商业的本质，而客户体验无疑是商业行为能够持续的根本。

#### 6. 直通车和联盟营销

当卖家越来越多，这块蛋糕被越来越多的人分享的时候，大环境就会优胜劣汰，站内流量明显不足时，想运营好一个店铺，就必须主动出击，结合自己可利用的资源，主动从站外引流到自己的店铺，比如直通车、联盟营销、社交营销（Facebook，Twitter，YouTube）都是不错的流量来源，已有不少卖家通过主动引流的方式得到了显著的销量拉升，而这就要考验卖家的站外营销能力了。

### 三、速卖通的支付与结算

#### (一) 速卖通的支付

当前速卖通平台支持 20 多种海外支付方式,买家可以根据自己国家或地区的使用习惯进行选择。

**1. 国际信用卡**

速卖通目前支持 VISA、MasterCard、美国运通卡(American Express)等多种信用卡支付。

**2. 国外电子钱包**

速卖通平台支持多国的电子钱包。中国有支付宝、微信钱包和银联支付,国外很多国家也有自己比较常用的本地支付,如俄罗斯的 Qiwi Wallet、Web Money,印尼的 Doku Wallet 德国的 Sofortbanking,巴西的 Boleto。

(1) Qiwi Wallet。Qiwi Wallet 是俄罗斯最大的第三方支付工具。Qiwi Wallet 类似中国的支付宝,俄罗斯买家可以对 Qiwi Wallet 进行充值,再到对应的商户网站购买产品。Qiwi Wallet 是俄罗斯人非常信任的支付方式,支持 USD/RUB/EUR/KZT 四个币种的付款。商户初次申请 Qiwi 收款账户需要 7~10 个工作日。

Qiwi Wallet 的优势在于,其拥有较完善的风险保障机制。不同于 PayPal 或信用卡有 180 天的"风险观察期",Qiwi 不存在 Chargeback 风险。卖家收到客户的 Qiwi 款项后,不需要进行订单审核和风险控制就可以直接安排发货了。

Qiwi Wallet 的劣势在于收款金额有限制:每笔交易额不能超过 15 000RUB,每日交易额不能超过 2 万美元。同时,其初始收款手续费率稍高,一般在 4% 左右。

(2) WebMoney。WebMoney 成立于 1998 年,是俄罗斯最为普及的第三方支付工具之一,相当于俄罗斯的支付宝,全球用户约有 1 900 万。WebMoney 是国外极少数注册门槛低(使用中国公民的身份证即可)的电子钱包。全球应用场景包含手机充值、游戏及互联网在线充值、在线购物。

WebMoney 系统中有不同货币的电子钱包:WMR——俄罗斯卢布、WM——美元、WME——欧元、WMU——乌克兰格里夫纳、WMB——白俄罗斯卢布、WMG——存放在认证存储区的黄金仓储单、WMV——预付费的越南盾。

(3) DOKU Wallet。DOKU Wallet 是印尼当地主流的一种电子钱包支付。DOKU 成立于 2007 年,是印尼最早也是第一大支付服务商,并且是印度尼西亚首家提供风险管理系统的公司。DOKU 目前已获得 PCI 国际安全认证和印度尼西亚银行的监督。

DOKU Wallet 类似中国的支付宝和微信,旨在取代印尼现金支付,让消费者能够在线轻松完成付款。目前,DOKU 接受 23 种付款方式,其中 18 种来自银行,其余为非银行业务。DOKU 与印度尼西亚的 20 多家银行和金融机构建立了联系,为商家提供了一种全面的付款方式,包括信用卡付款、银行转账、电子钱包及在指定便利店的线下付款。DOKU 的服务由基于机器学习的风险引擎提供支持,以预测各种形式的威胁或在线欺诈。

**3. 国外网银在线支付**

(1) Sofortbanking。Sofortbanking 是德国主流的在线银行转账支付方式,支持德国、奥地利、比利时、荷兰、瑞士、波兰、英国及意大利等国家的银行转账支付。Sofortbanking通过集成各个国家的银行支付系统,为电子商务提供了一个便捷、安全、创新的在线支付解决方案。

目前已经有超过3万家商家集成了Sofortbanking支付,覆盖电商、航空,以及各种在线服务类行业,如DELL、Skype、FaceBook、KLM Royal Dutch Airlines、Emirates等都支持Sofortbanking支付。另外,中国航空在2012年也支持了Sofortbanking支付。

在欧洲,使用Sofortbanking在线支付最多的国家是德国,其次是奥地利、比利时、瑞士、荷兰、英国、波兰、意大利、法国、西班牙、匈牙利等国家。

(2) iDEAL。iDEAL是荷兰当地主流的一种在线支付。2005年,荷兰的几大标志性银行一起提出并开发这个支付系统,2010年已有超过7 000万用户。在荷兰,超过1 300万参与银行的客户使用iDEAL,无需注册,使用iDEAL,用户只要拥有银行的账户便可直接网上操作。这种支付方式在荷兰的市场占比甚至超过了支付宝在中国的市场占有率,在荷兰实际使用率超过80%,荷兰人非常喜欢使用iDEAL。iDEAL支持当地大部分主流银行,如ABN AMRO、ASN Bank、Bunq、ING、Knab、Rabobank、RegioBank、SNS Bank、Triodos Bank、Van Lanschot。

(3) Przelewy24。Przelewy24是波兰当地比较主流的在线银行转账支付方式。其与波兰大部分银行都有合作,支持多种银行之间进行转账。买家可以通过使用Przelewy24在线转给卖家完成支付。Przelewy24与Certo支付网关合作,Certo是世界一流的安全在线交易和快速响应的支付在线系统。

### 4. 银行转账及其他支付

Boleto是巴西本地最常用的支付方式,由于巴西的在线信用卡支付使用率不高,国内在线支付主要是通过银行转账和Boleto支付,Boleto是由多家巴西银行共同支持的一种使用Bar Code识别码的支付方式,在巴西占据主导地位,客户可以到任何一家银行或使用网上银行授权银行转账。

### (二) 速卖通的结算

在速卖通平台经营的商家必须注册国际支付宝,这是商家的收款钱包。在速卖通平台上,每一个订单完成后,订单的付款将进入国际支付宝账户。

作为一个跨境电子商务平台,速卖通将接收来自不同国家的货币。将这些货币兑换成人民币非常麻烦。但是使用国际支付宝,对于每一笔支付,速卖通平台都会根据当时的比例自动将其转换成人民币,并发送到商家的支付宝账户。

国际支付宝分为人民币收款账户和美元收款账户。平台根据买家不同的支付方式,由不同的收款账户接收交易款项。

(1) 买家通过信用卡支付时,根据国际支付渠道不同,款项会以美元或人民币的形式进入国际支付宝账户,然后分别美元提现和人民币提现。

(2) 买家通过T/T银行汇款支付时,款项将以美元的形式放款到客户的国际支付宝账户。也就是说,买家采用不同的支付方式,其货款将打入客户不同的收款账户。

### 任务实施

步骤一:根据公司的要求选择合适的速卖通账号类型进行店铺的创建。

步骤二：速卖通店铺主页的优化。
步骤三：通过选品网站进行速卖通商品的选品（或利用自有商品）。
步骤四：对商品页面进行优化。
步骤五：进入速卖通运营环节，积累运营经验。

## 一体化设计

### 一、选择题

1. 速卖通的店铺类型由（　　）构成。（多选）
   A. 速卖通专卖店　　　　　　　　B. 速卖通旗舰店
   C. 速卖通官方店　　　　　　　　D. 速卖通专营店

2. 速卖通数据纵横主要关注项有（　　）。（多选）
   A. 查看昨日店铺数据　　　　　　B. 访客分布＞引流关键字
   C. 流量地图＞流量来源分布　　　D. 工具＞产品排名查询

3. 速卖通的核心指标为（　　）。（多选）
   A. 跳失率　　　　　　　　　　　B. 成交转化率
   C. 购买率　　　　　　　　　　　D. 浏览-下单转化率

### 二、判断题

1. 速卖通官方店可以开设 1 家，专卖店可以开设多个。（　　）

2. 如速卖通卖家实际经营未满 1 年的，且不存在任何违约及违规情况被关闭账号的，速卖通将根据实际入驻的期间（按自然月计算），重新计算应缴年费，并退还未提供服务期间的年费。（　　）

### 三、简答题

速卖通运营内容有哪些？

## 任务四　掌握 Wish 平台的运营技巧

### 任务描述

小王是跨境电商公司的运营岗员工，最近企业需要拓展业务，计划开始 Wish 平台的业务，由于 Wish 平台主要采用推荐机制，对于适应搜索引擎机制的小王来说，Wish 完全是一个新的事务。在接下来的时间，小王要学习如何开始 Wish 店铺，进行选品、上传产品、广告投放、运费设置、文案等工作。

### 任务分析

小王需要在 Wish 官网创建店铺，注册成功后需要完成实名认证、选择店铺类型、缴纳预缴注册费、选品、上传产品、广告投放、运费设置和文案等工作，并在运营中逐步积累经验。

> 知识要点

## 一、Wish 认知

### （一）Wish 发展历程

Wish 由来自谷歌与雅虎的工程师 Peter Szulczewski 和 Danny Zhang 于 2011 年在美国创立，是一家专注于移动购物的跨境 B2C 电商平台。平台根据用户喜好，通过精确的算法推荐技术，将商品信息推送给感兴趣用户。

2013 年，Wish 成功转型跨境电商，到 2013 年 12 月，仅 9 个月平台交易额就达到 1 亿美元。

2014 年，Wish 在中国上海静安 CBD 成立了全资子公司及中国总部，并在中国展开了大规模的招商活动。

2015 年，Wish 由单一的 Fashion 品类发展到全品类产品销售，上线了 Mama、Home、Geek 和 Cute 四个 App，这也是 Wish 向着垂直 App 发展。

到 2016 年，Wish 平台 GMV 增幅达到 100%，营收收入增幅超过 200%，推广费用降低了 80%，注册用户超过 3.3 亿，日活跃用户超过 700 万。

2017 年 3 月，Wish 推出以"星工厂、星青年、星服务、星卖家、星技术"为内容的"五星计划"；到 8 月，Wish 平台已有 33.8 万的独立注册账号（商户），平台有 4.2 亿的注册用户，日活跃用户超过 1 000 万，月活跃用户为 7 000 万，活跃 SKU 达 1.5 亿个。

Wish 在 2018 年前三季度月均下载量同比上升约 50%，其中主要国家美国、巴西、法国、德国、英国、意大利、加拿大、澳大利亚、荷兰、瑞士 10 国占比 50% 以上，平台成功入驻商户数同比上升 20%，活跃商品数量实现超过 123% 的增长。2018 年，美国消费者中已经有超过 80% 的人开始使用移动端 App 进行线上购物，这对于基于移动端市场的 Wish 来说是巨大的发展利好。而到 2024 年，预计美国市场上 68.7% 的线上购物将通过移动端实现，累计销售额将超过 5 800 亿美元，比 2019 年翻一番。

2019 年，Wish 平台在商户支持方面推出了多项政策和项目，从店铺发展到流量支持，全方位提升支持力度。店铺排名（Merchant Standing）项目向优质商户倾斜更多流量，帮助商户持续发展。预缴注册金免缴福利、新产品可享有更多渠道流量支持的政策，让新商户、新产品迎来更多发展机遇。"清晰图片"功能在清晰展示产品的同时，Wish 将帮助产品在外部网站或广告平台获得更多潜在流量和销售。"部分退款"功能的正式上线，尽可能地帮助商户挽回退款带来的损失。同时，Wish 也积极拓展更多国家市场，新增配送至 59 个国家（或地区），2019 年 Wish 已经可以在 100 多个国家开展销售。

2020 年，Wish 在美国、加拿大、欧洲、巴西等国家和地区实现了健康的发展与积极的成长。Wish 在巩固现有市场发展的同时，加速推进拉丁美洲、东南亚、中东欧、南非、埃及等潜力新兴市场的开发。同时，加大了平台产品品类的拓展，包括鞋靴、兴趣爱好、美妆个护、家居用品、汽车配件等热门的蓝海品类，尤其是品牌产品、优质的 DIY 产品。

### (二) Wish 特点

Wish 从创立之初就是一个特殊的存在,区别于其他购物平台,具有比较鲜明的特点。

#### 1. 专注于移动端

作为一个电商新手,Wish 完全没有 PC 端购物平台的设计经验,这也使 Wish 能够不带任何思想包袱地开拓移动端市场。移动端最大的特点就是"随时随地随身",进而带来碎片化需求:某个手机用户可能仅仅是想在等电梯的 30 秒内在购物 App 上逛逛。这个时候,如果能够了解用户偏好,并据此推荐相关商品给用户,则能够极大地增加用户"冲动性"下单的可能性。这就是 Wish 的模式。

对于在 2011—2015 年的跨境电商企业来说,正处于从 PC 端到移动端迁徙的时代。然而,能够摆脱传统 PC 互联网思维束缚,完全专注于移动端发展的平台少之又少。我们看到 Amazon、eBay、速卖通都已经在推广移动端 App 了,但这些移动应用都基本沿用了 PC 时代的思维,最多就是在交互设计方面进行了屏幕适应性调整。

从某种程度上讲,Wish 跟 Amazon 等购物网站一样,为买卖双方提供了一个商品交易平台;Wish 跟 Wanelo 等社交导购网站一样,能够为用户推荐其喜欢的商品;Wish 跟 Pinterest 等社交图片网站一样,以一种瀑布流的方式为用户展示了很多精美图片。然而,Wish 综合了以上三类网站的特点,并发现了自己独特的定位:

(1) Wish 有更多的娱乐感,有更强的用户黏性。Amazon、eBay 等平台是由 PC 端发展起来的传统电商,更多的是注重商品的买卖交易;Wish 虽然本质上也是提供交易服务的电商平台,但其专注于移动端的"算法推荐"购物,呈现给用户的商品大都是用户关注的、喜欢的,每一个用户看到的商品信息不一样,同一用户在不同时间看到的商品也不一样。

(2) Wish 不依附于其他购物网站,本身就能直接实现闭环的商品交易。作为社交导购网站,用户在 Wanelo 发现自己喜欢的商品后,如果需要购买,则会跳转到相应的购物网站上,无疑妨碍了购物体验。在 Wish 平台上,用户在浏览到自己喜欢的商品图片后,可以直接在站内实现购买。

(3) Wish 提供商品的购买服务。在 Pinterest 上,用户可以收集并分享自己喜欢的图片,如果想要拥有图片上的商品,则只能通过其他渠道去购买。Wish 上面也有大量的精美商品图片,但只要用户喜欢,便可以随时购买拥有。

这就是为什么 Wish 能够在硅谷众多的初创企业中脱颖而出,成为移动端平台的一匹"黑马",让 Amazon、eBay 这样的电商鼻祖也能为之一惊。

#### 2. 推送算法

Wish 通过精确的算法推荐技术,将商品信息推送给感兴趣用户,是智能推送和千人千面的结合。Wish 主要通过对买家的分析,包括喜好、性别、年龄、收入等给买家设置相应的标签,例如,买家在 Facebook 上交流、动态分享等都会成为 Wish 上的数据基础。

#### 3. 低价引流策略无效

Wish 平台以"90 后"为主力的消费人群更希望得到优质的服务,低价引流在 Wish 平台是无效的,薄利多销不适合 Wish。如果以低价即低质低服务的思维运营,Wish 的客户会让卖家怀疑人生。若想以微薄的利润为借口降低服务质量,客户也决不答应。

## 二、Wish 运营特点

### （一）适合人群

#### 1. 新人

新手卖家选择做 Wish 平台有三个优势：第一，Wish 的后台操作，上传产品、广告投放、运费设置和文案要求相对简单；第二，Wish 物流以自发货为主，相对投入较低；第三，符合算法规则，较容易出单，出单较稳定。

#### 2. 具备一定经验

Wish 平台更适合具有一定经验的经销商、B2C 企业、品牌经销商，较适合走精品路线，如果商家有优质且独特的产品，加之成熟的运营团队，能够在 Wish 平台做得风生水起。

### （二）客户特点

Wish 的主要市场是北美地区，客户群体比较集中，客户人群主要以年轻人为主，对服务和质量要求较高，对新奇的产品比较感兴趣。卖家进入 Wish 市场后可进行精准营销，但产品价格不宜定价过高。

### （三）推荐算法的依据

Wish 平台是一个推荐型购物 App，直接将商品推荐给客户。Wish 利用自己独特的预算规则将商户的商品精准推送到客户面前，而不被动地依赖消费者搜索，力求给消费者带来便捷的购物体验，从某种意义上说，让产品附有了主动积极性，而不再被动地等待。推送的依据如下：

（1）违规率：是否为诚信店铺，仿品率要小于 0.5%。

（2）迟发率：履行订单的时效、订单上网的时效。

（3）取消率：由于各种因素导致商户取消交易和消费者取消交易，都是存在问题的。

（4）有效的跟踪率：物流渠道的问题。

（5）签收率：若是能在规定的时间内签收的，会增加权重。

（6）订单缺陷率：缺陷有中评、差评、投诉、纠纷。

（7）退货率：产品销售后又因为各种原因被退回的，其数量与相同时期销售产品的总数之间的比率。

（8）退款率：产品销售后又因各种原因被退款的，其次数与相同时期销售订单的总数之间的比率。

（9）反馈及时率：收到客户给发的消息，一定要及时尽快地回复。

（10）推送转化率：这个指标数值的高低体现了经营的状况。

以上各项就是 Wish 平台推送产品依据的核心维度，满足的依据越多，系统就会越多地推送，会判断卖家是一个好的商户，这就是很多商户反映某天会看到店铺流量暴增的原因。如果商品推送转化率不达标，系统就不会在不受欢迎的商品上浪费太多的时间，会把推送的机会转给下一位符合该条件的商品，所以就会出现流量图似坐过山车一般的景象。出现这样情况的时候要引起警惕了，要重新定位产品的策略，调研并开发上架受欢迎的商品或优化商品。

### (四) Wish 运营的技巧

#### 1. 以买家角度审视产品

Wish 平台是一个以买家为导向的平台，基于 Wish 的推送算法，买家的行为习惯和偏好决定了产品能否卖好。卖家必须从买家的角度审视产品，理解客户人群的行为习惯，去深刻了解产品在前台展示是什么样的，卖家在上传产品时才能更符合买家浏览习惯，更有侧重点。

#### 2. 着重做好考核项

Wish 卖家要优先了解诚信店铺的几个考核项：仿品率，有效跟踪率，延迟发货率，30 天平均评分，63 天至 93 天退款率。需要警惕的是仿品，Wish 历来十分重视诚信经营，对于侵权行为是零容忍，严厉打击。有效跟踪率是 7 天内被 Wish 抓取到的物流信息，它和延迟发货率一样是对发货速度的考察。平台要求产品在 4 天内物流要上网，但会存在平台没有及时被 Wish 系统抓取到的情况，这种情况下，卖家可以重新填写一下跟踪订单信息。30 天平均分要保持在 4 分以上，这其中涉及的重点无非两点：质量和物流；产品质量是根本，物流是体验。因此，卖家应在保证产品质量的前提下，实现物流方式的灵活多样化。如果 63 天至 93 天退款率超标了，只能是卖家慢慢纠正，随着时间的推移，能够恢复。

#### 3. Wish 精品策略

Wish 的选品极其重要，平台本身致力于精品策略。对于新手卖家而言，可先选一两个类目先做，做自己熟悉的类目，切忌类目过杂。而后跟着市场走向，选择最新产品及迎合市场需要的产品。一定要努力地打造几款精品产品。

#### 4. 选择最看好的产品去做 PB

卖家没有必要所有产品都做 PB，要明确考虑选择哪个产品，为了节省成本，选择自己最看好的产品去做。选择做 PB 的产品，一般可以参考其他平台的爆款；社交平台（如 Facebook、Twitter、Instagram 等平台），出现的流行趋势；季节性的产品；新奇个性的产品。比如当下的流行趋势产品，卖家可通过关注外贸平台产品或国外时尚新闻来总结流行趋势。

#### 5. 根据收货地和时效合理安排物流

Wish 物流分为平邮、挂号和专线物流，卖家可根据自己产品利润空间和各个地区的发货时效要求来选择。在选择物流方式时，卖家可根据产品特点、目标客户国家、时间来综合考虑所选择的物流。

#### 6. 出单稳定及利润高的产品可选择海外仓

当店铺做到一定程度后，卖家可考虑海外仓。卖家可从官方海外仓和自建海外仓中选择。在做海外仓之前，也要结合产品特点来选择哪些适合做海外仓。低价产品因为难以保证利润，是不适合做海外仓的。一般，海外仓瞄准的产品一般为持续出单的产品，并且，持续出单越久，风险越小。

### 任务实施

步骤一：在 Wish 官网创建店铺，注册成功后需要完成实名认证。

步骤二：选择店铺的类型，缴纳预缴注册费。

步骤三：通过选品网站进行 Wish 商品的选品（或利用自有商品）。

步骤四：上传产品，广告投放，运费设置，文案。

## 一体化设计

### 一、选择题

1. 新手卖家选择做 Wish 平台具有（　　）优势。

A. Wish 平台回款周期快

B. Wish 的后台操作、上传产品、广告投放、运费设置和文案要求相对简单

C. Wish 物流以自发货为主，相对投入较低

D. 符合算法规则，较容易出单，出单较稳定

2. Wish 独特的定位是（　　）。（多选）

A. Wish 有更多的娱乐感，有更强的用户黏性

B. Wish 适合年轻人的消费

C. Wish 不依附其他购物网站，本身就能直接实现闭环的商品交易

D. Wish 提供商品的购买服务

### 二、判断题

1. Wish 平台是一个推荐型购物 App，适合采用铺货的销售形式。（　　）

2. 低价引流在 Wish 平台是无效的，薄利多销不适合 Wish。（　　）

3. Wish 的选品极其重要，平台本身致力于精品策略。对于新手卖家而言，可先选择一两个类目来做，做自己熟悉的类目，切忌类目过杂。（　　）

### 三、简答题

Wish 推荐算法的依据有哪些？

## 任务五　掌握 Shopee 平台的运营技巧

### 任务描述

Shopee 是东南亚跨境电商平台中一个比较热门的平台。由于该平台仍处在发展期，Shopee 的准入门槛不高，竞争不太激烈，有自己的特点，所以，入驻 Shopee 平台拓展东南亚市场成为很多跨境电商企业的发展目标。小金是一家跨境电商企业运营岗位员工，精通跨境电商业务，目前准备着手入驻 Shopee 的事宜。在接下来的时间，小金要进行选择 Shopee 站点、开通店铺、上新商品、确认物流与支付信息、店铺装修等工作。

### 任务分析

小金需要选择 Shopee 站点、开通店铺、上新商品、确认物流与支付信息、店铺装修。

> 知识要点

## 一、Shopee 认知

Shopee 成立于 2015 年，是东南亚主要购物电商平台之一，覆盖新加坡、马来西亚、菲律宾、印度尼西亚、泰国、越南和中国台湾等市场，拥有 6 亿用户，由腾讯投资占股 40%。2018 年，Shopee App 在 C2C 市场全球下载量 No.1，成为东南亚访问量最大且唯一流量呈正增长的电商平台。

### （一）Shopee 深耕新兴市场

Shopee 是面向新兴市场的主要购物平台，深耕传统的东南亚和中国台湾市场，保持航领者的角色。在 App Annie 2020 年报告中，Shopee App 上榜印度尼西亚、越南、马来西亚、新加坡、泰国、中国台湾等市场 2019 年度热门应用月活跃用户数或下载量排行榜前十位，为购物类 App 中的第一名。Shopee 大力发展移动端 App 的战略精准匹配当前趋势，Shopee App 已成为印度尼西亚市场下载量、月活跃用户数第一的电商平台，以及印度尼西亚 2019 年度"突破"销售 App 榜单第一名。2019 下半年 Shopee 登陆巴西，短短 1 个月内就荣获 Google Play 购物类 App 下载榜第一名。

Shopee 有效预判了东南亚及南美等新兴市场的巨大潜力，依据每个市场特性制订本土化运营方案，以迎合不同市场消费者的独特需求。在印度尼西亚等头部市场的规划布局，不仅为 Shopee 带来了先驱优势，同时也占据了往后长期的市场控制力，有力把握住了当地市场移动端快速崛起的机遇。

### （二）注重用户体验

Shopee 注重用户的体验，努力打造优秀移动体验，不断推出各项 App 内服务，更好满足了当地消费者移动 App 购物需求。Shopee 页面简洁、反应快速、平台产品丰富、价格低，非常适合新兴市场用户的需求。

Shopee 个性化列表"Shopee Feed"，用户可关注喜爱的店铺并浏览卖家新发布的动态及上架的产品；内置即时通信功能"聊聊"，则可帮助买方直接、快速地得到卖方回复，卖方也能与客户建立更深层的关系。Shopee 利用社交流量提升店铺转化率。Shopee 平台支持将产品链接分享到 Facebook 和 LINE。Shopee 上线了专门的"逛逛"界面，用户可在界面上看到自己或朋友关注的店铺及新品推荐、好友点赞的产品和系统推荐的产品。

### （三）注重年轻用户需求

Shopee 吸引年轻用户的关键在于构建引人入胜的移动体验、优化使用流程、提供个性化服务功能，对用户获取产生促进作用。Shopee 在全年大促中上线多重互动游戏，2019 年双十一大促为用户提供互动性购物体验，包括首个虚拟（AR）游戏 Shopee Catch。Shopee 应用内游戏在三周内的游戏次数超过 1.5 亿万次，而 Shopee Live 播放次数达 6 500 万次。这些新颖的互动形式，吸引了海量年轻用户。在新兴市场，年轻消费群体是主要的移动用户群体，也是主要的消费群体。Shopee 面向年轻群体开发和优化设计，吸引用户的同时也增加了客户黏性。

### (四) Shopee 各站点的特点

#### 1. Shopee 新加坡

新加坡是东南亚六国中经济最发达的国家,也是电商基础配套设施和消费者收入、消费能力最强大的国家。新加坡网络就绪指数 Network Readiness Index(NRI)全球排名第一,智能手机普及率也是全球第一。但是新加坡国土面积小,人口总量相对于其他五国较少。Shopee 新加坡客户主要是年轻男性和女性,服饰鞋帽类、家居类是热卖爆品品类。

#### 2. Shopee 马来西亚

马来西亚人口 2000 多万,经济和基础设施相对发达,电商在当地发展也不错,预计到 2025 年,马来西亚的电商市场规模将达到 180 亿美元,是较佳的市场。马来西亚人主要使用智能手机上网,Shopee 不断改善 App 用户体验,抢占了马来西亚移动端市场和流量。马来西亚是多种族国家,马来人和华人是主要种族,针对不同的种族文化,Shopee 在 Facebook 推出了不同的推广方案,赢得了很多关注。

#### 3. Shopee 印度尼西亚

印度尼西亚是东南亚六国中人口最多的国家,人口居世界第四位,也是东南亚最大的经济体。据预测,到 2030 年印度尼西亚可能成为全球第七大经济体。相较于其他亚洲新兴经济体来说,印度尼西亚拥有巨大的电子商务发展空间。印度尼西亚手机用户规模持续扩大,手机覆盖率达 124.3%,是全球第四大移动市场,位于中国、美国、印度之后。印度尼西亚早在 2015 年推出 4G 网络服务。

#### 4. Shopee 泰国

泰国人口总数多达 6 911 万,拥有广阔的消费市场,电商发展态势向好。据估计,到 2025 年泰国电商市场将达 111 亿美元,位居东南亚第二位。Shopee 泰国热销品类主要是女包、女装、美妆、家居和电子产品类。

## 二、Shopee 运营技巧

Shopee 平台是一个以铺货为主的平台,薄利多销。国内卖家在 Shopee 开店做跨境电商,通常会采取多个店铺经营,即店群的经营方法。这种经营方法能够帮助卖家尽快铺货,并且能够获得店铺运营更多的数据。

### (一) 每日上新是每日工作重点

作为刚进入平台的新手 Shopee 卖家,每天都需要坚持上新,并且保持循序渐进。建议 Shopee 卖家每天至少上传 15 个产品,月均上新数量不低于 500 个。如果店铺产品数量少于 500 的卖家,每天最好能上传 20~30 个产品;店铺产品数量多于 500 的,每天可以保持上传 15~20 个产品的速度。上新过程中,新手卖家要注意避免一次性上传太多产品而被禁卖,可以进行定时更新分时间段发布,同时可在上新前 7 天内进行 20% 的折扣。前期,产品可针对性进行低价引流,可将店铺 10% 的产品用来做低价,但折扣要在产品上新前就预备好。

不同目标市场国的最佳上新时间段不同,上新时要规划好最佳上新时间段。印度尼西亚买家就是午间活跃型,一般在印度尼西亚 11 点至 13 点最活跃。新加坡用户就是属于晚间活跃型,在当地时间 22 点至 24 点最活跃。而泰国、越南、菲律宾就是属于午间、晚间双重活跃型，当地时间的 11 点至 15 点，20 点至 22 点最为活跃。

### （二）站点地区买家群体的区分

Shopee 卖家不同站点的店铺，所面对的买家群体也会有不同，如消费水平、宗教信仰、消费习惯等，因此在进行店群运营的时候，不能对所有站点的店铺都采取一视同仁的态度，要考虑到其中的区别，人文环境、消费水平、市场情况，多个角度去考虑，如信仰伊斯兰教的不吃猪肉、有的地区会有开斋节等，这都是因为其当地的风俗习惯所带来的差异，如果不考虑其中的差异，Shopee 店铺是不容易做起来的。

### （三）做好店铺的装修

店铺的装修是卖家专业性的一种体现，同时也是视觉营销的主要方式。从实际情况分析我们可以知道，销量靠前的店铺，往往店铺的装修都比较时尚化、比较专业，可以给买家良好的视觉感受。对于一个好的店铺装修来说，需要考虑到自己的店铺所主打的风格，并且突出自己想主要呈现出来的一种效果，并且在此基础之上，再结合买家的审美需求，进行优化，店铺装修效果自然也会更好。

### （四）了解 Shopee 的各国物流情况

Shopee 有着自己的物流体系。店铺出单以后，贴上面单后发到 Shopee 的指定仓库（现如今深圳、上海、广州、义乌等都有 Shopee 的指定仓库），送到 Shopee 的仓库后，Shopee 的物流会负责把产品送到买家的手里。

#### 1. Shopee 新加坡物流

对于中国大陆地区卖家，Shopee 新加坡的跨境物流主要使用 Shopee 自有渠道 SLS（Shopee Logistics Service），同时还通过第三方渠道为卖家提供 B2C 海运服务。

#### 2. Shopee 马来西亚物流

对于中国大陆地区卖家，Shopee 马来西亚的跨境物流主要使用 Shopee 自有渠道 SLS（Shopee Logistics Service），同时还通过第三方渠道为卖家提供 B2C 海运服务（仅西马）。

#### 3. Shopee 印度尼西亚物流

（1）物流服务。对于中国大陆地区卖家，Shopee 在印度尼西亚的跨境物流服务主要使用 Shopee 自有渠道 SLS（Shopee Logistics Service）。建议原来使用 SLS Standard Express 渠道的卖家切换为 SLS Standar Ekspres 渠道。

（2）COD（货到付款）服务。SLS 印度尼西亚支持 COD（货到付款）与非 COD（非货到付款）两种支付方式。非 COD 包裹需由买家下单时在线上完成货款和运费的支付，可以使用信用卡、银行转账等方式；COD 包裹则通过物流供应商向收件人收取货款和运费，买家下单后无需任何线上支付动作。

#### 4. Shopee 泰国物流

（1）物流服务。对于中国大陆地区卖家，Shopee 泰国的跨境物流主要使用 Shopee 自有渠道 SLS（Shopee Logistics Service），同时还通过第三方渠道为卖家提供大件物流服务。

（2）COD（货到付款）服务。SLS 泰国支持 COD（货到付款）与非 COD（非货到付款）两种支付方式。非 COD 包裹需由买家下单时在线上完成货款和运费的支付，可以使用信用卡、银行转账等方式；COD 包裹则通过物流供应商向收件人收取货款和运费，买家下单后无需任何线上支付动作。

### 5. Shopee 菲律宾物流

（1）物流服务。对于中国大陆地区卖家，Shopee 在菲律宾的跨境物流服务主要使用 Shopee 自有渠道 SLS（Shopee Logistics Service）。

（2）COD（货到付款）服务。SLS 菲律宾支持 COD（货到付款）与非 COD（非货到付款）两种支付方式。非 COD 包裹需由买家下单时在线上完成货款和运费的支付，可以使用信用卡、银行转账等方式；COD 包裹则通过物流供应商向收件人收取货款和运费，买家下单后无需任何线上支付动作。

### 6. Shopee 越南物流

（1）物流服务。Shopee 越南的跨境物流已开通 SLS 渠道，目前仅中国大陆地区卖家可以使用。

（2）COD（货到付款）服务。SLS 越南目前仅支持 COD（货到付款）的支付方式。COD 包裹是通过物流供应商向收件人收取货款和运费，买家下单后无需任何线上支付动作。

## 任务实施

步骤一：选择站点，在 Shopee 官网申请开店。

步骤二：等待审核的结果。Shopee 的工作人员会在卖家通过审核后与卖家联系。

步骤三：成功入驻后，会收到 Shopee 发送的店铺账号与密码。修改成功并登录账号。

步骤四：根据要求填写店铺的上新商品表格。

步骤五：根据各个站点规则确认物流与支付信息。在此选择所处平台卖场支持的物流方式，设定相应运费。

步骤六：店铺的装修工作。需要提前准备好店铺的装修图片主图、细节图、文字描述等。

## 一体化设计

### 一、选择题

1. Shopee 运营技巧有（　　）。（多选）
   A. 每日上新是每日工作重点　　B. 站点地区买家群体的区分
   C. 做好店铺的装修　　　　　　D. 了解 Shopee 的各国物流情况

2. Shopee 物流主要采用（　　）。（单选）
   A. SLS　　　　　　　　　　　B. COD
   C. DHL　　　　　　　　　　　D. 菜鸟

### 二、判断题

1. Shopee 平台是一个以铺货为主的平台，薄利多销。国内卖家在 Shopee 开店做跨境电商，通常会采取多个店铺经营，即店群的经营方法。（　　）

2. Shopee 非常注重年轻用户群体的需求，提供了丰富的交互场景。（　　）

### 三、简答题

Shopee 有哪些站点？它们各有哪些特点？

## 项目学习成果评价

表 12-12　评价表——跨境电商平台运营技巧

| 学号 | | 姓名 | | 班级 | | | |
|---|---|---|---|---|---|---|---|
| 评价栏目 | 任务详情 | 评价要素 | 分值 | 评价主体 | | | |
| | | | | 学生自评 | 小组互评 | 教师点评 | |
| 任务功能实现 | 掌握 Amazon 平台运营技巧 | 任务功能是否实现 | 8 | | | | |
| | 掌握 eBay 平台运营技巧 | 任务功能是否实现 | 8 | | | | |
| | 掌握速卖通平台运营技巧 | 任务功能是否实现 | 8 | | | | |
| | 掌握 Wish 平台运营技巧 | 任务功能是否实现 | 8 | | | | |
| | 掌握 Shopee 平台运营技巧 | 任务功能是否实现 | 8 | | | | |
| 知识点运用情况 | 站点的选择 | 是否符合公司市场计划 | 2 | | | | |
| | 账号的注册 | 完成注册流程 | 2 | | | | |
| | 选品 | 利用选品平台，针对性选品 | 4 | | | | |
| | 商品上架 | 是否上架成功并合理设置 | 4 | | | | |
| | 运费设置 | 设置是否合理 | 4 | | | | |
| | 广告投放 | 广告投放计划是否合理 | 4 | | | | |
| | 主页及商品页美化 | 视觉营销效果 | 4 | | | | |
| 项目完成效果 | 掌握 Amazon 平台运营技巧 | Amazon 商品上架成功、营销计划 | 3 | | | | |
| | 掌握 eBay 平台运营技巧 | ebay 店铺开设成功、商品上架成功、营销计划 | 3 | | | | |
| | 掌握速卖通平台运营技巧 | 速卖通店铺开设成功、商品上架成功、营销计划 | 2 | | | | |
| | 掌握 Wish 平台运营技巧 | Wish 店铺开设成功、商品上架成功、营销计划 | 2 | | | | |
| | 掌握 Shopee 平台运营技巧 | Shopee 店铺开设成功、商品上架成功、营销计划 | 2 | | | | |
| | 业务跟进 | 跟进是否及时 | 4 | | | | |
| 创新性 | 工作流程 | 工作流程是否创新 | 5 | | | | |
| 职业素养 | 态度 | 是否认真细致、遵守课堂纪律、学习积极、团队协作 | 5 | | | | |
| | 操作规范 | 是否按照国际贸易业务流程进行 | 5 | | | | |
| | 解决问题 | 是否合理解决工作中遇到的问题 | 5 | | | | |
| | 总分 | | 100 | | | | |

## 项目拓展

**跨境电商平台的选择与经营**

1. 实训目标

通过调研进行选品,确定目标市场,选择恰当的跨境电商平台开展经营。

2. 实训情景

小刘从事国内电商贸易多年,具有一定的电商从业经验。最近家乡开了一家乐器厂,主要生产各种乐器,小刘打算开一家天猫店铺和京东店铺专做乐器生意,同时希望能够拓展业务,把乐器卖到国外,并做出自己的品牌。

3. 实训任务

小刘已经确定经营类目为乐器,需要调研国外市场对乐器的需求情况,确定目标国家或地区,而后选择合适的跨境电商平台开展经营。

# 参考文献

[1] 薛荣久. 国际贸易 [M]. 6版. 北京：对外经济贸易大学出版社，2016.
[2] 黎孝先，王健. 国际贸易实务 [M]. 6版. 北京：对外经济贸易大学出版社，2016.
[3] 海闻，林德特，王新奎. 国际贸易 [M]. 上海：格致出版社，上海人民出版社，2012.
[4] 韩小蕊，樊鹏. 跨境电子商务 [M]. 北京：机械工业出版社，2018.
[5] 伍蓓. 跨境电商理论与实务 [M]. 北京：中国工信出版集团，人民邮电出版社，2021.
[6] 熊励，许肇然，李医群. 跨境电子商务 [M]. 北京：高等教育出版社，2020.
[7] 杨雪雁. 跨境电子商务实践 [M]. 北京：电子工业出版社，2019.
[8] 邹益民. 电子商务数据运营与管理：微课版 [M]. 北京：中国工信出版集团，人民邮电出版社，2020.
[9] 周志丹，徐方. 跨境电商概论 [M]. 北京：机械工业出版社，2019.
[10] 陈岩，李飞. 跨境电子商务 [M]. 北京：清华大学出版社，2019.
[11] 龙朝晖，刘蓓. 跨境电子商务推广 [M]. 北京：高等教育出版社，2020.
[12] 潘百翔，李琦. 跨境网络营销 [M]. 北京：人民邮电出版社，2018.
[13] 陈道志. 跨境电商营销推广 [M]. 北京：电子工业出版社，2019.
[14] 邓志新. 跨境电商：理论、操作与实务 [M]. 北京：人民邮电出版社，2018.
[15] 陆端. 跨境电子商务物流 [M]. 北京：人民邮电出版社，2019.
[16] 易静，樊金琪，彭洋. 跨境电子商务客户服务 [M]. 北京：人民邮电出版社，2019.